게임 기획자와 시스템 기획

게임 기획자와 시스템 기획

기본부터 실제 업무까지 차근차근 올라가기

심재근 지음

i!i
에이콘

한국에서 게임 개발이 본격화된 지도 이제 20년이 한참 넘었다. 10대 때 해본 게임에 감명을 받은 소년 소녀들이 성인이 되어 게임 개발자가 되고, 그들이 만든 게임에 감명을 받은 소년 소녀들이 또 성인이 되어 게임 개발에 참여하게 될 정도의 긴 시간이다. 그리고 실제로 아직까지도 한국의 많은 젊은이들이 게임 개발자가 되기 위해 게임 회사에 입사해서, 여전히 맨땅에 헤딩을 하는 식으로 개발을 배워나가고 있다.

이 현상은 유독 게임 디자인 분야에서 심각한데, 아마도 게임 개발의 다른 분야들이 그보다 오래된 미디어/기술적 토양에 많이 의존할 수 있는 데 반해 게임 디자인은 게임이라는 젊은 미디어만의 고유한 분야이기 때문일 것이다. 그래도 우리보다 역사가 오래된 미국이나 일본의 경우 꾸준히 저술 활동이 있어 후학에게 도움이 될 만한 책들이 많이 나오고 있는데, 우리나라의 경우 아직까지 자체적으로 만든 노하우를 체계적으로 정리해 배포되는 분량이 절대적으로 적은 상황이다.

이러한 상황에서 후배 개발자이자 학교 후배이기도 한 심재근 군이 그동안 잘 다루어지지 않던 시스템 디자인 분야에 대해 매우 실천적이고도 잘 정리된 책을 써 준 것에 대해 게임 개발자 동료로서 매우 기쁘고 고맙게 생각한다. 우리나라에 번역되어 나오는 미국의 게임 디자인 관련 도서들이 많은 부분 이론적인 탐구에 치우쳐 실무적인 노하우를 쌓고자 하는 젊은 게임 디자이너들의 필요와 약간 어긋나는 부분이 있었는데(오해가 없도록 말해 두자면 이러한 이론적인 탐구 또한 좋은 게임 디자이너가 되기 위해 필수적으로 쌓아야 할 지식이다), 이 책은 그러한 실천적인 면을 많이 해소해 줄 수 있는 책이다.

심재근 군이 앞으로도 좋은 게임을 많이 만들면서, 게임 개발에 대한 책도 많이 써 주기를 희망한다.

- **김형진** / 엔씨소프트 Chief Creative Director

게임의 개발 과정은 매우 복잡하고 고민할 게 많다.

지난 수십 년간 쌓여온 재미에 대한 원리뿐 아니라 시시각각 바뀌는 기호와 트렌드까지 고려하면 기획이란 큰 틀에서의 기본적인 시스템과 검증된 노하우를 아는 것은 매우 중요하다.

수십 년간 한국 게임산업은 여러 방향으로 발전해 왔지만 그동안의 노하우나 지식 등의 자료가 정리된 것은 의외로 찾기 어렵다. 그렇기 때문에 이 책이 매우 의미 있게 느껴진다.

현재 게임업계에 종사하는 기획자뿐 아니라 앞으로 게임 개발을 꿈꾸는 모든 분들에게 게임 제작이라는 여러 가지 관점에서 매우 유용한 책이 되리라 확신한다.

- **박정식** / HOUND13 CEO

인생은 선택의 연속이라는 데카르트의 명언에 동의하는가? 그렇다면 '게임 기획은 선택의 연속이다'라는 말은 어떻게 생각하는가?

나(기획자)의 기획이 재미있을지 없을지 고민하는 것은 게임 기획자의 숙명과도 같다. 하지만 특정 기획의 성패는 작은 변화로도 다른 결과가 나오는 미지의 영역이다.

저자는 공학적인 접근을 통해 미지의 영역에서 올바른 선택지를 찾아가는 방법론을 제시한다.

시스템을 통해 게임 기획에서 더 많은 선택을 해보고 그에 따른 결과를 확인해보자. 분명 더 재미있는 게임이 눈앞에 있을 것이다.

- **채은도** / 씨웨이브소프트 CEO

지은이 소개

심재근(jjack.shim@gmail.com)

서울대학교에서 컴퓨터공학을 전공하고 박사 과정까지 공부하던 중, 오랫동안 희망했던 게임 기획자가 되고자 넥슨에 입사했다. 국내 〈메이플스토리〉 개발실에서 4차례의 대규모 업데이트 작업을 하고 퇴사했다. 이후 신규 게임 회사 시웨이브(Cwave)에서 다른 〈메이플스토리〉 개발 자들과 함께 〈하이퍼유니버스〉를 개발했으며, 〈하이퍼유니버스〉의 중요 시스템의 개발을 마치고, HOUND13으로 이직해 〈헌드레드 소울〉의 시스템 기획 작업을 도왔다. 이후 넥슨 코리아에 다시 입사해 〈어센던트 원〉을 정식 출시한 뒤, 넷마블로 이직하여 신규 프로젝트를 준비 중이다.

지은이의 말

일 년여의 집필 끝에 드디어 탈고했다. 처음에는 게임 기획 업무를 하면서 쌓은 경험과 지식, 그리고 여러 감정들을 정리하면 금방이라도 책을 쓸 수 있을 것 같았다. 하지만 생각을 정리하는 것은 그렇게 쉽지 않았고, 시스템 기획에 대한 내용을 다루다 보니 내용이 딱딱해지곤 했다. 국내의 능력 있고 유명한 수많은 기획자들도 책을 쓰지 않는 현실인데, 나의 책이 다른 사람들에게 얼마나 도움이 될지 의문이 들었다. 원고를 작성하던 도중에 이런 생각들이 꼬리에 꼬리를 물면 중간에 그만두고 싶기도 했다. 하지만 나의 부족한 경험과 지식이라도 분명 도움이 되는 사람이 있으리라는 확신과 국내에 시스템 기획을 깊게 다룬 책이 없다는 사실은 나에게 힘과 용기를 주었다.

시중의 많은 게임 기획 관련 서적들은 아이디어 창발법을 포함한 콘텐츠 기획을 다루거나 특정한 게임 개발 사례를 소개하는 것들이 대부분이다. 구체적인 시스템 기획을 다룬 책은 거의 없고, 다루더라도 책의 일부를 할애해 가볍게 훑어보는 정도였다. 이 책이 게임 기획자와 기획 지망자가 시스템 기획 지식을 쌓는 데 큰 도움이 되었으면 좋겠다. 많은 기획자들이 부담스러워 하는 시스템 기획에 대한 거리감을 좁혀주고, 그로 인해 좋은 시스템 기획자들이 많아졌으면 하는 바람이다.

마지막 결실을 맺어 이 책이 완성되기까지 많은 사람들이 직간접적으로 도움을 주었으며, 그 모든 사람들에게 감사의 인사를 전한다. 먼저 나를 물심양면 도와주시는 부모님께 감사드린다. 그리고 기획자로서 인정해주고 많은 기회를 주셨던 고세준 디렉터님, 신용 디렉터님, 진성건 디렉터님, 채은도 대표님, 박정식 대표님에게 감사드린다. 또한 같이 작업하면서 나의 성장을 도와줬던 김준회를 비롯한 다른 개발 동료들에게도 감사의 인사를 전한다. 마지막으로 책의 출판을 도와준 에이콘출판사 관계자분들에게도 감사드린다.

차례

1부 | 개념 잡기

2부 | 기본 다지기

들어가며

'시스템 기획'에 대해 들어본 적이 있는가? 아마도 이 책을 펴볼 정도의 관심이 있는 사람이라면 알고 있으리라 본다. 수많은 게임들이 경쟁하는 요즘, 논리와 이성만이 작용할 것 같은 시스템 기획에도 '재미'를 고려해야만 하는 시대가 도래했다. 그동안 시스템 기획은 개발자 출신 기획자들의 전유물처럼 여겨졌지만, 이제는 전문기획자들이 시스템 기획을 하는 경우가 심심찮게 많아졌다. 많은 게임 회사들이 좋은 시스템 기획자를 채용하려고 노력하고, 많은 기획자(기획자 지망자)들도 시스템 기획을 잘 하기를 희망한다.

시중에 많은 게임 기획 관련 책들이 나와 있지만, 시스템 기획에 대해 심도 있게 다루는 책은 찾기 어렵다. 대부분의 기획 관련 책들은 게임 기획 전반을 다루면서 깊이가 부족하거나 콘텐츠 기획과 관련된 내용 위주로 구성되어 있다. 그렇지 않으면 천재 디렉터들이나 성공한 게임의 사례들을 정리한 책들이다. 나조차도 시스템 기획에 대해 체계적으로 배운 적이 없으며, 참고했던 자료들도 단편화된 것들이 많아서 아쉬운 점이 많았다. 이에 현업에 종사하면서 시스템 기획에 대해 정리했던 생각과 경험을 많은 사람들에게 알리고자 이 책을 쓰게 됐으며, 이를 통해 좋은 시스템 기획자들이 더 많아졌으면 하는 바람이다.

이 책의 구성

이 책은 크게 네 가지 내용으로 구성되어 있다. 먼저 시스템 기획의 기본이라고 할 수 있는 시스템 기획 작업 과정에 대해 설명한다. 시스템 기획의 기본 내용을 설명한 뒤, 현업에서 하게 되는 시스템 관련 작업들을 설명한다. 시스템을 실제 구현하는 단계와 콘텐츠 제작, 데이터에 관한 내용이 이에 해당한다. 게임 시스템과 관련된 직간접적인 작업들의 소개를 마치면, 이를 바탕으로 실제 시스템 기획 경험 사례를 소개하고 평가해본다. 마지막으로 더 나은 시스템 기획자가 되기 위한 준비와 정보들에 대해 알아본다.

1장. 시스템 기획, 어디까지 아나요? 본격적으로 시스템 기획을 다루기 전에 게임 기획 및 시스템 기획의 개념을 살펴본다. 게임 기획이 어떻게 분화했는지 그 흐름을 살펴보고 콘텐츠 기획과 시스템 기획을 비교 분석한다. 그러고 나서 무엇을 게임 시스템이라고 부르는지, 구체적으로 시스템 기획이 어떤 것인지 알아본다.

2장. 시스템 기획 전에 기능 정리부터 시스템 기획을 위한 준비 단계로, 게임(시스템)에 필요한 기능을 찾아내 정리하는 작업을 설명한다. 게임 기능 도출은 '방향성을 바탕으로 한 기능 정리', '벤치마킹을 통한 기능 정리', '주관에 따른 기능 정리'를 통해 할 수 있다. 본격적인 시스템 기획 작업은 이 기능 정리 작업으로부터 출발한다.

3장. 시스템의 큰 그림 그리기 시스템 명세의 준비 작업에 대해 알아본다. 기능 정리가 게임의 큰 그림을 그리는 작업이었다면, 시스템 명세 준비는 시스템의 큰 그림을 그리는 작업이라고 생각하면 된다. 시스템 단위로 생각하게 되는 첫 단계로, 시스템을 구성하는 기능들을 추리고 구조화한다. 또한 시스템에 명확한 목적이나 목표, 즉 방향성을 부여한다.

4장. 시스템의 부품, 인지요소 명세 시스템의 부품에 해당하는 인지요소를 명세하는 것에 대해 알아본다. 인지요소는 시스템에서 규칙을 제외한 나머지라고 보면 된다. 인지요소들은 체계적으로 구조화해 정리하는 것이 좋으며, 개념과 동작원리, 데이터에 대한 정리가 필요하다.

5장. 시스템에 생명을 불어넣는 게임 규칙 시스템을 동작하게끔 만들어주는 규칙의 작성에 대해 살펴본다. 게임 규칙으로 어떤 것이 있으며 각각 어떤 성질을 가지고 있고 있는지 알아본 후, 규칙을 작성하고 검토하는 방법을 소개한다. 또한 일반적인 상황이 아닌 것들을 다루기 위해 작성하는 예외 규칙과 세부 규칙도 알아본다.

6장. 콘텐츠 제작을 위한 시스템도 게임 시스템이다 시스템 기획의 심화 내용 중 처음으로, 대량의 데이터를 효과적으로 관리하기 위해 고안되는 콘텐츠 시스템에 대해 설명한다. 콘텐츠 시스템은 식별자와 데이터로 구성되며, 이 두 가지가 콘텐츠 시스템 기획의 주 내용이다.

7장. 데이터가 시스템을 움직인다 게임 시스템은 시스템을 조정하기 위한 인터페이스가 필요하다. 그중 가장 많이 사용하는 데이터에 대해 알아보고, 데이터를 기획할 때 효과적인 방법들을 안내한다. 게임에 데이터가 적용되는 방법도 주변 지식으로서 소개한다.

8장. 기획이 끝났다고 시스템이 개발되지는 않는다 게임은 기획자 혼자서 만드는 것이 아니다. 시스템 기획이 끝난 다음, 기획을 공유하고 구현하는 과정이 필요하다. 추가로 구현 이후 시스템을 개선하는 작업까지 살펴봄으로써, 시스템 기획의 전체 과정 설명을 마무리한다.

9장. 라이브 개발 조직에서 기획한 첫 시스템: 디렉션 모드 라이브 개발 조직에서 하는 시스템 기획의 특징에 대해 설명한 다음, 처음 넥슨에 입사해 〈메이플스토리〉의 신입 기획자로 일하면서 기획했던 시스템에 대해 소개한다. 실제 경험 사례를 통해 라이브 개발 조직에서의 시스템 기획 양상을 살펴본다.

10장. 신규 개발 조직에서 기획한 괜찮은 시스템: 액션캔슬 라이브 개발 조직의 시스템 기획 설명에 이어, 신규 개발 조직에서 하는 시스템 기획의 양상을 설명한다. 씨웨이브소프트의 〈하이퍼유니버스〉를 개발하면서 인상 깊었던 액션캔슬 시스템 기획 사례를 소개한다.

11장. 시스템 기획자의 다른 업무들 실제 현업에서는 시스템 기획자가 시스템 기획 외에 다른 작업도 함께 한다. 어떤 작업들을 많이 하며, 그 작업들은 어떤 특징을 갖는지 알아본다. 또한, 시스템 기획자가 이런 작업들을 맡게 되는 이유도 설명한다.

12장. 무엇을 준비하고 어떻게 연습할 것인가 마지막으로 좋은 시스템 기획자가 되기 위해 해야 하는 준비와 필요한 지식들을 살펴보고, 시스템 기획자에게 역기획, 수학 지식, 통계학 지식이 어떤 의미를 갖는지 알아본다. 그리고 시스템 기획의 규칙 작성 연습을 하기에 가장 좋은 놀이이자 참고자료인 보드 게임을 소개한다.

이 책의 대상 독자

미래의 게임 기획자: 아마 여러분 중 상당수는 기획자가 되기를 희망하는 미래의 게임 기획자일 것이며, 자신의 기획적 소양을 넓히기 위해 현업 기획자들의 생각과 경험을 듣고 싶을 것이다. 시스템 기획이 어떤 것인지에 대해 어렴풋이 알고 있을 수도 있고, 이미 많이 생각하고 준비했을 수도 있다. 시스템 기획에 대한 경험과 지식을 쉽게 얻기 힘든 상황에, 이 책은 시스템 기획에 대한 생각을 정리해주는 데 도움을 줄 것이다. 여러분이 시스템 기획자로 개발 프로젝트에 참여한다면 당연히 시스템 기획 업무를 맡게 될 것이며, 특히 소규모 개발 프로젝트에서 기획자로 일을 한다면 시스템 기획은 피할래야 피할

수 없을 것이다. 여러분들이 시스템 기획을 하게 됐을 때, 어디서부터 어떻게 시작할지, 어떤 작업을 하면 좋을지, 시스템 기획을 할 때 어떤 일들이 일어나는지 등 다양한 상황을 마주했을 때 이 책이 나침반이 되어줄 것이다.

콘텐츠 기획자: 콘텐츠 기획 위주의 작업을 하는 현업 기획자들은 기획자의 소양을 넓히기 위한 단순한 지식욕에서 이 책을 볼 수도 있고, 업무에 시스템 기획이 관련되면서 이 책을 보게 됐을 수도 있다. 콘텐츠를 기획하다 보면 매너리즘에서 탈피하고자 새로운 콘텐츠를 위한 시스템을 도입하기도 한다. 이 때 콘텐츠 기획자인 여러분이 좀 더 주도적으로 시스템을 잘 만들 수 있다면 여러분들의 가치는 더 높아질 것이다. 더욱이 많은 기획자들의 꿈인 '내가 만들고 싶은 게임'을 만드는 날이 오게 되면 시스템 기획을 맞닥뜨릴 수밖에 없다. 자신만의 게임을 기획하는 꿈을 이루고 기획자로서의 역량을 키우려면 시스템 기획에 대한 지식이나 경험은 필수라고 할 수 있다.

시스템 기획자: 시스템 기획자로서 일을 할 때 항상 다른 시스템 기획자들이 어떻게 작업하는지 궁금했고, 내가 작업을 잘 하고 있는지 의문이 들곤 했다. 더 나은 작업 프로세스는 없는지, 뭔가 놓치는 것이 없는지, 문제가 발생하면 이를 미리 방지할 수 있지 않았을까 항상 고민했다. 시스템 기획자인 여러분도 이런 비슷한 고민들을 할 것이라고 생각한다. 이 책을 좋은 참고 자료로 활용하기 바라며, 나의 지식과 경험을 통해 여러분들의 작업을 개선하고 향상시킬 수 있기를 기대한다.

독자 의견과 정오표

이 책에 관한 질문은 지은이나 에이콘출판사 편집 팀(editor@acornpub.co.kr)으로 문의해주기 바란다. 정오표는 에이콘출판사의 도서정보 페이지 http://www.acornpub.co.kr/book/game-system-design에서 찾아볼 수 있다.

1부

개념 잡기

1장

시스템 기획,
어디까지 아나요?

여러분들은 아마 게임 기획이라는 업무에 대해서는 어느 정도 알고 있을 것이다. 그렇다면 게임 기획의 하위 영역인 시스템 기획에 대해서는 얼마나 알고 있는가? 어떤 사람은 시스템 기획이 어떤 것인지 잘 알고 있을 수도 있고, 어떤 사람은 막연한 인식만 하고 있을 수도 있다. 이 장에서는 본격적으로 시스템 기획을 다루기 전에 시스템 기획의 개념을 알아볼 것이다. 이를 위해 우선 게임 기획이 어떻게 분화했는지 그 역사 흐름을 살펴보고, 게임 기획 업무의 주된 하위 작업 구분인 '콘텐츠 기획'과 '시스템 기획'에 대해 비교 분석한다. 그리고 나서 무엇을 게임 시스템이라고 부르는지, 그 게임 시스템을 기획하는 시스템 기획은 어떤 것인지 살펴본다.

게임과 게임 기획

20세기 중반에 등장한 컴퓨터(비디오) 게임은 지금까지 시간이 흐르면서 많은 발전과 변화가 있었다. 게임은 하드웨어인 컴퓨터의 발전 역사와 궤를 같이

해, 빠른 속도로 발전하고 변화했다. 지금 출시되는 게임들과 10년 전에 출시된 게임들을 비교해보거나, 10년 전에 출시된 게임들을 20년 전의 게임들과 비교해보면 너무나 다른 모습과 내용을 가지고 있다는 것을 알 수 있다. 발전 속도도 빠르지만, 출시되는 게임의 수도 매년 늘어나 이제는 해마다 수천 개의 게임이 발매된다. 엔터테인먼트 산업 중 게임은 매출이 가장 큰 산업으로, 문화 콘텐츠 산업에서 차지하는 비중이 매우 크다.

그림 1.1 2016년(더 위쳐 3), 1996년(바이오하자드), 1978년(스페이스 인베이더)에 출시된 게임들

그렇다면 게임은 무엇일까? 게임의 빠른 발전과 변화에 따라 이에 대한 대답 또한 약간씩 달라져 왔고, 게임에 대한 정의를 내린 사람마다 다르게 정리되기도 한다. 여기에 내가 새삼스럽게 게임을 새로 정의하는 것은 큰 의미도 없을 뿐더러, 다들 큰 관심이 없으리라 본다. 따라서 새롭게 게임을 정의하기보다는 다른 사람이 내린 정의를 인용할까 한다. 앤드류 롤링스와 어니스트 아담스는 게임이 참여, 상호반응, 엔터테인먼트의 성격을 가지고 있다고 했다.[1] 영

---

1 『게임 기획 개론』(제우미디어, 2004)

화와 게임은 시각적으로 비슷한 면이 많은데, 영화와 게임을 구분하는 가장 큰 특징으로 참여와 상호반응을 꼽고 있다. 즉, 게임은 소비자(유저)가 직접 참여하고 피드백을 주고받는 종합 엔터테인먼트라고 생각하면 되겠다.

게임 산업이 발전함에 따라 경쟁도 치열해지고 있으며, 발전과 변화에 따른 기술적/기획적 내용들이 산더미처럼 누적되면서 개발할 때 고려해야 할 것도 많아지고 있다. 게다가 최근 마케팅이 게임의 성공 요소로 차지하는 비중이 올라가면서 게임 외적인 요소까지 변수로 작용하고 있다. 이는 점점 개발하는 게임의 성공 여부를 예측하기 어렵다는 것을 뜻한다. 하지만 예나 지금이나 게임의 성공 요소 중 가장 중요한 것은 게임의 완성도와 재미며, 이를 위한 게임의 핵심 아이디어와 핵심 시스템을 기획하는 일 또한 정말 중요하다.

게임 기획은 게임을 설계Design[2]하는 작업으로, 게임이 처음 등장했던 초창기에는 기획과 개발Programming이 구분되어 있지 않았다. 1978년에 출시되어 선풍적인 인기를 누렸던 게임인 〈스페이스 인베이더〉[3]의 개발자인 니시카도 토모히로는 프로그래밍, 기획, 사운드, 아트워크 등 거의 모든 개발 분야에 관여했다. 이 시기에는 말 그대로 게임 개발자Developer라는 개념이 많은 개발 분야를 다 포함했는데, 게임의 발전과 함께 전문성이 요구되어 개발 분야가 전문화되고 세분화되게 된다.

게임 기획도 기획 내용이 많아지고 복잡해짐에 따라 작업이 분화되었는데, 이로 인해 나뉘게 된 전문 영역이 시스템 기획과 콘텐츠 기획이다. 이렇게 기획 업무가 나뉜 데는 시스템 기획이 아니라 콘텐츠 기획의 전문성이 더 빨리 요구되었기 때문이다. 게임의 볼륨이 점점 커지면서 많은 콘텐츠가 요구되었고, 이로 인해 콘텐츠의 비중이 커지면서 콘텐츠 기획을 독자적인 작업 영역

2　영어권 사회에서 게임 기획자를 'Game Designer'라고 하는데, 국내에서 디자이너라고 하면 흔히 아트 영역에 종사하는 사람을 떠올린다는 점은 재미있는 사실이다.

3　타이토(Taito) 사에서 개발한 비디오 게임으로, 1978년에 발매되어 엄청난 인기를 누렸다.

으로 다루기 시작했다. 특히 온라인 게임의 경우 계속적인 콘텐츠 업데이트가 필요하기 때문에 콘텐츠 기획이 더욱 강조되는 면이 있으며, 패키지 게임이나 콘솔 게임들도 온라인에 연결되어 지속적인 업데이트를 하게 되면서 이러한 경향이 두드러지고 있다.

어느 게임 개발 조직에서 전문적인 기획자를 처음 고용했는지는 알 수 없으나, 1980년대 중반이 되면 비교적 전문적으로 게임 기획을 다루게 되었다는 것은 알 수 있다. 1980년대 중반에 나온 〈슈퍼 마리오 브라더스〉나 〈젤다의 전설〉과 같은 게임[4]은 데즈카 타카시라는 전문 기획자가 작업(미야모토 시게루는 디렉터의 위치까지 겸해서 일단 제외)했으며, 1991년에 출시된 〈소닉 더 헷지혹〉[5]은 야스하라 히로카즈라는 레벨[6] 디자이너가 작업에 참여했다.

게임의 설정과 시나리오 작업은 상상력이나 문학적 소질 등이 중요하게 작용하기 때문에 개발자들이 담당하기에 좋지 않은 작업 영역이다. 그리고 많은 양의 독창적인 레벨이 필요해지면서 레벨 디자인도 개발자들이 담당하기에는 부담스러운 영역이 되었다. 즉, 대부분이 콘텐츠라고 볼 수 있는 이런 영역들부터 전문 기획자에게 맡겨지기 시작했다.

---

4   닌텐도(Nintendo) 사에서 개발한 비디오 게임으로 각각 1985, 1986년에 출시되었다.

5   세가(SEGA) 사가 1991년에 개발한 비디오 게임이다.

6   여기서 레벨(Level)은 건물의 '층'을 뜻하는 레벨에서 유래한 '맵'과 같은 개념으로, 캐릭터의 성능 잣대인 레벨(Level)을 말하는 것이 아니다.

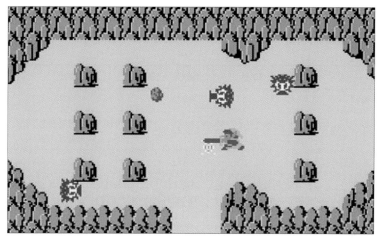

그림 1.2 1980년대 출시 게임 개발부터 전문적인 콘텐츠 기획자들이 참여했다

　시스템 기획이 전문 기획자에게 넘어온 시점을 정확하게 말할 수 없으나, 2000년 중반 이후의 MMORPG 개발 조직들은 수많은 시스템들을 기획해줄 전문적인 시스템 기획자들을 고용하고 있었다. 〈월드 오브 워크래프트^WoW〉[7] 의 시스템 기획자인 톰 칠튼은 대표적인 전문 시스템 기획자라고 할 수 있다. 〈WoW〉의 개발 기간을 고려해보면, 게임 개발 선진국들은 1990년대 중후반부터 시스템 기획을 전문적인 작업 영역으로 다루었을 것이다.

　〈WoW〉는 국내 게임 개발의 상당 부분을 차지했던 MMORPG 개발에 지대한 영향을 끼쳤다. 〈WoW〉의 완성도 높은 시스템들로 인해 유저의 눈높이가 올라가면서, MMORPG가 경쟁에 살아남기 위해 갖춰야 할 시스템의 양과 완성도가 많이 올라가게 되었다. 게임 시스템은 다른 게임과 별반 차이 없지만 콘텐츠 기획이나 그래픽적인 차별성을 무기로 한 전략이 더 이상 먹히지 않게 된 것이다. 다시 말해 시스템 기획을 할 때 자신이 개발하는 게임의 시스템만 생각할 것이 아니라 경쟁하는 다른 게임들의 시스템까지 고려하면서 경쟁력

7　영문은 World of Warcraft며, 블리자드 엔터테인먼트의 유명 MMORPG다.

을 따져봐야 하는 시대가 온 것이다. 이는 시스템 기획의 전문성이 요구되는 상황이 되었다는 것을 뜻한다.

		1950년~1970년	1980년~1990년	2000년~
개발		개발자	개발자	개발자
기획	시스템		디렉터 또는 개발자	개발자 또는 시스템 기획자
	콘텐츠		기획자	콘텐츠 기획자
설명		소규모 인원으로 게임을 만들었기 때문에 개발자와 기획자를 엄밀히 구분하지 않았으며, 보통 개발자가 기획까지 겸해서 했다.	레벨 디자인과 시나리오 영역에서 전문성이 요구되어 분리되었다. 시스템 기획은 디렉터들이 방향을 제시하면 개발자들이 이를 달성하기 위해 진행했다.	시스템의 종류가 많아지고, 높은 완성도를 요구하게 되면서 시스템 기획자를 따로 두게 되었다. 현재까지도 여전히 개발자 출신 시스템 기획자가 많다.

시스템 기획과 콘텐츠 기획

게임 기획 업무를 시스템 기획과 콘텐츠 기획으로 나누는 것이 근래에는 그리 생소한 일이 아니다. 대부분의 게임 회사들이 시스템 기획자와 콘텐츠 기획자를 구분해 채용하고 있다. 이는 실제 업무에 있어 시스템 기획과 콘텐츠 기획 업무를 구분하고 있으며, 각 기획 영역에서 요구되는 자질이 다르다는 것을 의미한다. 그렇다면 시스템 기획과 콘텐츠 기획은 어떤 차이가 있을까? 시스템 기획에 대해서는 이후에 심도 있게 살펴볼 예정이므로, 여기서는 이 둘에 대해 간단하게 비교하겠다.

게임 시스템과 게임 콘텐츠를 쉽게 이해하기 위해, 톨킨[8] 세계관의 판타지 게임 캐릭터를 예로 들겠다. 여기 잿빛 피부의 우락부락한 덩치에 괴물 같

---

8 톨킨(J.R.R. Tolkien)은 『호빗』, 『반지의 제왕』 등을 작품을 낸 영국 판타지 소설가다.

은 얼굴을 가진 오크 캐릭터가 있다. 그리고 창백한 피부의 호리호리한 체격에 뾰족한 귀를 가진 엘프 캐릭터가 있다. 많은 게임에서 이 두 캐릭터는 외관뿐만 아니라 다른 능력을 가지도록 기획되곤 한다. 하지만 이 둘은 모두 '캐릭터'라는 공통점이 있고, 할 수 있는 행동들도 크게 차이가 없다. 똑같이 걸을 수 있고 무언가를 먹을 수도 있으며, 웃거나 화를 낼 수도 있다. 즉, 오크와 엘프 모두 '캐릭터'가 할 수 있는 것은 모두 다 할 수 있다. 여기까지 말했으면 여러분들은 눈치를 챘을 수도 있다. 그렇다. 바로 '캐릭터'는 시스템이고 '오크'와 '엘프'는 콘텐츠다.

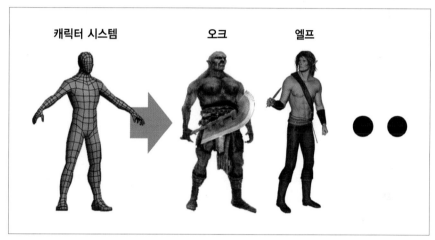

그림 1.3 오크와 엘프라는 콘텐츠는 캐릭터 시스템을 기반으로 제작된다

콘텐츠는 게임을 할 때 유저가 게임 내에서 즐기는 데 도움을 주는 것들 중에 오감을 통해 알 수 있는 것들을 말한다. 시나리오, 각종 설정(컨셉), 레벨(맵) 등의 게임 내적 구성요소들이 게임 콘텐츠라고 할 수 있다. 콘텐츠는 그 자체가 유저가 즐기는 요소이기 때문에 유저에게 어필할 수 있어야 한다. 즉, 재미있거나 매력적이어야 한다. 반면에 시스템은 유저들이 직접적으로 체험하는 대상이라기보다는 콘텐츠들이 동작할 수 있는 기초 구조나 동작 원리라

고 볼 수 있다. 시스템은 그 자체로 구조화되고 체계화되어 있다는 뜻을 내포하고 있고, 재미와 같은 가치보다는 무결함과 같은 가치가 더 우선시 된다. 시스템에 허점이 많다면 게임이 엉성하고 불편하다는 느낌을 받을 것이다.

이렇듯 게임 시스템과 콘텐츠는 그 성질이 다르기 때문에 각각에 대한 기획 작업을 함에 있어 요구되는 자질이 다르다. 좋은 콘텐츠를 만들기 위해서는 문학적인 소질이 있거나 유저들의 욕구를 파악하고 충족시킬 줄 아는 능력이 필요하다. 한편 좋은 시스템을 만들려면 논리적으로 따져서 결함이 최대한 없게 만드는 능력이 필요하다. 다만 콘텐츠와 시스템은 서로 연관되어 있어 기획 업무도 겹치기 때문에 필요한 기획 능력을 칼로 자르듯이 구분할 수 있는 것은 아니다.

게임 시스템과 시스템 기획

시스템 기획을 제대로 이해하려면 우선 '시스템'이 무엇인지 알 필요가 있다. 시스템이란 보통 명사로, 여기저기 많이 사용하는 단어라 익히 들어보았겠지만 먼저 사전적 의미를 살펴보자. 그리고 이를 바탕으로 게임 시스템에 대해 정의를 내려보자.

시스템의 사전적 의미

- 필요한 기능을 실현하기 위해 관련 요소를 어떤 법칙에 따라 조합한 집합체
- 체계, 조직, 제도 등 요소의 집합이나 요소와 요소 간의 집합
- 어떤 과업의 수행이나 목적 달성을 위해 공동 작업하는 조직화된 구성 요소의 집합

- 지정된 정보 처리 기능을 수행하기 위해 조직화되고 규칙적으로 상호작용하는 기기, 방법, 절차, 그리고 경우에 따라 인간도 포함하는 구성요소들의 집합

게임 시스템의 정의

- 게임에 필요한 기능을 구현하고 이를 쉽게 사용하기 위해, 필요한 요소와 요소 간의 상호작용을 조직화한 것

게임 시스템의 목적은 게임에 필요한 기능을 제공하고 사용하는 것을 체계적으로 하는 데 있다. 시스템 기획은 시스템의 기능을 제공할 수 있게끔 필요한 것들을 정리하고 이를 조직화하는 작업을 말한다. 또한 시스템을 통해 게임 기능의 사용을 쉽게 하기 위해서 기획자(시스템 사용자)가 기능을 조정할 수 있는 수단을 기획해야 한다.

시스템이 원하는 기능을 제공하기 위해 필요한 것들은 성질에 따라 크게 인지認知요소와 규칙으로 나눌 수 있다. 인지요소는 기능을 위해 필요한 것들 중, 규칙을 제외한 나머지를 말한다. 인지요소는 우리가 인지할 수 있는 어떤 '대상'으로, 구조와 부품들에 해당한다. 규칙은 구조와 부품들의 동작원리 및 법칙들을 말한다. 인지요소는 규칙 없이 아무런 의미가 없으며, 규칙 또한 적용할 대상인 인지요소가 있어야 한다. 인체를 예로 들면, 인지요소는 살과 뼈 등이고 규칙은 영혼과 생리작용들이라고 볼 수 있다. 이 두 가지는 기능 구성의 핵심으로, 시스템 기획은 이들을 기획하는 작업을 통해 시스템이 기능을 제공할 수 있도록 한다. 이후부터 '시스템'과 시스템에서 제공하는 '기능'은 혼용해 사용할 것이므로 이 둘을 억지로 구분하지는 않도록 한다.

그림 1.4 박수(기능)를 치려면, 왼손(인지요소)과 오른손(규칙)이 모두 필요하다

시스템 기획은 개발자들이 기능을 개발하는 것을 돕는 것을 주요 목표로 삼지만, 기획자(시스템 사용자)가 시스템을 쉽게 사용할 수 있도록 하는 것도 생각해야 한다. 시스템은 이후에 콘텐츠 제작 등에 사용되는 것을 전제로 구축되며, 개발자들이 구현implementation을 마친 이후에 기획자들이 시스템을 조정하고 사용하게 된다. 따라서 시스템 기획은 시스템 사용을 위한 수단 및 편의성에 대한 내용도 다루어야 한다. 예를 들어 많은 게임에서 시스템 기획을 하는 장비 아이템 시스템은 어떤 장비 아이템 하나를 위한 것이 아니며, 수많은 장비 아이템들을 제작하고 관리하기 위해 고안된다. 이런 시스템[9]들은 수많은 콘텐츠들을 제작하고 관리하는 것이 주된 목적이 되기 때문에, 제작과 관리를 위한 효율적인 수단을 제공해야 한다. 이뿐만 아니라 대부분의 시스템들은 개발 이후에 계속적으로 조정되고 사용되기 때문에 시스템 기획을 할 때 조정이나 사용에 관한 내용을 다루어야 한다.

정리하자면, 시스템 기획은 기능 제공을 위한 개발 명세와 테스트 및 사용을 위한 인터페이스 명세로 이루어진다. 시스템 기획은 개발자의 프로그래밍을 통해 구현되기 때문에, 기능 명세는 개발자를 위한 개발 명세[10]를 작성하는

---

9 이런 시스템들은 콘텐츠 제작을 위한 시스템이라고 볼 수 있다.

10 개발자는 실제 코딩을 할 때 필요한 그들만의 설계도(UML 등)가 따로 있다. 따라서 시스템 기획은 엄밀한 의미의 개발 명세서가 아니라 기능 명세서나 개발 의뢰서라고 볼 수 있다.

것과 비슷하다. 따라서 기능 개발을 위해 필요한 인지요소와 규칙들을 개발자가 이해하도록 작성해야 한다. 인터페이스 명세는 설명서(매뉴얼)의 형태를 띄게 되며 주된 내용은 시스템 조정 방법과 데이터 설명이다. 기획자가 시스템을 다루는 데 가장 많이 사용하는 인터페이스는 데이터(데이터 파일)며, 데이터가 복잡하다면 데이터 설계까지 하는 것이 좋다. 다만 활용이 그리 중요하지 않은 시스템인 경우는 인터페이스 명세를 생략하고 필요할 때 개발자와 논의해 인터페이스를 결정하기도 한다.

	개발 명세	인터페이스 명세
용도	시스템 개발에 필요	시스템 활용에 필요
관련 작업자	개발자	시스템 사용자(기획자)
중요도	필수	활용이 중요한 시스템인 경우 명세

한편, 시스템 기획은 게임을 구성하는 모든 기능을 대상으로 하는 것은 아니다. 어떤 기능은 복잡하고 어떤 기능은 단순하며, 어떤 기능은 중요하지만 어떤 기능은 상대적으로 덜 중요하다. 모든 게임 기능에 대해 시스템 기획을 해 접근하는 것이 이상적일 수는 있지만, 시스템 기획을 통해 모든 기능을 개발하는 것은 개발 비용[11]이 엄청나게 늘어나기 때문에 실제로는 중요한 기능을 선택해 시스템 기획을 한다. 간단히 요구사항을 정리하고 개발하는 것으로도 충분한 기능은 시스템 기획을 하지 않는 것이다. 시스템적인 접근을 통해 기능이 개발되게 되면, 시스템 기획을 하고 이를 개발자와 논의를 한 다음 체계적으로 개발을 하게 되기 때문에 비非시스템적인 개발을 하는 경우보다 비용이 많이 든다. 따라서 높은 완성도를 요구하는 기능들만 시스템적인 접근을 하는 것이 좋다. 다시 말해 모든 기능에 대해 시스템 기획을 하는 것이 아니라, 높은 완성도를 요구하는 기능들에 대해 시스템 기획을 하게 된다.

---

11 개발 비용은 보통 투입되는 사람(Man Month)과 개발 기간으로 산출된다.

예를 들어 레이싱 게임은 레벨, 차량, 규칙, 조작 등과 같은 핵심 기능들이 반드시 필요하다. 이런 기능들은 높은 완성도가 요구되기 때문에 시스템 기획을 하면 좋은 것들이다. 반면에 '룸미러room mirror'를 통해 차량 뒤를 보는 기능은 어떨까? 룸미러에 특별한 기능을 추가하지 않는다면 차량 뒤쪽에 달아놓은 카메라를 통해 화면을 보여주는 것으로도 충분하다. 이런 단순한 기능들에 대해서는 시스템 기획을 하기보다, 단순히 요구사항을 전달하고 이를 개발해 처리하는 것이 훨씬 좋다.

그림 1.5 레벨, 차량, 조작 등에 비해, 룸미러는 중요도가 떨어지는 기능이다

한편 핵심 기능에 대해서는 시스템 기획을 해야 한다는 것에 대해 많은 사람들이 당연하게 생각하는데, 이 당위성은 어디에서 온 것일까? 시스템 기획을 하면 왜 좋을까? 어떤 장점이 있을까? 단점은 없는 것일까? 어찌 보면 당연하게 여겨져서 생각해보지 않았던 질문일 수도 있다. 무턱대고 시스템 기획을 하기 보다는 시스템 기획의 장단점이나 기본적인 목적을 인식하고 시스템 기획을 하는 것이 바람직하다. 이를 통해 불필요한 시스템 기획은 줄이고, 더 나은 방향으로 시스템 기획을 할 수 있을 것이다.

시스템 기획의 장단점

기능이 시스템으로 개발되었을 때의 가장 큰 장점은 높은 완성도를 기대할 수 있다는 것이다. 다시 한 번 게임 시스템의 정의를 생각해보자. 기능 달성을 위해 필요한 요소들과 상호작용들을 조직화한 것이 시스템이다. 시스템 기획은 기능을 위해 필요한 것을 생각나는 대로 정리하는 것이 아니라 심사숙고해 체계적으로 정리한다는 의미다. 당연히 시스템 기획을 하면 단순히 기획하는 것보다 더 높은 완성도를 기대할 수 있다. 이런 점 때문에 높은 완성도가 요구되는 기능들은 시스템 기획을 통해 개발되는 것이 보통이며, 완성도를 중요한 가치로 여기는 개발 조직일수록 더 많은 기능들이 시스템 기획을 통해 개발된다.

시스템으로 개발된 기능은 관리와 사용이 용이하다. 시스템을 활용하는 것도 시스템 개발의 중요 목적이기 때문에, 시스템 기획은 단순한 기능 명세 specification뿐만 아니라 기능을 사용하는 것에 대한 고려도 포함하게 된다. 기능 사용은 대부분 데이터를 통해 이루어지기 때문에 데이터가 복잡할 경우에는 데이터 설계까지 체계적으로 해 데이터 조정이 쉽도록 한다. 기능 사용과 관련한 인터페이스(데이터)가 있는 것은 관리와 사용 단계에서 큰 차이를 만든다. 예를 들어 캐릭터의 기본 이동속도를 개발자에게 캐릭터별로 하나씩 수정해달라고 하는 것과 기획자가 스탯Stats 데이터를 조정해 캐릭터의 기본 이동속도를 수정하는 것을 비교해보자. 전자의 경우 기획자가 자유롭게 설정할 수 없을 뿐만 아니라, 설정할 때마다 개발자에게 요청을 해야 되기 때문에 의사소통 비용이 추가로 발생한다. 반면 스탯 시스템을 통해 마련된 스탯 데이터는 기획자가 직접 스탯을 조정할 수 있게 해주며, 캐릭터와 스탯이 많더라도 효율적으로 관리할 수 있게 해준다.

시스템 개발이 주는 이러한 이점들은 여러 사람이 기능을 관리하고 사용할 때 더 빛을 발한다. 밸런스 작업 등의 이유로 캐릭터 이동속도를 변경해야 되는데 담당 기획자가 부재 중이라고 가정해보자. 시스템 개발을 한 경우, 담당이 아닌 기획자라고 하더라도 데이터와 그에 대한 매뉴얼을 보고 이를 직접 고치는 것이 가능하다. 반대의 경우는 기획자가 고칠 방법이 없기 때문에 개발자에게 수정해달라고 요청해야 하지만, 둘 사이에는 해당 일을 같이 진행한 적이 없기 때문에 더 큰 의사소통 비용이 발생한다. 심지어 담당 개발자가 부재[12]하기라도 한다면 수정을 요청하는 것과 다른 개발자들이 이 수정 요청을 처리하는 것 모두 힘든 일이 될 것이다. 게임 개발 조직이 커짐에 따라 여러 사람이 같이 작업하는 경우가 많아지는 것을 생각하면, 기능을 시스템으로 개발하는 것은 여러모로 도움이 된다.

시스템 개발[13]을 통해 기능을 구현하게 되면, 완성도와 사용성이 올라가는 것을 기대할 수 있지만 개발 비용은 대체로 증가하게 된다. 시스템적인 접근을 하면 구성요소를 하나씩 만드는 것보다 고려해야 할 것이 많아진다. 관련 있거나 유사한 기능들을 통합해 구조화하고, 미래에 사용될 기능들까지 고려해야 한다. 예를 들어 액션 게임의 전투 시스템은 캐릭터 액션(스킬) 내용, 캐릭터 애니메이션, 공격 판정, 데미지 공식, 부가 효과 등 고려해야 할 것들이 굉장히 많다. 각각의 내용들은 긴밀하게 연관되어 있는데, 이에 대해 종합적으로 고려하는 것이 시스템적인 접근 또는 개발 방법이라 할 수 있다. 반면 일단 애니메이션을 만들고, 거기에 판정을 붙인 뒤, 그 위에 피해 공식을 적용해 보는 등의 순차적인 개발 방법은 비시스템적인 개발 방법이라 볼 수 있다. 완성도를 떠나 생각해보면, 전체를 고려해 체계적으로 만드는 것이 기능을 하나씩 만들어 붙이는 것보다 더 복잡하고 긴 개발 기간을 가질 것은 자명하다. 더군다나 시스템 개발을 하게 되면 검증과 활용을 위한 인터페이스까지 만들어

---

12 담당 개발자와 기획자가 퇴사하는 등의 인력 누수 위험은 항상 존재한다.

13 시스템 개발은 시스템 기획부터 구현까지의 모든 과정을 포함한다.

야 하기 때문에 비용이 더 많이 들 수밖에 없다. 그러나 단순한 기능을 개발하는 경우는 이런 노력과 비용을 들여 얻을 수 있는 완성도의 수준이 별반 차이가 없을 수 있기 때문에 간단한 요구사항 전달을 통한 개발로도 충분[14]할 수 있다. 즉 완성도와 개발 비용이 트레이드오프되기 때문에 아무 기능이나 시스템 개발을 하는 것은 바람직하지 않다.

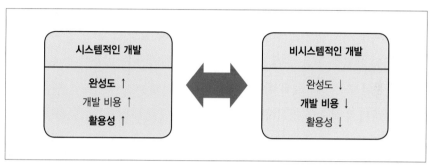

그림 1.6 시스템으로 개발하는 것이 항상 좋은 것은 아니다

🌑 시스템 기획의 비용

그렇다면 시스템 개발을 하면 비용 측면에서는 항상 불리할까? 단순히 기능만을 개발하는 것만 봤을 때는 불리하다고 할 수 있다. '일단 되게 하라'라는 모토 아래, 기능을 비시스템적으로 개발하게 되면 최소한의 비용으로 개발을 할 수 있다. 그렇기 때문에 속도와 비용이 중요한 프로토타이핑prototyping에서는 시스템 개발을 하지 않고, 되는 대로 빠르게 개발을 하는 것이다. 근시안적인 관점에서 보면 시스템 개발은 그다지 매력적이지 않다.

하지만 장기적으로는 시스템 개발을 통해 기능을 개발하면 오히려 비용을 줄일 수 있는데, 어떻게 그냥 개발하는 것보다 비용이 더 적게 들 수 있을까?

---

14 프로토타이핑 단계에서 시스템적인 접근을 하지 않고 개발하는 경향이 있는 것은 저렴한 비용과 빠른 속도가 중요한 가치이기 때문이다.

먼저 시스템 개발을 통해 얻는 높은 완성도는 장기적인 관점에서 개발 비용을 줄여준다. 완성도라는 가치를 비용으로 환산하기는 쉽지 않지만, 기능의 완성도가 올라감에 따라 결함이 줄어들고, 결함이 줄어듦에 따라 수정해야 하는 상황도 적어진다. 게임의 결함은 시간이 지날수록 그 수정 비용이 엄청나게 커진다는 것을 생각해보면, 높은 완성도가 줄여주는 비용은 상당히 크다고 할 수 있다. 또한 개발된 시스템은 기능의 관리와 사용을 위한 내용을 포함하기 때문에, 이후 시스템을 조정하거나 콘텐츠 제작을 할 때 드는 비용을 줄일 수 있다. 기능 개발만 놓고 보면 시스템 개발을 하는 경우가 비용이 비싸지만, 기능과 관련한 다른 작업들에 대한 비용은 줄일 수 있는 것이다.

이에 대해 수식으로 정리하면 다음과 같다. 만약 수식을 보기 불편하다면, 수식에 대한 설명만 간단히 읽어도 좋다.

시스템 기획의 비용

비용들

- SDC(System Developing Cost): 시스템 개발 비용
- NSDC(Non-System Developing Cost): 비시스템 개발 비용
- TC(Test Cost): 테스트 비용
- CDC(Contents Developing Cost): 콘텐츠 개발 비용
- MC(Management Cost 1): 관리(수정) 비용

기능 개발 비용

- C1 = SDC + TC: 시스템 개발 시 기능 개발 비용
- C2 = NSDC + TC: 비시스템 개발 시 기능 개발 비용

기능 개발 이후 비용

- AC = CDC + MC: 기능 개발 이후 비용

기능 관련 전체 비용

- C3 = SDC + TC + AC: 시스템 개발 시 기능 관련 전체 비용

- C4 = NSDC + TC + AC: 비시스템 개발 시 기능 관련 전체 비용

수식에 대한 간단한 설명

기능 개발 비용(테스트 비용 제외)

- SDC > NSDC
  - ▶ 시스템 개발을 통한 기능 개발 비용이 더 비싸다.

기능 개발 비용(테스트 비용 포함)

- 시스템이 테스트를 용이하게 해줄 수 있기 때문에 테스트 비용이 줄어들 수 있다.
- C1 > C2일 때
  - ▶ 보통의 경우에는 테스트 비용을 포함해도 시스템 개발을 통한 기능 개발 비용이 더 비싸다.
- C1 < C2일 때
  - ▶ 높은 완성도를 요구하는 기능의 경우, 많은 테스트와 시행 착오가 있을 수 있기 때문에 시스템으로 인해 테스트 비용이 많이 줄어들 수 있다.

그 외 관련 비용들

- 콘텐츠 제작을 위한 시스템과 같은 시스템들은 콘텐츠 제작 비용을 크게 줄여준다.
- 보통의 경우에는 시스템을 통해 개발한 기능이 관리하기 쉬우나, 기능을 완전히 갈아 엎을 때는 시스템 개발을 한 것이 오히려 독이 될 때도 있다.

먼저 기능 개발과 관련한 개발 비용인 'C1'과 'C2'를 비교해보자. 시스템적인 접근을 하면서 발생하는 비용 때문에 SDC가 NSDC보다 크고, 그로 인해 C1이 C2보다 클 것으로 기대하는 것은 당연해 보인다. 하지만 기능 개발에 테스트하는 것까지 포함시키면, C1과 C2의 관계가 달라질 수 있다. 테스트라는 것은 현재의 상태를 모니터링하고 이를 개선시키는 작업을 말하기 때문에, 테스터는 특정 현상을 보거나 특정 값을 수정할 수 있어야 한다. 시스템은 테스트에 사용할 수 있는 데이터를 가지고 있기 때문에, 데이터를 조정해 원하는 테스트 상황을 만들기가 쉽다. 반면에 이런 테스트 인터페이스가 없다면 어쩔 수 없이 직접 게임을 하면서 확인해야 한다. 간단한 테스트를 할 때는 큰

차이가 없지만, 여러 상황에 대해 많은 테스트를 할 때는 테스트 인터페이스, 즉 데이터가 있고 없음의 차이가 크게 난다.

전투 피해 공식을 테스트한다고 가정해보자. 실제 게임을 하면서 테스트하는 것과 자신의 캐릭터의 스테이터스와 피격 대상자의 스테이터스를 조작할 수 있도록 한 뒤 테스트를 하는 것은 큰 차이가 있다. 전자는 다양한 스테이터스의 조합에 대한 테스트 케이스를 만들기가 굉장히 어려우며, 그 결과를 계산하고 확인하는 것도 쉽지 않을 것이다. 반면에 후자는 공식을 확인하기 위한 테스트 케이스대로 세팅한 뒤에 테스트를 수행하면 되기 때문에 테스트에만 집중해 빠르게 처리할 수 있다. 여기에 더해 시스템이 각종 수치들을 확인할 수 있는 인터페이스까지 제공한다면, 테스트 결과를 분석할 때도 원하는 내용을 확인하기 더 쉬울 것이다.

정리하자면, 시스템 개발은 테스트 비용을 많이 줄여주기 때문에 테스트를 많이 하게 되는 상황에는 시스템 개발을 했을 때 비용 절감을 더 많이 하게 된다. 어떤 경우는 C1의 TC가 C2의 TC보다 획기적으로 줄어들게 되어 C1이 C2보다 적게 될 수도 있다. 요구하는 기능의 완성도가 높을수록 테스트도 그만큼 많이 하는 것을 생각해보면, 완성도 높은 기능을 개발할 때는 비용측면에서조차 시스템 개발이 유리할 수 있다.

테스트 비용의 비교

가정된 상황 설명

게임에 적용되는 물리(Physics) 중에 '중력'에 대한 개발을 하기로 한 상황이다. 이와 관련해 경사면에서의 중력을 처리하기로 했으며, 중력 가속도를 일반상태와 경사면상태로 나누어 처리하기로 했다. 이 두 중력 가속도에 대해 기능 명세(specification)를 한 뒤 개발자에게 전달했고, 현재 괜찮을 것으로 예상되는 중력 가속도들의 값들도 같이 개발자에게 넘겨주었다. 이윽고 구현이 끝나고, 테스트를 해본 결과 이 값들에 대한 변경이 필요하다는 것을 알게 되었다. 시스템 개발을 한 경우에는 중력 가속도를 설정할 수 있는 데이터까지 설계해 구현된 상태다. 다음 그림에서 좌측은 게임 엔진상의 스크립트에서 값들을 설정하는 경우이고, 우측은 xml 데이터로 값들을 설정하는 경우다.

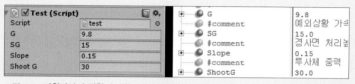

그림 1.7 기획자가 수정할 수 있는 데이터 파일이 있다면, 테스트 비용을 많이 줄일 수 있다

비시스템적인 접근 시 테스트 진행 시나리오

구현이 끝난 이후에 이를 게임 엔진에서 실행을 하면서 확인해보았다. 중력 값이 너무 작아서 캐릭터가 허공에 뜨는 느낌이 들었다. 'G'라는 값을 바꾸면 될 것 같은데, 나에게는 스크립트를 수정할 권한도 능력도 없다. 9.8이라는 값 대신에 8.5 정도면 될 것 같은데 확신은 없다. 어쩔 수 없이 개발자에게 8.5로 바꾸겠다고 말했다. 개발자가 처리해준 다음에 다시 실행해서 값을 확인해보았다. 결과는 만족스럽지만 조금 더 크게 하면 좋을 것 같다. 8.7 정도면 좋을 것 같다. 개발자에게 말하니까 약간 짜증을 내는 것 같다. 개발자가 작업을 해준 다음에 테스트해보니 아주 조금 큰 것 같다. 8.65 정도면 될 것 같다. 큰 차이는 없는 것 같은데 그냥 넘길까? 고민된다.

시스템적인 접근 시 테스트 진행 시나리오

개발이 끝난 이후에 이를 게임 엔진에서 실행을 하면서 확인해보았다. 중력 값이 너무 작아서 캐릭터가 허공에 뜨는 느낌이 들었다. 상수 관련 데이터에서 'G' 값을 8.5로 수정했다. 빌드를 하고 다시 실행해서 확인해봤다. 그래도 좀 모자란 느낌이 든다. 8.7로 수정하고 빌드 후 테스트를 했다. 만족스럽지만 조금 큰 것 같다. 8.65로 수정하고 다시 테스트를 해봤다. 나름 만족스럽다. 이제 상급자에게 확인을 받고 테스트를 종료해야겠다.

앞서 든 예시의 '중력'과 같은 기능은 게임의 근간을 이루는 중요한 요소다. 이와 같은 중요 기능은 높은 완성도가 요구되고 개발할 때 많은 테스트와 수정을 필요로 하기 때문에 비시스템적인 접근으로 개발하면 어려운 점이 더 많이 발생할 수 있다. 비효율적인 테스트를 많이 하게 되면 개발 비용이 올라가고, 테스트를 소홀히 하게 되면 완성도가 떨어질 수도 있다. 앞의 예시는 다소 극단적으로 가정된 상황인 것은 맞지만, 실제로 기획자가 직접 데이터를 조정할 수 없을 때는 개발자에게 수정 요청을 해야 하는 것을 생각해보면 현실성이 없다고 볼 수만은 없다. 기획자와 개발자 사이의 추가 의사소통 없이 테스트를 진행할 수 있다는 것과 기획자가 직접 시스템을 조정할 수 있다는 것은 엄청나게 큰 장점[15]이다.

기능을 개발할 때는 시스템적인 접근을 하는 것이 크게 매력적이지 않을 수는 있지만, 이후 기능 활용하는 시점이 되면 개발된 시스템이 큰 힘을 발휘한다. 특히 콘텐츠를 제작할 때 필요한 기능들을 시스템으로 구현해 두었다면 콘텐츠 제작에 드는 비용을 많이 줄일 수 있다. 〈리그 오브 레전드[LoL]〉에 등장하는 '이즈리얼'이라는 챔피언의 '신비한 화살'이라는 스킬과 '니달리'라는 챔피언의 '창 투척'이라는 스킬을 비교해보자. 이 두 스킬은 '직선 투사체'를 발사하는 스킬로, 세부 능력치는 다르지만 스킬의 기능은 거의 같다.

직선 투사체 기능을 시스템적으로 개발한다는 것은 투사체의 종류, 투사체의 사거리, 투사체의 판정 등을 시스템으로 개발한다는 것을 뜻한다. 이렇게 시스템을 개발한 뒤에 직선 투사체를 사용하는 스킬이 필요하면, 스킬 데이터를 설정하는 것만으로도 일단 직선 투사체 기능을 사용할 수 있다. 그리고 나서 남은 스킬별 특징들을 개발하면 스킬이 완성된다. 반면에 직선 투사체 기능을 비시스템적인 접근을 해 개발하게 되면, 스킬을 개발할 때마다 개발자에게 스킬을 설명하고 개발하는 과정을 거쳐야 한다. 물론 한 번 개발해본 기능을 다시 개발할 때 좀 더 수월하긴 하겠지만, 시스템 개발을 해뒀다면 이미 개발된 기능을 사용하는 데 비용이 거의 들지 않았을 것이다. 그리고 만약 투사

---

15 현업에서 일해보면, 개발자와의 의사소통 비용이 엄청나게 크다는 것을 알 수 있다.

체 사거리를 조정해야 하는 상황이 발생했을 때, 시스템을 사용하면 데이터 수정만으로도 이를 조정할 수 있지만 시스템이 없다면 개발자에게 사거리를 조정해달라고 요청해야 한다. 직선 투사체 기능에 대해 시스템 개발을 하게 되면 챔피언의 직선 투사체 사용 스킬 하나를 개발하는 것보다 더 많은 비용이 든다. 하지만 이후에 직선 투사체 기능을 사용하는 스킬을 계속 만들게 된다면 스킬 개발 비용이 거의 들지 않게 된다. 〈LoL〉에 직선 투사체를 사용하는 스킬은 수십 개가 넘는다. 어느 쪽이 더 효율적일지는 굳이 말할 필요도 없다.

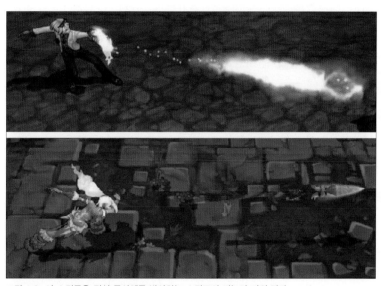

그림 1.8 이 스킬들은 직선 투사체를 발사하는 스킬로서 기능이 거의 같다

다만 시스템이 항상 콘텐츠 제작 비용을 절감시켜주는 것은 아니다. 콘텐츠 제작을 위한 시스템을 개발할 때 많은 기능들이 포함될수록 시스템 개발 비용은 증가한다. 하지만 어떤 기능들은 실제 콘텐츠를 제작할 때 사용되지 않을 수 있다. 이런 경우는 시스템 개발을 위해 증가한 비용을 보상받지 못하는 상황이라고 할 수 있다. 예를 들어 '파괴 가능'이라는 기능을 포함해 맵오브젝트 시스템을 개발한다고 가정해보자. 실시간으로 상태가 달라지는 맵오브젝트를

시스템에 포함시켜 개발하는 데 드는 비용은 상당히 크다. 하지만 개발을 마친 뒤에 실제 해당 기능을 전혀 사용하지 않게 되면 이 기능을 시스템에 포함시키기 위해 들어간 개발력은 의미[16]가 없어진다.

그러나 실제 맵(레벨) 제작은 오랜 기간 하기 때문에 미래에 필요할 맵오브젝트에 대해 정확한 예측을 하는 것은 어렵다. 게임의 수명이 다할 때까지 콘텐츠는 계속 변경되기 때문에 100% 정확한 예측을 한다는 것은 사실상 불가능하다. 더군다나 예측의 정확도를 높이려면 기획 단계에서 더 많은 고려를 해야 하며, 이는 기획에 드는 비용이 증가한다는 것을 뜻한다. 다시 말해 시스템은 많은 기능을 가질수록 개발 비용 또한 증가하지만, 개발된 기능들이 모두 사용되는 것은 아니다. 사용되지 않는 기능을 시스템에 많이 포함해 개발하게 되면 시스템 개발로 얻게 되는 이득이 그만큼 줄어든다. 그렇기 때문에 완벽한 시스템을 추구하기 위해 너무 많은 기능을 개발하는 것은 바람직하지 않으며, 개발된 시스템이 완벽할 것이라는 생각도 버리는 것이 좋다.

시스템의 가능성을 확장하다 보면 시스템이 불필요한 기능을 가지게 되고, 현재 필요한 기능 위주로 시스템의 가능성을 좁히면 뒤에 필요한 기능이 시스템에 없을 수도 있다. 시스템에 편입시킬 기능을 결정하는 것과 관련한 조언을 하자면, 둘 중에 시스템 가능성이 넓어서 불필요한 기능을 제공하는 쪽이 좀 더 낫다고 할 수 있다. 확장성에 대해 특별히 고려되어 있지 않는 이상, 시스템 개발이 일단 완료되면 시스템을 수정하는 것은 그리 쉽지 않다. 반면에 시스템에 있는 기능을 사용하지 않는 것은 선택의 문제[17]다. 실제 사용될 기능들만 시스템에 포함시키는 것이 가장 이상적이지만, 현실적으로는 불필요한 기능이 될 수도 있는 기능들도 포함시켜 시스템의 가능성을 넓히는 방향이 바람직하다고 할 수 있다.

---

16 개발자의 개발 능력이 성장했다거나 먼 미래에 필요한 레벨 시스템의 기능들을 위한 가능성을 넓혔다는 긍정적인 측면은 있다.

17 다만, 사용하지도 않는 기능을 개발했다고 개발자가 불평을 할 수는 있다.

시스템 기획의 중요성

시스템은 게임의 핵심 아이디어와 기능에 대해 적용되는 경우가 많기 때문에 게임 개발의 역사에서 시스템 기획이 중요하지 않았던 적은 없다. 그런데 근래 들어 시스템 기획이 더욱 강조되고, 각 게임 회사가 좋은 시스템 기획자를 구하기 위해 노력하는 이유가 무엇일까? 그리고 이와 함께 시스템 기획의 기회가 비개발자 출신의 기획자들에게도 주어지고 있는 이유는 뭘까?

먼저 게임 시장의 경쟁 구도가 치열해지고 있는 상황을 그 이유로 들 수 있다. 게임 역사의 초창기에는, 핵심 아이디어를 구현한 시스템이나 장르적 특징이 되는 시스템을 잘 만드는 것만으로도 경쟁력이 있었다. 동시대에 발매되는 게임 수도 적었고, 전 세계적인 경쟁 구도가 아닌 지역 시장에서의 경쟁 구도 경향이 강했다. 그렇기 때문에 유저는 발매되는 신작 게임들을 으레 해보는 경향이 있었고, 신작 게임은 비슷한 시기[18]에 나오는 다른 신작 게임들과의 경쟁 우위가 크게 중요하지 않았다. 반면에 요즘은 게임 시장이 성장하고 전 세계적인 경쟁 구도를 갖다 보니, 유저들이 할 수 있는 게임들이 넘쳐나고 있다. 이런 무한 경쟁의 시대에 이르러서는 어떤 한 시스템이라도 허투루 개발할 수 없게 되었다. 예전이라면 단순히 기능 위주로만 구현했던 것들을, 이제 유저의 마음을 사로잡기 위해 경쟁력이 있게 구현해야 한다. 똑같이 장애물을 피해 점프를 하더라도, 〈페르시아의 왕자〉의 점프와 〈언차티드 2〉의 점프는 그 완성도가 다르다. 페르시아의 왕자에서 유저가 경험할 수 있는 점프의 수준은 상당히 엉성하지만, 이 게임이 발매될 당시에는 이런 점프라고 하더라도 장애물을 극복하는 것 자체가 즐거운 일이었다. 하지만 〈언차티드 2〉가 발매될 무렵에는 이미 수많은 게임들이 장애물을 극복하는 점프를 갖고 있었기 때문에 유저에게 더 큰 만족을 주는 점프를 만드는 것이 필요해졌다. 이 두 게임

---

18 당시에는 패키지 게임 시장만이 존재했으며 크리스마스 등의 특별한 시기를 제외하고는 비슷한 시기에 비슷한 장르의 게임이 많이 나오지 않았다.

모두 점프가 중요한 기능이지만, 〈언차티드 2〉는 점프에 대해 더 많은 것을 고민하고 더 많은 기능을 포함시켰다. 과거에는 단순히 기능을 구현하는 것으로도 충분했지만, 이제는 기능의 경쟁력을 위해 재미와 예술의 미학을 고민해야 하는 시대가 된 것이다.

그림 1.9 똑같은 점프라고 해도, 요즘 나온 게임은 옛날 게임들보다 더 많은 기능이 반영되어 있다

단순히 경쟁하는 게임들이 많아져서 시스템 기획이 중요해진 것은 아니며, 높은 재활용성이라는 시스템의 특징으로 인해 경쟁의 치열함이 증폭되었다고 할 수 있다. 게임 시스템은 재활용이 가능하고, 잘 만들어진 시스템의 경우 많은 게임에서 차용하거나 수정되어 사용된다. 이러한 시스템 차용과 개선의 극한을 보여주면서 전 세계적으로 크게 성공한 게임이 〈WoW〉다. 〈WoW〉는 그 이전에 존재했던 MMORPG[19]에서 사용된 수많은 시스템들을 차용해서 수정했다. 〈WoW〉가 전 세계적으로 성공한 다음에는 많은 MMORPG들이 〈WoW〉의 시스템들을 마치 표준처럼 차용했다. 이런 점은 장르가 같은(유사한) 게임들은 공통적으로 가지고 있는 시스템들이 많다는 것을 보면 쉽게 알수 있다. 1993년에 출시된 〈둠〉[20]이라는 게임과 최근에 출시되는 FPS 게임들을 비교해보면, 많은 핵심 시스템들이 비슷하다는 것을 알 수 있다. 이렇게 시스템들이 재사용되거나 차용되는 이유는 시스템의 완성도가 경쟁 우위에 있

---

19 〈에버퀘스트〉와 같은 MMORPG가 〈WoW〉가 참고한 게임들 중에 하나다.
20 1993년에 이드소프트웨어(id Software) 사에서 만든 FPS 게임

어서 중요하기 때문이다. 동일 장르인데 다른 게임에 있는 성공적인 시스템이 없을 경우 유저들은 게임에 대해 낮은 평가를 내릴 수밖에 없다. 이런 동일 기능에 대해 유저가 장단점을 비교해 파악하는 것은 어렵지 않으며, 이를 통해 게임에 대한 인상이 결정되기도 한다. 따라서 다른 게임에 있는 시스템들을 철저하게 분석한 뒤 경쟁력 있는 자신만의 시스템을 만들 필요가 있다.

문제는 기능에 대한 장단점을 파악하는 것만으로는 시스템 기획의 방향을 잡는 데 충분하지 않다는 것이다. 유저는 자신에게 친숙하다는 이유만으로 시스템을 선호하기도 한다. 참신한 시스템이 기능적으로 좀 더 낫더라도 단지 유저가 낯설어하기 때문에 버려지는 경우도 있다. 많은 유저가 좋아한다고 반드시 좋은 시스템이라는 법은 없지만, 더 낫다고 생각되는 참신한 시스템에 대해 유저들이 긍정적인 평가를 하지 않을 수 있다. 따라서 다른 게임의 시스템들을 검토할 때 다양한 각도와 관점에서 검토해야 하는 어려움이 있다. 다시 말해 질과 양 모든 측면에서 더 높은 수준의 시스템 기획이 요구되고 있는 것이다. 이제 게임 시스템에 대해 더 높은 완성도가 요구되며, 시스템에 대해 더 많은 것을 고민하고 생각해야 한다. 시스템 기획이 점점 중요해지는 것이다.

그림 1.10 새로운 시스템(우)이 더 세련되고 완성도 높더라도, 유저들은 친숙한 기존 시스템(좌)을 더 선호할 수 있다

기획자와 시스템 기획

시스템 기획은 어떤 개발 조직에 있더라도 한 번쯤은 맞닥뜨리게 되는 영역이다. 신규 게임 개발 시, 게임을 처음부터 만들기 때문에 시스템 기획은 기초 작업으로 필히 진행된다. 게임 개발 초창기에는 콘텐츠 기획은 필요 없으며, 우선 시스템부터 기획하게 된다. 나도 신규 개발 조직에서 처음부터 게임을 만들어 가면서 많은 시스템 기획을 했으며, 시스템 기획을 토대로 게임의 기반이 만들어진 다음에 본격적으로 콘텐츠 기획이 진행되었다.

한 편 라이브 개발 조직에 속해 있다고 해서 시스템 기획을 하지 않는 것은 아니다. 지속적인 콘텐츠 업데이트를 할 때, 유저들에게 새로운 경험을 주기 위해 신규 시스템이 도입되는 경우가 있다. 이 경우 신규 게임을 만들 때보다 자율성이 떨어지는 것은 사실이지만 시스템 기획이 필요하다. 나는 라이브 개발 조직에서 대규모 업데이트를 수차례 진행했는데, 스토리텔링을 위한 시스템이나 소셜 시스템, 새로운 아이템 시스템 등의 많은 시스템이 기획되어 도입되었다. 라이브 개발 조직에서의 신규 시스템은 게임 개선이나 변화를 위해 도입되거나, 신규 콘텐츠의 도입 시 체계적인 제작과 관리를 위해 기획된다. 이렇듯 어느 게임 개발 조직에 있더라도, 시스템 기획을 피해서는 기획자로서 발전하기가 어렵다.

시스템 기획의 중요도가 올라가면서 좋은 시스템 기획자에 대한 수요는 계속적으로 늘어가고 있다. 하지만 많은 기획 지망자들은 시스템 기획자보다는 콘텐츠 기획자가 되기를 원하며, 시스템 기획은 콘텐츠 기획에 비해 어렵고 생소한 영역으로 생각한다. 심지어 현업 기획자 중에도 시스템 기획에 대해 생소해하고 어려워하는 사람들이 많다. 이 책을 읽고 있는 여러분도 시스템 기획이 생소하거나 어렵다고 느껴지지는 않는가? 왜 이런 거리감을 느끼게 되는 것일까?

먼저 기획자들이 기획자를 지망하게 되는 동기에서 이 답을 찾을 수 있다. 기획자 중에는 게임을 즐기는 것에서부터 기획자가 되고 싶다는 꿈을 갖게 된 사람이 많다. 게임에서 유저가 즐기는 영역은 시스템보다는 콘텐츠쪽이 좀 더 직접적이고 자극적으로 작용하기 때문에, 유저는 게임 시스템보다는 콘텐츠 위주로 소비하게 되어 있다. 콘텐츠 제작이 갖는 매력, 즉 스토리텔링이나 설정 놀이는 인간이 갖는 본질적인 욕망[21]과도 연관이 있기 때문에 자연스럽게 관심이 갈 수밖에 없다. 따라서 게임을 즐기는 것으로부터 게임 기획자가 되기를 원했다면, 하고자 하는 기획자의 업무 영역이 콘텐츠 기획일 가능성이 높다. 이런 점이 시스템 기획에 대해 기획자들이 갖는 거리감의 근원적인 이유라고 할 수 있다.

기획자가 되려는 동기뿐만 아니라 기획자가 되기 위한 준비에서도 차이가 많이 난다. 기획자로서의 능력이 쌓이는 경로는 현업에서 경험을 쌓거나 교육 기관에서 따로 교육을 받는 것도 있지만, 게임을 즐기면서 정리된 생각들이 모이는 것을 통해 기획 능력이 성장하기도 한다. 그런데 게임에 대해 경험하는 것이 콘텐츠 위주인 것을 생각해보면, 상대적으로 시스템에 대해 생각할 기회는 매우 적다. 액션 게임을 하면서 캐릭터의 액션이 어떻게 재생되는지, 액션이 재생되는 데 어떤 기능들이 접목되어 있는지 관심을 가져본 적이 있는가? 시스템이 전면에 드러나는 게임[22]을 하거나 특별히 시스템에 대해 분석하면서 게임을 하지 않는 이상 시스템을 제대로 인지하기도 쉽지 않다. 이런 상황에 게임을 즐기는 경험을 바탕으로 시스템 기획자로서의 능력이 성장하는 것을 기대하기란 쉽지 않다.

이런 시스템 기획에 대한 거리감도 문제지만, 시스템 기획에 반드시 개발자와의 협업이 동반된다는 점도 시스템 기획이 어렵게 느껴지는 큰 이유가 된다.

---

21 존 나일스(John Niles)는 사람을 호모 나랜스(Homo Narrans)라고 했다.

22 퍼즐과 같은 규칙(Rule) 기반의 게임이 전형적인 예라고 볼 수 있다.

퀘스트 작성이나 컨셉 설정과 같은 많은 콘텐츠 기획 업무들은 기획자들의 작업만으로도 어느 정도 완결이 되는 것과는 달리, 시스템 기획은 반드시 개발자가 시스템을 구현해줘야 의미가 있다. 콘텐츠 기획서는 주로 콘텐츠를 제작하는 실무 기획자[23]들이 보는 반면, 시스템 기획서는 개발자가 보게 된다. 일차적인 시스템 기획의 작성 목적은 필요한 게임의 기능들을 개발자가 잘 구현할 수 있도록, 기능에 대한 설명을 체계적으로 작성하는 데 있다. 따라서 시스템 기획서의 성격은 콘텐츠 기획서와는 판이하게 다르다. 예를 들어 액션 게임의 대시^{dash} 시스템을 개발해야 한다고 했을 때, 개발자와 기획자가 대시에 대해 바라보는 관점이 다를 수 있다. 기획자는 '우리 게임에 대시가 들어가면 재미있을까?'에서 출발하는 재미와 관련한 사고 흐름을 갖는다면, 개발자는 '대시를 할 때 물리(중력)가 적용되나?'와 같은 대시의 기능 구현에 대한 사고 흐름을 갖는다. 기획자는 시스템이 왜 필요하고 재미가 있을지에 대해 관심이 있지만, 개발자는 시스템이 어떻게 게임에 적용될지를 궁금해 한다. 따라서 시스템 기획에는 개발자가 궁금해 하고 필요로 하는 내용, 즉 기능에 대한 상세한 설명이 필요하다. 콘텐츠 기획자 입장에서 개발자에게 설명을 할 기능을 정리하는 것은 쉽지 않은 일이고, 이를 개발자에게 설명하고 협업을 하는 것도 힘든 일이다.

그림 1.11 기획자(D)의 관점과 개발자(P)의 관점은 다를 수 있다

---

23 기획 실무를 하는 기획자나 기획안에 대해 결재를 해주는 상급 기획자들이 이에 해당한다.

이런 점 때문에 시스템 기획을 함에 있어 개발자 출신 기획자들이 좀 더 유리하다는 것은 사실이다. 하지만 단순히 시스템이 논리적으로 잘 만들어졌다고 성공하는 시대는 지났다. 그 시스템이 게임에 어우러져서 재미를 유발하는지, 유저에게 어떤 어필을 할 수 있는지가 중요해지고 있는 것이다. 이런 변화는 비개발자 출신의 기획자들에게 시스템 기획의 영역이 확대되어 가고 있다는 것을 의미한다. 예전에는 기능 명세를 충실히 하는 것만으로도 시스템 기획이 끝났지만, 이제 수많은 기존 시스템들을 분석하고 이들에 대한 가치 판단과 결정을 내린 후에 기능 명세를 해야 한다. 이런 부분은 개발자에 비해 전문 기획자들이 더 잘 할 수 있는 것들로, 기능 명세와 관련된 부분만 보충하고 연습한다면 비개발자 출신의 기획자들도 경쟁력을 가질 수 있다.

어쩌면 여러분들은 시스템 기획이 자신과 맞지 않다고 생각하거나 시스템 기획에 대해 더 알아야 하는지에 대해 의문을 가지고 있을 수 있다. 하지만 여러분이 만약 처음부터 게임을 기획해야 한다면 게임의 기반과 골격을 기획하는 작업인 시스템 기획을 반드시 해야 한다. 콘텐츠 기획을 할 때도 마찬가지다. 다른 사람이 만들어 놓은 시스템만 사용해 콘텐츠를 제작하면, 매너리즘에 빠져 유저들이 금방 싫증을 내기 십상이다. 여러분은 다른 사람이 만들어 놓은 시스템을 이용만 할 것인가? 미래에 자신만의 게임을 만들고 싶지 않은가? 여러분이 경쟁력 있는 기획자가 되려면 시스템 기획 업무를 피할 수는 없다. 이 책은 시스템 기획에 대해 여러분이 느끼는 거리감을 줄여주어, 용기와 자신감을 갖고 시스템 기획을 마주할 수 있도록 도와줄 것이다.

요약

- 게임은 소비자가 직접 참여하고 이에 대한 피드백을 주고받는 종합 엔터테인먼트다.

- 최근에는 게임의 성공 요소가 점점 복잡하고 다양해지고 있지만 그중 가장 중요한 것은 게임의 완성도와 재미이며, 이를 위한 핵심 시스템 기획도 중요하다.

- 게임 시스템이란, 게임에 필요한 기능을 구현하고 이를 쉽게 사용하기 위해 필요한 요소와 요소 간의 상호작용을 조직화한 것을 말한다.

- 게임 시스템은 인지요소와 규칙으로 구성되며, 이들은 시스템 기획의 주요 대상이다.

- 시스템 기획은 완성도를 높이는 대신에 개발 비용 또한 올라가지만, 시스템 활용 단계를 생각하면 개발 비용이 항상 비싸다고 볼 수는 없다.

- 시스템 기획을 함에 있어 이제 단순히 기능을 기획하는 것으로는 충분하지 않다. 다양한 기능들을 분석하고 재미에 대해 고민해야 하기 때문에 비개발자 출신의 시스템 기획자가 더 잘 할 수 있는 영역이 존재한다.

2부

기본 다지기

2장

시스템 기획 전에 기능 정리부터

아무것도 없는 상황에서 게임을 처음 만들 때 바로 시스템 기획을 할 수는 없다. 자동차를 설계할 때 엔진만 먼저 설계하지 않듯이, 처음에는 게임에 필요한 것들이 무엇이 있는지 찾아내는 것이 필요하다. 시스템 기능 정리는 게임에 필요한 기능들을 열거하는 작업으로, 시스템에 대해 생각하기 전에 게임의 얼개를 작성하는 것이라고 할 수 있다. 게임을 개발할 때 게임에 필요한 기능이 모두 동일하다면 이런 기능 정리 작업은 필요 없겠지만, 안타깝게도 카피 게임이 아닌 이상에는 게임마다 가지고 있는 기능들이 다 다르며, 지금 이 책을 읽고 있는 여러분들이 만들 게임도 그럴 것이다. 그렇기 때문에 자신이 만들 게임 시스템 기능 정리를 위해 게임에 필요한 기능을 찾아내는 일을 해야 한다. 게임에 필요한 기능들을 도출하는 방법은 여러 가지가 있지만 성질에 따라 다음과 같이 세 가지로 나눌 수 있으며, 게임 개발 조직마다 정도가 다를 수는 있지만 보통 이 방법들을 사용한다.

- 게임 방향성을 바탕으로 한 기능 정리
- 벤치마킹을 통한 기능 정리
- 주관에 따른 기능 정리

이 장은 아무것도 없는 상황에서 처음부터 게임을 만드는 경우를 상정하고 필요한 기능들을 찾아내는 방법들을 설명하고 있지만, 이미 존재하는 게임에 시스템을 추가하는 경우[1]에도 큰 차이는 없다. 전체 게임 단위에서 기능 정리를 할 것인지, 아니면 특정 시스템과 같은 작은 범위에서 기능 정리를 할 것인지 차이가 있는 수준이다. 다루어야 할 범위가 좁으면 추가하고자 하는 시스템이나 기능이 비교적 명확하기 때문에 바로 구체적인 기능 정리 작업을 할 수 있으며 작업량도 많지 않다. 시스템 기획이 필요한 상황이 되었을 때, 자신이 처한 상황에 맞춰 기능 정리 방법들을 사용해 현재 필요한 기능들을 잘 찾도록 하자.

방향성을 바탕으로 한 기능 정리

보통 게임 개발은 핵심 아이디어나 방향성이 제안[2]됨으로써 시작된다. 따라서 기능을 방향성으로부터 찾아내는 작업은 다른 기능 정리 방법보다 먼저 수행되며, 여기서 정리된 기능을 기반으로 다른 기능 정리 방법들을 사용한다. 방향성은 게임의 특징을 요약해 표현하기 때문에, 방향성이 정해지는 것만으로도 게임에 필요한 기능들을 많이 도출할 수 있다. 또한 게임을 개발할 때 중점을 둘 것과 그렇지 않은 것들에 대한 윤곽도 드러난다.

---

1 어느 정도 게임이 만들어진 뒤에 시스템을 추가하는 경우나, 확장팩이나 업데이트 등을 통해 시스템을 추가하는 경우가 이에 해당한다.

2 이런 방향성은 다수의 사람들이 함께 제안하는 경우도 있지만, 디렉터 같은 소수의 사람이 결정하는 경우가 더 많다.

그림 2.1 게임의 방향성은 많은 것을 함축해서 보여 준다

〈더 위쳐 3〉[3]를 예로 방향성으로부터 기능을 정리하는 방법에 대해 살펴보자. 〈더 위쳐 3〉의 게임 방향성[4]을 요약하면 다음과 같다.

〈더 위쳐 3〉의 개발 방향성

1. 판타지 팬들의 염원을 구현한 RPG
2. 놀랍고 거대한 오픈월드의 위대한 모험
3. 충격적인 비주얼에 비병렬적인 구조이면서 아름답고 다채로운 세상
4. 다양한 풍경과 문화, 인종으로 구성되는 다양한 지역
5. 오픈월드에서 선택으로 인해 달라지는, 3부작을 통틀어 가장 매혹적인 스토리

제시된 방향성에 대해 어떻게 생각하는가? 2015년에 '올해의 게임상'을 가장 많이 받은 게임의 방향성답지 않게 평범하다는 것을 알 수 있다. 유명 RPG 프랜차이즈의 타이틀을 떼고 생각해보면, '오픈월드 RPG의 개발 방향성'으로서 어느 기획자라도 비슷한 방향성을 제시할 수 있을 정도로 평범하고 추상적

---

3 CD 프로젝트 레드(CD Projekt RED) 사의 RPG 프랜차이즈 3편 〈The Witcher 3: Wild Hunt〉
4 개발 시작 영상을 공개하면서 방향성을 밝혔다. https://youtu.be/2HGhm0H7d68

으로 보인다. 하지만 방향성이 게임 개발에 주는 영향력은 엄청나게 커서 문장이나 구절, 심지어 단어 하나하나에도 큰 무게가 실린다. 방향성은 게임 개발의 시작점으로서, 시스템 기획을 할 때도 방향성을 시발점으로 삼고 기능을 정리하게 된다. 예로 든 〈더 위쳐 3〉[5]의 방향성을 하나씩 분석하면서 기능을 정리해보겠다.

판타지 팬들의 염원을 구현한 RPG

5개의 방향성 중에 이것이 가장 중요한 이유는, 게임의 장르가 RPG라고 드러났기 때문이다. 이렇게 〈더 위쳐 3〉의 장르가 밝혀진 것만으로도 게임에 필요한 여러 가지 요소들을 찾아낼 수 있다. RPG 장르의 게임은 보통 다양한 역할을 하는 캐릭터, 각종 캐릭터 성장 요소들, 게임 시나리오 등이 필요하다. 〈위쳐〉라는 프랜차이즈 게임에는 조종 가능한 다양한 캐릭터는 나오지 않지만, 여러 기술들을 연마해 다양한 행동들을 할 수 있다. 또한 캐릭터의 성장과 그에 따른 다양한 혜택들을 얻을 수 있도록 했으며, 이 혜택들에는 착용할 수 있는 장비나 사용할 수 있는 기술 등이 있다. '판타지 팬'들을 언급했기 때문에 게임의 시나리오가 (중세) 판타지 배경이라는 것을 알 수 있다.

C|H|E|C|K

게임 장르(Game Genre)

게임의 장르란 많은 사람들이 공식/비공식적으로 인정하는 게임의 갈래를 뜻한다. 게임의 역사와 함께 많은 장르들이 탄생했고, 수많은 실험적인 게임들이 장르의 탄생에 기여했다. 근래 들어 타 게임과의 차별화를 꾀하거나 유저들의 이목을 끌어볼 요량으로 이상한 장르를 만드는 경우도 있는데, 원래 게임 장르는 기존에 있는 장르를 가지고는 설명하기 힘든 게임들을 분류하기 위해 만들어지곤 한다. 장르의 탄생은 게임 제

---

5 이 작품을 알면 좀 더 도움이 되겠지만 몰라도 크게 상관은 없다.

작사가 의도[6]한다고 만들어지는 것도 아니고, 자연스럽게 유저가 어떤 게임들을 구분해 부르면서 만들어진다. 각 장르는 서로 구분되는 특징이 있기 때문에 특정 장르로 게임을 만들겠다고 방향성을 밝히는 순간, 그 게임에는 해당 장르의 특징들이 포함된다. 그렇기 때문에 장르를 결정하게 되면 많은 게임의 특징들까지 같이 결정된다.

놀랍고 거대한 오픈월드의 위대한 모험

게임에 등장하는 세계를 오픈월드로 구성하겠다고 선언했기 때문에 레벨 디자인을 연속적으로 해야 한다. 거대한 세계를 만들겠다는 것은 유저의 기대치에 부합하도록 게임 세계를 크게 구성하겠다는 것이며, 이는 많은 콘텐츠 제작이 필요하다는 것을 뜻한다. 오픈월드 게임 중에는 메인 시나리오 없이 지역 시나리오만 가지는 것들도 있지만, '위대한 모험'을 제공하기 위해서는 메인 시나리오가 필요할 것으로 보인다. 오픈월드이기 때문에 캐릭터의 동선을 예측하기 어렵고, 이에 스토리의 진행에 세심한 주의가 필요하다. 〈더 위쳐 3〉는 〈위쳐〉 프랜차이즈의 세 번째 작품으로, 확실한 인물과 그와 관련된 설정이 있기 때문에 스토리와 관련된 언급은 이 정도로 하겠다.

충격적인 비주얼에 비병렬적인 구조이면서 아름답고 다채로운 세상

이 방향성은 기획이나 개발과 관련된 것이 아니라 아트와 관련되어 있다. 게임 그래픽에 경쟁력을 두겠다는 디렉터의 의지를 표명한 것으로, 기획적인 내용으로 분석할 것은 더 없기 때문에 이 정도로 그친다.

다양한 풍경과 문화, 인종으로 구성되는 다양한 지역

앞서 분석한 방향성 중에 '거대한 오픈월드'와 관련 있는 내용이다. 풍경이 급격하게 변화하면 위화감이 느껴지기 때문에 다양한 풍경을 자연스럽게 제공하려

---

6 게임의 큰 성공이 장르를 만들어내기도 하는데, 이때는 제작자가 의도하는 장르로 불리게 될 수도 있다.

면 오픈월드를 거대하게 구성해야만 한다. 규모도 규모이지만, 다양한 풍경, 문화, 인종을 위해 방대하면서도 짜임새 있는 설정이 필요하다는 것을 알 수 있다.

오픈월드에서 선택으로 인해 달라지는 스토리

유저의 선택지로 인해 스토리가 달라지는, 소위 자유도가 높은 게임은 일자형 스토리를 가진 게임보다 훨씬 복잡하고 개발 난이도가 높다. 완성도가 높은 자유도를 구현하려면 단순히 나레이션이나 대사만 교체하는 것이 아니라, 유저가 할 수 있는 행동에 영향을 미쳐야 한다. 즉 캐릭터, 지형, 아이템 등의 게임 오브젝트들과 유저가 긴밀하게 상호작용해야 한다.

오픈월드에 구현된 3부작을 통틀어 가장 매혹적인 스토리

수준 높은 시나리오와 스토리텔링 기법을 사용하겠다는 의지를 보이고 있다. 더 다양하고 매력적인 캐릭터와 사건들, 앞서 밝힌 자유도 높은 분기형 스토리를 통해 이를 달성하려고 하고 있다.

그림 2.2 〈더 위쳐 3〉도 게임의 방향성이 특별한 것은 아니다

어떠한가? 이런 짤막한 5줄의 방향성이 게임에 대해 굉장히 많은 내용을 설명해주고 있다는 것이 놀랍지 않은가? 참고로 '장르'가 함축하고 있는 내용

은 따로 설명하지 않았으며, RPG 프랜차이즈로서의 특징들 또한 설명에서 생략되었기 때문에 사실 더 많은 내용을 담고 있다고 봐야 한다. 이제 방향성 분석과 위쳐 프랜차이즈에 대한 배경지식을 토대로, 기획자 입장에서 〈더 위쳐 3〉에 필요한 기능을 정리해보자.

전작에 있는 시스템 계승

전작에 있었던 시스템 중에 변경되거나 개선되면서 〈더 위쳐 3〉의 핵심 요소라 여긴 것이 있었다면 아마 방향성에서 소개를 했을 것이다. 하지만 별다른 언급이 없었던 것을 생각해보면, 전반적인 시스템을 계승하겠다는 의미라고 할 수 있다. 즉 RPG로서 〈위쳐〉 프랜차이즈가 가지고 있었던 시스템들을 대부분 그대로 계승한다고 보면 된다. 핵심 시스템은 전작에서 가져와 문제점을 수정하고 좀 더 풍성하게 개선하는 정도로 사용하겠다는 의미다. 실제 발매된 〈더 위쳐 3〉를 보면 큰 맥락에서 캐릭터, 전투 등은 전작과 비슷했다. 게임을 처음부터 만들게 되면 기능 정리에 애를 먹지만, 〈더 위쳐 3〉는 전작부터 쌓아온 기획과 노하우가 있기 때문에 기능 정리 자체는 그리 어렵지 않았을 것으로 본다.

오픈월드와 그에 맞는 분기 스토리 강조

〈더 위쳐 3〉의 방향성에 오픈월드라는 단어가 계속해서 등장하고 있는 것만 봐도 이를 전작들과 차별화할 수 있는 기능이라고 생각하고 있는 것 같다. 여기에 더 나아가, 분기가 있는 스토리를 오픈월드에 적용하겠다고 했으니 달성해야 할 목표의 난이도가 굉장히 높다. 이를 달성하려면 어떻게 해야 할까? 일단 피카레스크식의 스토리텔링이 필요할 것으로 보인다. 즉 주인공이 다양한 지역을 돌면서 각각의 지역에서 일어나는 이벤트를 처리하고, 궁극적으로는 그것들이 모여서 최종 이야기로 넘어가는 방식이다. 하지만 게임은 소설이나 영화와 달리 유저가 직접 스토리를 진행하기 때문에 어떤 순서로 스토리가 진행될지 알 수 없으며, 유저에게 많은 자유도가 주어지는 오픈월드 세계에서는 더욱 스토리 진행이 어렵다.

껍데기만 있는 오픈월드 분기 스토리가 되지 않게 하려면 게임 맥락^{Context}을 결정하고 이를 뒷받침하는 시스템들이 많이 필요하다. 어디까지 상호작용하게 할 것인지, 단순한 선택지의 분기에 따라 맥락을 바꿀 것인지, 모든 행동을 반영할 것인지, 아니면 어떤 행동까지를 반영할 것인지 등 정해야 할 것이 많다. 예를 들어 3일 이상 씻지 않아 악취로 인해 마을 사람들이 유저 캐릭터를 기피하게끔 하려면, 잠을 자거나 씻는 행동을 맥락에 반영해야 한다. 악취가 주변의 몬스터들을 주인공에게 유인한다면 냄새가 맥락에 반영된 것이다. 악취를 풍기게 되는 맥락은 또 무엇이 있을까 생각해볼 수도 있다. 맥락을 구성하는 요소들을 정리하고 이를 게임 구성요소에 반영할 수 있어야 한다. 〈더 위쳐 3〉에서는 중요 시나리오의 분기를 맥락에 반영해 마을의 상황을 변화시키거나 NPC등의 존재 여부를 결정하였고, 아쉽지만 부차 시나리오나 소소한 행동들로 인한 맥락 분기는 존재하지 않았다.

이런 식으로 방향성을 통해 기능들을 찾아내는 방법은 아무것도 없는 상황에서 기본적인 기능을 찾기에 적합하다. 다만 방향성을 바탕으로 도출한 기능들은 구체적인 내용보다는 추상적인 내용이 많으며, 다른 게임을 통해 익숙한 기능이나 시스템을 사용하게 되는 경우에는 장르[7]와 같은 형태로 함축되어 표현되기도 한다. 따라서 기능을 확실하게 도출했다기보다는 시스템 기획의 첫걸음을 뗐다는 것에 의의를 두자. 추상적이든 구체적이든 여기서 도출된 기능들은 구체적인 기능을 찾아낼 때 기반 자료로 사용된다.

---

7 예를 들어, RPG나 TCG와 같은 장르로 소개하는 것으로도 많은 것을 함축해 표현할 수 있다.

벤치마킹을 통한 기능 정리

벤치마킹은 경쟁력 확보를 위해, 타제품의 장단점을 분석해서 자신의 제품에 반영하는 것을 말한다. 게임 시장에는 수많은 게임들이 출시되어 있기 때문에 경쟁이 불가피하다. 거기다 온라인 게임들은 업데이트를 통해 콘텐츠를 계속 공급해 게임을 즐기는 시간을 계속 늘리기까지 한다. 이런 상황에 유저들은 모든 게임을 다 할 여력이 없다. 이제 게임을 잘 만들더라도 같은 시기에 더 잘 만든 게임이 있다면 큰 성공을 거두기가 어렵게 된 것이다. 다른 게임에 비해 경쟁력이 있어야 하며, 벤치마킹은 경쟁력 확보에 큰 도움을 준다. 참고로 기능 정리를 하는 시점에만 벤치마킹을 하는 것은 아니고, 다른 게임의 참조가 필요하다면 아무 때나 하도록 하자.

세 가지 기능 정리 방법은 각각 장단점이 있지만, 벤치마킹을 통해 기능을 정리하는 방법은 그중 가장 유용하고 강력하다. 다른 기능 정리 방법들은 직관과 같은 선천적인 능력에 의해 완성도가 달라지는데 반해, 벤치마킹은 타 게임을 분석해 장단점을 반영하는 작업이기 때문에 작업자에 따른 개인차가 적은 편[8]이다. 또한 대중들이 먼저 내린 게임 평가를 참고할 수도 있기 때문에 확신을 갖고 작업을 할 수도 있다. 예를 들어 MMORPG에 인스턴스 던전을 도입하려고 할 때, 자신의 경험과 생각에 따라 결정을 내리는 것과, 많은 상용 MMORPG들을 살펴보고 결정을 내리는 것은 큰 차이가 있다. 인스턴스 던전을 구현하기가 기술적으로 쉽지 않다면, 개발팀이 해당 기능을 꼭 개발해야 하는지, 즉 기능의 필요성에 대해 의문을 제기할 수 있다. 개인의 판단을 토대로 기능이 필요하다고 결정한 경우는 인스턴스 던전 기능이 필요하다고 강하게 주장하기가 어렵기 때문에, 개발 우선순위나 비용 문제로 인해 인스턴스 던전을 포기하게 될 수도 있다. 반면에 벤치마킹 결과를 근거로 가지고 있다면 경쟁력 있는 게임이 되기 위해 인스턴스 던전이 필요하다고 강하게 주장할

---

8 물론 분석을 하는 데 있어 개인차가 있는 것은 사실이다.

수 있다. 이런 결정에 대한 확신은, 이후 기획 및 개발 단계에 실리는 추진력 차이를 만든다.

성공적인 벤치마킹을 하기 위해서는 다른 게임을 잘 분석하는 작업, 즉 역 기획$^{Reverse\ Design}$을 잘 해야 한다. 역기획에 대한 구체적인 내용은 뒤에 따로 다루도록 하겠으며, 지금은 벤치마킹을 진행할 때 필요한 가정이나 조건에 대해 이야기하겠다.

성공적인 벤치마킹을 위한 가정 및 조건

1. 게임의 방향성이 있어야 하며, 이를 통해 게임에 필요한 기능들에 대한 윤곽이 드러나 있어야 한다.
2. 기존에 존재하는 방향성이나 기능이어야 한다.
3. 벤치마킹과 관련한 이슈들에 대해 빠르게 결정할 수 있어야 한다.

첫째, 게임의 방향성이 먼저 결정되어 있어야 하며 그로부터 필요한 기능들이 어느 정도 정리되어 있어야 한다. 벤치마킹의 대상이 되는 게임들이 수없이 많고 게임 하나에도 여러 시스템이 있다. 확실한 목적과 대상을 두지 않으면 수박 겉핥기식 벤치마킹을 하게 되어 좋은 결과를 내기 어렵다. 또한 기획자의 의도나 숨겨진 기능까지 알기가 어렵기 때문에 최대한 범위를 좁혀 집중해 분석할 필요가 있다. 따라서 앞서 설명한 '방향성을 바탕으로 한 기능 정리 도출' 작업이 선행되면 좋다.

둘째, 기존에 존재하는 방향성이나 기능이어야 한다. 벤치마킹은 기존 게임을 대상으로 삼기 때문에 새로운 개념이나 기능에 대해 벤치마킹을 할 수는 없다. 따라서 새롭고 참신한 기능[9]을 생각해냈다면 벤치마킹을 하기 어렵고 효과도 낮을 것이다. 하지만 어디에서도 참고할 수 없는 새로운 기능들을 고

---

9 그렇기 때문에 장르의 선구자로 불리는 게임들이 위대한 것이다.

안하는 것은 매우 드문 일이기 때문에 정말 그런지 확인해볼 필요는 있겠다. 참신한 기능이라고 스스로 믿고 벤치마킹을 소홀히 하면, 이후 비슷한 게임이 이미 출시됐다는 사실을 알고 충격을 받을지도 모른다.

셋째, 벤치마킹과 관련한 이슈들에 대해 빠르게 결정할 수 있어야 한다. 벤치마킹을 하다 보면 기능선정 이슈, 추가 벤치마킹 이슈, 결과정리 이슈가 존재한다. 기능선정 이슈는 벤치마킹을 할 대상을 처음 선정하는 것과 관련이 있다. '훌륭한 액션성'이라는 방향성을 예로 들어보자. 피격 애니메이션, 사운드, 힛포즈$^{Hit Pause10}$, 카메라 셰이킹, 타격 이펙트 등 수십 개의 기술들이 '훌륭한 액션성'에 도움을 줄 수 있다. 하지만 이런 기술들은 무조건 다 사용하는 것이 아니라 게임의 사정과 목적에 따라 취사선택되어 적용해야 한다. 벤치마킹도 마찬가지로 게임에 적용하면 좋을 것 같은 기능을 먼저 선택하는 것이 필요하다. 벤치마킹할 대상 게임과 기능을 줄일 수 있고, 범위를 좁히게 되면 더 깊이 있는 벤치마킹을 할 수 있다. 겉보기에는 하나의 기능처럼 보이더라도 수많은 기능이 복합적으로 적용되어 있는 경우도 많기 때문에 기능을 특정하지 않고 벤치마킹을 하면 눈에 보이지 않는 기능을 놓치게 될 수 있다.

추가 벤치마킹 이슈는 벤치마킹을 하는 도중에 다른 기능을 발견했을 때 이를 추가로 벤치마킹할지 여부를 결정하는 것이다. 만약 액션성 향상을 위해 힛포즈 기능을 사용하기로 하고, 해당 기능에 대해 〈스트리트 파이터 4〉를 벤치마킹하기로 결정했다고 하자. 그런데 힛포즈에 대한 벤치마킹을 하는 도중, 피격 애니메이션에 독특한 처리가 있었다는 것을 발견하게 되었다. 힛포즈뿐만 아니라 피격 애니메이션 처리 등의 다양한 기능이 복합적으로 사용되어 〈스트리트 파이터 4〉의 액션성을 만들어 낸 것이다. 이때 힛포즈만 벤치마킹 대상으로 삼았더라도 피격 애니메이션과 관련해 추가 벤치마킹을 해 기술적

---

10 슬립이라는 용어로 사용되기도 한다. 타격이 일어난 시점에 관련 애니메이션 등을 일시적으로 정지시키는 기술을 말한다.

으로 보완을 할 수 있다. 이 결정이 제대로 되지 않으면 방향성 달성의 정도가 만족스럽지 않아, '왜 우리 게임의 액션성은 〈스트리트 파이터 4〉와 다르지?' 와 같은 질문이 나오게 된다. 당연히 〈스트리트 파이터 4〉의 액션성을 위한 기능을 모두 고려하지 않고서 그와 비슷한 수준이 되기를 바라는 것은 어불성설이다. 이렇게 되면 시간이 한참 흐른 뒤에 뒤늦게 피격 애니메이션 기능에 대해 고려하게 될 수도 있다. 이렇게 벤치마킹 도중에 다른 기능을 발견하는 일은 꽤 빈번하며, 그럴 때 좋은 결정을 빠르게 해야 한다.

그림 2.3 힛포즈 기능을 벤치마킹을 수행하다. 독특한 애니메이션 처리 기능이 적용됐음을 발견할 수 있다

마지막으로 결과정리 이슈는 벤치마킹이 끝난 다음에 발생하게 된다. 벤치마킹은 다른 게임의 특징에 대해 분석만 할 뿐, 그 자체로 어떤 결론을 내려주지 않는다. 따라서 벤치마킹을 바탕으로 게임에 적용할 기능을 결정을 내려야 한다. 이를 위해 자기 게임의 기능들이 벤치마킹한 타 시스템에 비해 경쟁력이 있는지 살펴봐야 하며, 이때 SWOT[11] 분석과 같은 방법을 사용할 수도 있다. 어떤 기능들은 같이 사용되어서 시너지를 내는 경우가 있고, 전혀 어울리지 않아서 역시너지를 내는 경우가 있다. 어떤 기능들은 게임의 장르, 개발 환

---

11 자신의 강점과 약점을 발견하고 다른 것의 기회와 위협을 찾아내, 강점은 살리고 약점은 보완, 기회는 활용하고 위협은 억제하는 전략을 세우는 분석 방법

경, 개발력 등의 차이로 인해 적용이 어려울 수도 있다. 벤치마킹을 통해 기능들의 장단점과 세부 내용을 알아내더라도, 최종적으로 게임에 어떻게 적용할지를 결정하는 것이 필요하다. 사실상 기능을 도출하는 작업이기 때문에 디렉터나 개발 팀장 같은 리더들과 같이 논의하는 것도 도움이 된다.

C H E C K

벤치마킹을 통한 기능 정리 예시

필드 이벤트 기능 정리를 위한 벤치마킹

MMORPG를 만드는 상황에서 필드 이벤트가 필요하다고 가정하고, 이에 대한 벤치마킹을 하는 것을 살펴보자. 필드 이벤트의 방향성은 다음과 같다고 하자.

- 필드에서 동적인 이벤트를 통해 의외성 있는 콘텐츠를 제공한다.
- PC(Player Character)의 수준과 상관없이 누구나 즐길 수 있는 콘텐츠로 만든다.
- 다양한 내용으로 구성된다.
- 계속해서 재활용되어 즐길 수 있는 콘텐츠로 구성한다.

가장 먼저 벤치마킹의 대상을 결정해야 한다. MMORPG에서 가장 많은 유저 수를 보유하고 있는 〈WoW〉를 분석 대상에 넣고 필드 이벤트를 보유하고 있는 다른 MMORPG를 대상에 넣는다. 필드 이벤트로 주목 받은 게임인 〈리프트〉[12]와 최근 서비스되고 있는 게임 중에 필드 이벤트를 잘 활용하고 있는 것으로 알려진 〈길드 워 2〉[13]와 〈파이널판타지 14〉[14]을 벤치마킹 대상에 넣는다. 이후 실제 벤치마킹에서는 공간상의 문제로 〈WoW〉와 〈파이널판타지 14〉만 분석한다.

선정된 벤치마킹 대상 게임

- 〈WoW〉
- 〈리프트〉
- 〈길드 워 2〉
- 〈파이널판타지 14〉

---

12 트라이온 월드(Trion Worlds) 사의 MMORPG

13 아레나넷(ArenaNet) 스튜디오의 MMORPG

14 스퀘어 에닉스(Square Enix) 사의 MMORPG

〈WoW〉 벤치마킹

진영 간 대립을 이용한 PVP 콘텐츠

설명	얼라이언스와 호드 진영 간의 PVP 콘텐츠로, 필드에서 점령전을 주제로 하는 진영 간 대립 콘텐츠로 구성된다. 상시 콘텐츠이기에, 이벤트로 보기에는 무리가 있지만, PVP 콘텐츠의 특징상 의외성이 많고, 유저의 참여로 이벤트가 일어난다고 보이기 때문에 같이 정리한다. '리치왕의 분노' 확장팩 콘텐츠 이후에는 콘텐츠 비중이 많이 줄어들었고, 가장 최근 확장팩인 '드레노어의 군주'에서는 사실상 없다고 봐도 무방하다. PVP 전장 필드는 필드 이벤트와 관련 없다고 판단했다.
장점	• 계속적인 콘텐츠 생산이 가능하다. • 콘텐츠에 참여하는 유저들에 따라 내용이 달라진다. • 진영 간 대립이 기반되기 때문에 유저의 충성도를 올릴 수 있다.
단점	• 진영별 격차가 벌어지면 콘텐츠가 사장될 수 있다. • PC간 격차가 진입장벽을 만들 수 있다. • PVP에 관심 없는 유저들은 참여하기를 꺼릴 수 있다.

필드 보스 레이드

설명	상당한 수준의 보상을 제공하는 보스 몬스터를 특정 또는 랜덤 주기로 필드에 등장시키는 이벤트로, 이를 두고 진영 간 PVP까지 유도한다. 최근에는 필드에 존재하는 PC의 수에 따라 몬스터의 체력이 조정되어 난이도를 유지한다.
장점	• 많은 인원의 유저들이 단합해 수행하는 협동 콘텐츠다. • 진입장벽이 낮아, 레이드 입문하는 유저들에게 도움을 준다. • 최고 레벨이 되면 방문하지 않는 필드로 유저들을 유도할 수 있다. • 보스 몬스터 처치를 두고 진영 간의 대립을 유할 수 있다.
단점	• 특정 레벨(주로 해당 확장팩의 최고 레벨)의 유저만이 참여하는 콘텐츠다. • 최고 레벨 콘텐츠이지만 레이드 입문용 보상을 주기 때문에 시간이 흐르면 결국 사장된다. • 일반 필드에서 일어나는 이벤트이기 때문에, 유저들이 계속 부활해 전투를 유지할 수 있으므로 이에 대한 대비책이 필요하다. • 진영간 인구 비율이 좋지 않으면, 열세인 진영은 콘텐츠를 즐길 수 없게 된다.

〈파이널판타지 14〉 벤치마킹

돌발 임무	
설명	지정된 필드의 여러 장소에서 확률적으로 발생하는 임무(퀘스트)다. 〈파이널판타지 14〉는 필드의 수가 많지 않아 유저의 레벨링이 식상해지는 것을 돌발 임무로 메우고 있다. 보상이 경험치 위주이기 때문에 최고 레벨이 되면 버려진다. 참여하는 PC의 레벨을 필드의 레벨링 수준과 비슷하게 조정하기 때문에 PC 간 격차가 거의 없어 누구나 참여할 수 있다. 참여하는 PC의 수에 따라 난이도가 조정된다.
장점	• PC의 수에 따라 난이도를 조정하고, PC의 레벨을 적당히 조정해 난이도를 유지했다. • 유저들이 레벨링을 위해 상당히 많이 의존하는 콘텐츠이기 때문에, 많은 유저들이 참여해 협업이 원활하게 유지되는 편이다.
단점	• 돌발 임무의 종류가 많지 않다. 같은 종류의 돌발 임무인 경우 내용만 바뀌고 유저가 해야 할 일이 비슷해 많이 반복하면 지루하다. • 유저들이 많을수록 진행하기 편하기 때문에, 비슷한 레벨 대역의 필드들을 놓고 유저 쏠림 현상이 발생한다. • 주된 보상이 경험치 위주이기 때문에 성취감이 덜하다.

마물 처치	
설명	유저가 처치하기 힘든 몬스터를 수준에 따라 3가지 등급으로 나누어 필드에 등장시킨다. 등급에 따라 사망 후 리젠되는 규칙이 다르며, 보상은 특정 화폐를 지급한다. 소수의 특별 마물은 특정 화폐 외에 희귀한 보상을 준다. 특정 화폐로 얻을 수 있는 보상의 수준이 꽤 높은 편이라 활성화가 잘 되어 있기 때문에 신규 유저들에게 큰 도움을 준다.
장점	• 많은 인원의 유저들이 단합해 수행하는 협동 콘텐츠다. • 진입장벽이 낮아, 레이드 입문하는 유저들에게 도움을 준다. • 최고 레벨이 되면 버려지는 필드로 유저들을 유도할 수 있다.
단점	• 보상의 수준이 지나치게 높아서, 많은 최고 레벨 콘텐츠가 버려지게 되었다. • 마물을 처치할 사람이 모이지 않을 정도로 사람이 많지 않은 서버에서는 즐기기가 어렵다.

그림 2.4 비슷해 보이는 시스템이지만, 게임마다 다른 내용을 가지고 있다

벤치마킹을 통해 결정한 기능

동적 퀘스트

- 형태는 〈길드 워 2〉와 동일하게 하되, 날씨나 시간을 반영하지는 않는다.
- 진영 간 분쟁은 없기 때문에 이를 유도할 필요는 없다.
- 유저 수를 반영해 퀘스트의 수준을 조정한다.
- 최고 레벨의 유저들도 참여하도록 유도하는 보상을 마련한다.

필드 보스

- 유저 수를 반영해 몬스터의 수준을 조정하고, 서버 전체 인구 수를 반영해 몬스터의 수준을 추가로 조정하는 장치를 넣는다.
- 〈WoW〉의 필드 보스는 너무 적어서 그 수준이 너무 높았고, 〈파이널판타지 14〉의 마물은 전체 수가 너무 많았다. 전체 필드 보스의 수는 그 중간 정도로 두며, 난이도(등급)는 쉬움과 어려움의 두 개 등급으로 설정한다.
- 참여를 원하지 않는 저레벨 유저들이 강제로 관여되어 고통받지 않도록 한다.
- 완성형 아이템보다는 화폐를 지급해 계속적으로 활용되도록 한다.

벤치마킹을 했는데 단점이 하나도 없는 시스템을 찾게 되면 그 시스템을 개선하기만 하면 된다. 하지만 단점이 하나도 없는 시스템을 찾는 것은 매우 드문 일이다. 따라서 벤치마킹 결과로 분석된 다른 게임의 시스템들의 단점은 최대한 줄이면서 장점들은 최대한 가져올 수 있도록 기능을 결정해야 한다.

벤치마킹은 객관적 근거를 가지고 빠르게 기능 정리를 할 수 있게 도와주는 유용한 방법이며, 이렇게 도출된 기능은 매우 구체적인 내용까지 포함하게 된다. 벤치마킹을 할 때 다른 시스템들의 장단점을 분석하므로, 이후 기능의 대안을 찾거나 방향성을 점검해야 할 때 벤치마킹 결과가 큰 도움을 줄 수 있다. 또한 다른 사람에게 기능을 설명할 때, 유사 시스템을 분석한 벤치마킹은 기능의 이해를 돕는 좋은 참고자료가 된다. 마지막으로 벤치마킹을 하게 되면, 대상들을 분석해 더 좋거나 적합한 기능을 게임 내에 도입할 수 있기 때문에 경쟁력을 확보하기가 수월해진다.

하지만 벤치마킹은 매우 강력한 방법임에도 불구하고 게임에 필요한 모든 기능을 도출해주지는 못한다. 또한 벤치마킹을 통해 정리된 기능을 그대로 가져온다고 해서, 그 기능이 자신의 게임에 적합하다는 법은 없다. 벤치마킹의 강력함에 빠져서 카피 게임을 만드는 실수를 하지 않기 위해서는 다른 기능 정리 방법이 반드시 병행되어야 한다. 벤치마킹은 더 좋은 게임을 만들기 위한 참고자료에 불과하다는 사실을 계속해서 자신에게 일깨워야 한다. 또한 기능 도출 단계에서 수행하는 벤치마킹은 비교적 큰 기능들을 다루기 때문에, 세부 명세를 할 때는 그에 맞춰 필요한 벤치마킹을 다시 해야 한다.

주관에 따른 기능 정리

여러분들이 액션 MORPG를 개발하는 조직에서 '대전 격투 게임의 손맛을 느끼게 하라'라는 게임 방향성을 달성해야 하는 상황에 처했다고 가정해보자. 이 방향성을 달성하기 위해 어떤 기능이 필요하다고 생각하는가? 액션캔슬, 커맨드 입력 등의 많은 기능들이 머리 속에 떠오를 것이다. 이런 생각들은 자신의 경험이나 지식에 의거해 내려진 결론일 가능성이 높다. 스트리트 파이터 시리즈를 즐긴 기획자는 '슈퍼 캔슬'[15]이 필요하다고 주장할 수 있고, 〈철권〉

---

15 〈스트리트 파이터 EX〉에서 등장한 개념으로, 필살기라고 하더라도 애니메이션을 캔슬할 수 있는 기능이다.

시리즈를 즐긴 기획자라면 '슈퍼 캔슬'이 아닌 '저스트 프레임'[16]이 필요하다고 주장할 수 있다. 아니면 자신의 경험이 아니라 격투 게임을 즐겼던 대중들의 평가를 토대로 특정 기능이 필요하다고 주장할 수도 있다. 이런 식으로 머리 속에 떠오르는 기능들에 대해 검토한 뒤 게임에 사용할 기능을 결정하는 방법을 '주관에 따른 기능 정리'라고 한다. 게임의 기능을 결정하기 위해서는 주관이 반영될 수밖에 없기 때문에 기능 정리를 할 때 이 방법을 사용하지 않을 수는 없다. 또한 주관에 따른 기능 정리 방법은 위험하지만 효율적이기에 많은 기능들이 주관적인 판단에 의해 도출된다.

그림 2.5 경험이나 지식에 따라 각자 다른 기능이 필요하다고 생각할 수 있다

　　주관에 따른 기능 정리는 기능 도출이 빠르고 동기부여가 강하게 된다는 점이 큰 강점이다. 게임 장르나 다른 게임들을 분석할 필요도 없고, 지식과 경험을 바탕으로 머리 속에 있는 생각을 끄집어내 정리하면 된다. 기획자가 도출된 기능들을 잘 알고 있을 가능성이 높기 때문에 분석을 빠르게 진행할 수 있다. 기획자들이 자신이 즐겼던 게임과 비슷한 게임을 만들고 싶어한다는 것을 생각해보면, 주관으로부터 도출된 기능은 기획자가 호감을 갖고 있는 경우가 많다. 그렇기 때문에 기획자가 해당 기능을 기획할 때 동기부여될 수 있으며, 이는 자연스럽게 기획의 완성도를 높여준다.

---

16 〈철권 4〉에서 등장한 개념으로, 정확한 타이밍에 정확한 입력을 하면 보상을 주는 기능이다.

대전 격투 게임 마니아가 '대전 격투 게임의 손맛을 느끼게 하라'라는 방향성을 위한 기능을 정리해야 한다고 생각해보자. 이 기획자는 자신이 즐겼던 게임을 떠올리며 기능을 정리할 때 신이 날 것이며, 대전 격투 게임에 대한 지식도 많이 가지고 있을 것이다. 어쩌면 자신의 게임에 넣고 싶은 기능이 너무 많아서 곤란할 수도 있다. 개발하는 게임과 유사한 게임을 즐긴 사람이나 개발해본 경력이 있는 사람을 기획자로 채용하려고 하는 것과 주관에 따른 기능 정리 방법에 있어 그런 기획자가 열정적으로 양질의 기능 정리를 할 가능성이 높다는 것은 어느 정도 관련이 있다.

반면에 이 방법의 한계도 명확하다. 경험과 지식의 수준이 높지 않으면 기능 정리가 제대로 되지 않을 수 있다. 앞서 든 예시의 반대 경우로, 대전 격투 게임을 즐기지 않고 관련 경험이나 지식이 많이 없는 시스템 기획자가 같은 방향성을 달성해야 한다고 생각해보자. 이런 기획자는 경험과 지식이 부족하기 때문에 주관에 따른 기능 정리를 제대로 할 수가 없다. 이렇듯 기획자의 능력에 따라 주관에 따른 기능 정리 방법의 결과는 천차만별이다. 예측하기 힘든 품질도 문제지만, 객관성이나 대중성이 결여된 기능 정리가 될 수 있다는 것이 더 큰 문제다. 개인의 경험이나 지식은 유한하며, 고집이 들어가게 되면 올바르지 않은 결정을 내리게 될 수 있다. 게임에 필요한 기능은 게임의 방향성에 적합해야 하는 것이지, 기획자 개인의 취향에 맞추는 것이 아니다. 기능 자체는 가치중립적이지만, 기능을 고르는 것은 가치와 관련이 있다. 예를 들어 '슈퍼 캔슬'과 '저스트 프레임 입력' 사이에 어떤 것이 더 우월하고 열등하다는 것은 없으며, 기획자가 기능을 선택했기 때문에 게임에 반영되는 것이다. 따라서 객관적인 가치 판단이 필요한데 이를 실행하는 것은 쉬운 일이 아니다.

주관에 따른 기능 정리의 이런 한계를 극복하기 위해, 다른 기획자나 개발 조직 내의 다른 작업자와 협의[17]를 하여 같이 결정하는 것이 필요하다. 다른 사람과 의견을 교류하고 머리를 맞대는 것을 통해 개인 능력의 한계를 어느 정도 극복할 수 있다. 자신의 주관에 따라 도출된 기능에 대해 다른 사람과 논의를 할 때는 다음의 사항을 점검하도록 한다.

- 내가 제안한 기능에 대해 어떻게 생각하며 장단점이 무엇이라고 생각하는가?
- 다른 사람이 필요하다고 생각하는 기능은 어떤 것이며, 그 근거는 무엇인가?
- 다른 사람이 제안한 기능은 대안인가 아니면 보완책인가?

이 논의는 같이 이야기하는 사람을 설득하는 것이 중요한 것이 아니기 때문에 내가 제안한 기능이 더 우월하다는 것을 증명할 필요도 없다. 이런 논의에서는 결론을 내려줄 결정자를 미리 정해두는 것이 좋은데, 각각 장단점을 갖는 가치들이 부딪히는 경우 선택하기가 어렵기 때문이다. 시스템 기획자 중에 한 명을 결정자로 지정하거나 시스템 기획자의 상사를 결정자로 정해둔 다음에 논의를 시작하자. 민주주의적인 논의나 만장일치를 통한 결정은 시간이 오래 소모되는데, 항상 올바른 결과를 이끌어내는 것도 아니다.

그림 2.6 옳고 그름이 아닌 취향과 관련한 논의를 할 때는 결정권자를 지정해놓는 것이 좋다

---

17 1인 개발을 하는 경우에는 스스로 모든 결정에 대해 책임을 져야 한다.

기능 정리의 흐름

이제 기능이 정리되는 흐름과 과정에 대해 살펴보자. 기능 정리는 게임 방향성에서 보이는 추상적인 기능으로 출발해, 구체적인 기능을 도출해 정리하는 것으로 마무리 된다. 예를 들어 '다양하고 재미있는 스킬'과 같은 방향성으로부터 '액티브 스킬', '패시브 스킬', '혼합 스킬', '오라 스킬' 등 필요한 기능들을 도출할 수 있다. 이 중에 '액티브 스킬'은 다시 '스킬 사용 조건', '스킬 판정', '스킬 결과' 등의 하위 기능[18]들이 필요하다. 이렇게 상위 개념으로부터 시작해서 점차 하위 개념으로 진행해 내려오는 방식을 '하향식' 방법이라고 하며, 이런 하향식 정리 방법은 앞서 설명한 세 가지 기능 정리 방법에 모두 적용할 수 있다. 하향식 방법은 시스템 기획 전반에 걸쳐 계속 사용되기 때문에 잘 알아두자.

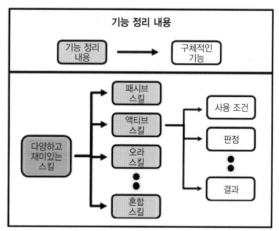

그림 2.7 기능 정리는 추상적인 것에서부터 시작해 점점 구체화하는 하향식으로 진행하는 것이 좋다

추상적인 기능으로부터 구체적인 기능들을 정리하면 자연스럽게 정리된 기

---

18 '스킬 판정'과 같은 것은 기능인지 아닌지 판별하기 쉽지 않은데, 기능적인 내용들과 비기능적인 내용들을 굳이 분리하려고 노력할 필요는 없다.

능들이 구조화[19]된다. 정리된 기능들이 구조화되어 있다면 이후 시스템 명세도 체계적으로 할 수 있다. 이런 구조화 작업을 하지 않고 단순히 기능을 나열하는 것으로 기능 정리를 마치면, 시스템 세부 명세를 할 때 구조화 작업을 추가로 하게 될 것이다. 따라서 브레인스토밍 같은 방법으로 빠르게 기능을 도출할 때는 단순히 나열하는 것이 편하더라도, 어느 정도 도출이 끝나면 기능들을 구조화하는 것이 바람직하다.

앞서 힘주어 말했지만, 벤치마킹은 여러모로 굉장히 유용하다. 벤치마킹은 실제 게임을 대상으로 분석하기 때문에 구체적인 기능들을 바로 찾아낼 수 있으며, 장단점이나 개선점까지 같이 생각할 수 있다. 또한 역기획 작업을 수행하기 때문에 일정 수준의 기획 작업을 하는 것과 비슷한 효과도 낸다. 따라서 방향성이나 주관에 따라 정리된 기능들에 대해서도 벤치마킹을 해보는 것을 추천한다. 다만 이후 시스템 상세 기획을 할 때 더 구체적이고 심도 있는 벤치마킹을 할 수 있기 때문에, 기능 정리 단계에 벤치마킹을 너무 깊이 할 필요는 없다.

기능 정리 이후

이렇게 정리한 기능들은 실제 게임의 기능으로 최종 결정된 것이 아니다. 게임 개발에는 다양한 직군의 작업자들이 있기 때문에, 기능과 관련 있는 사람들과 해당 기능을 개발할지 여부를 결정하는 것이 필요하다. 이 결정을 위해 꼭 논의를 같이 해야 하는 사람은 다음과 같다.

- 기능을 구현해줄 개발자
- 최종 책임자인 디렉터
- 기능의 사용자

---

19 상위 기능과 하위 기능들로 정리가 되는 것 자체가 구조화되는 것을 뜻한다.

개발자는 실제 기획안을 구현하는 사람이기 때문에 기획자가 제안하는 기능들이 게임에 적용 가능한지, 구현 난이도가 어떤지를 확인해준다. 개발자와 협의하지 않고 기획 중심으로 기능 정리를 한 다음에 개발 조직에 이를 전달하게 되면 부실한 개발로 이어질 가능성이 높다. 예를 들어 모바일 환경에서 대규모 유저가 참여하는 공성전이 필요하다고 기획이 주장한들, 이를 개발 조직이 구현할 수 없다면 아무런 의미가 없다. 개발 조직에서 구현 가능성이 없다고 판단했음에도 강행하게 되면 개발자들의 불만이 올라가게 되고, 겉보기에만 멀쩡해 보이는 부실한 개발로 이어질 수 있다. 따라서 실제 개발하게 될 기능 정리를 위해서는 충분한 시간[20]을 들여 개발자와 논의하는 것이 반드시 필요하다. 기능에 대해 개발자들과 같이 이야기할 때, 개발 조직이 기능 구현이 어렵다고 하더라도 바로 포기하지는 말자. 방향성 달성을 위해 반드시 필요한 기능이라고 생각되면 이에 대해 디렉터와 논의를 해야 하며, 방향성을 위해 정말 포기할 수 없는 기능이라면, 비싼 개발 비용을 들여서라도 구현을 해야 하기 때문에 개발자들을 어떻게든 설득해야 한다. 드물지만 개발자들이 자신의 작업이 편하기 위해, 구현 난이도가 높은 기능들을 개발하지 않게끔 의도적으로 부정적인 의견을 내는 경우도 있으니 주의하자. 기능 도입 여부 말고도 개발 우선순위나 난이도를 고려한 순서나 기능의 대안 등에 대해 논의하는 것도 필요하다.

최종 책임자인 디렉터와의 논의는 기능 정리에 있어 매우 중요하다. 디렉터의 성향에 따라 논의의 양상이 다르기는 하지만, 방향성 결정 주체인 디렉터와 논의를 마쳐야 기능 정리가 비로소 끝났다[21]고 할 수 있다. 디렉터와의 논의에서 가장 중요한 것은 기획자가 정리한 기능들을 디렉터에게 설명하고 최

---

20 시스템 기획은 전체 게임 개발 절차로 따지면 초반부에 수행되기 때문에 비교적 시간 여유가 있으며, 기능 정리는 게임 개발의 시작이기 때문에 매우 중요하다.

21 물론 개발자와의 논의를 한 뒤에 디렉터와 다시 이야기해야 할 수도 있다.

종 승인을 받는 것이다. 물론 최종 승인을 위한 논의를 하기 전, 기획자가 기능 선택을 하기 어려울 때 디렉터와 논의를 해 기능 선택에 도움을 받을 수도 있다. 예를 들어 '액션성 향상'과 관련해서 2D 격투 게임의 액션성과 3D 격투 게임의 액션성은 큰 차이가 있다. 디렉터와의 협의 없이 2D 격투 게임의 액션성에 초점을 맞추었는데, 이후에 디렉터가 자신의 방향성과 다르다고 판단하면 기능 정리를 다시 해야 할 수도 있다. 그렇기 때문에 기획자가 결정하기 힘든 내용이 있으면 디렉터와 같이 논의해서 결정하는 것이 바람직하다. 또한 개발자와 협의를 할 때 나오게 되는 기술적인 어려움이나, 개발 우선순위에 대해서도 디렉터와 논의할 필요가 있다. 기획적 우선순위와 중요도가 개발적 우선순위와 중요도는 항상 일치하지 않기 때문에 개발자, 디렉터, 기획자가 같이 이야기해야 한다.

기능의 사용자가 따로 있는 경우에는 이들과도 논의하는 것이 좋다. 콘텐츠 개발을 위해 고안되는 시스템의 경우 콘텐츠 기획자나 제작자와 협의를 하는 것이 필요하다. '시네마틱 연출' 기능이 필요하다고 판단했을 때, 연출 담당 기획자(아티스트)가 어떤 연출을 하고 싶어하는지 들어봐야 한다. 그리고 이를 통해 연출 담당 기획자가 필요한 기능들을 정리해야 한다. 그렇지 않으면 실제로 시네마틱 연출을 제작할 때, 연출에 필요한 기능을 계속 추가 개발하게 될 것이다. 시스템 개발 이후에 기능을 덧붙이는 게 되면 처음에 이를 고려해 기능을 만드는 것보다 완성도나 개발 비용 면에서 좋지 않다. 물론 기능 정리 작업은 게임 개발의 초반부에 이루어지기 때문에 당시 개발 조직 내 관련 작업자가 없을 수도 있다. 이런 경우는 시스템 기획자가 미리 예측을 해서 기능을 정리하거나, 이후 문제 발생의 소지가 있지만 관련 기능들에 대한 결정을 일단 보류해 두어야 한다.

기능과 관련된 사람들과 논의가 모두 끝나면, 기능들을 다듬는 작업을 해야 한다. 간단한 기능들은 시스템 기획이 아니라 간단한 요구사항 정리만으로도 개발이 끝나기도 하고 더 효율적일 수 있으므로 시스템 기획을 하게 될 기능들을 선택하는 것이 필요하다. 만약 모든 기능들에 대해 시스템 기획을 하려고 마음먹는다면, 시스템 기획의 작업량이 과중해지고 그로 인해 기획이 질적으로 하락하게 될 수 있다.

논의를 거쳐 확정된 기능들이라고 하더라도 100% 변경되지 않는 것은 아니다. 게임 개발을 해보면 계획대로 진행되지 않는 경우가 많기 때문에, 지금의 정리된 기능들을 맹신하면 안 된다. 구현된 기능이 만족스럽지 않을 때는 대안 기능을 찾기도 하고, 심지어 게임의 방향성이 바뀌는 경우도 있다. 오히려 처음 구상했을 때의 게임의 모습과 최종 개발이 끝난 게임의 모습은 다를 때가 더 많다. 현재 필요하다고 판단한 게임의 기능들이 게임 개발이 끝날 때까지도 그럴 것이라는 기대는 하지 않는 것이 좋다.[22]

또한 기능 정리 작업은 본격적인 시스템 기획 전에 하는 것이 일반적이지만, 시스템 기획을 마치고 난 뒤에도 하는 경우가 있다. 온라인 게임들은 라이브 단계에서도 업데이트를 통해 쉼 없이 기능 추가가 이루어지기 때문에 기능 정리 및 도출 작업은 게임의 수명이 다 할 때까지 하는 작업이라고 생각하면 된다. 그럼에도 불구하고 최초의 방향성은 게임 개발에 있어 매우 중요하며 이로부터 도출된 기능들 또한 중요한 역할을 하게 되는 것도 사실이다.

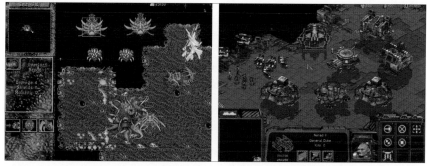

그림 2.8 〈스타크래프트〉의 알파 버전과 최종 버전을 보면 정말 많은 것이 달라졌다는 것을 알 수 있다

22 기능에 대한 믿음은 집착으로 변해 기능 평가를 할 때 방해가 될 수 있다.

요약

- 시스템 기획을 하기 전에 게임에 필요한 기능을 찾아내는 것을 통해 게임의 얼개를 그려보는 것이 필요하다.
- 게임 기능을 도출하기 위해 세가지 방법, '방향성을 바탕으로 한 기능 정리', '벤치마킹을 통한 기능 정리', '주관에 따른 기능 정리'를 사용할 수 있다.
- 방향성으로부터 기능을 정리하는 방법은 게임 기능의 단서를 찾아내는 첫 방법으로 적합하다.
- 벤치마킹을 통한 기능 정리 방법은 가장 강력하지만, 성공적인 벤치마킹을 하기 위해서는 몇 가지 조건을 만족시킬 필요가 있다.
- 주관에 따른 기능 정리 방법은 매우 효율적인 방법이지만, 결과의 품질이 기획자의 역량과 경험에 많이 좌우된다.
- 기능을 도출하고 정리할 때는 하향식으로, 즉 추상적이고 큰 개념에서 구체적이고 작은 개념으로 진행하는 것이 좋다.
- 기능 정리가 끝나면 이에 대해 개발자, 디렉터, 그리고 다른 기획자와 논의를 해서 개선하는 것이 좋다.

3장

시스템의 큰 그림 그리기

기능 정리가 게임의 큰 그림을 그리는 작업이었다면, 시스템 명세 준비는 시스템의 큰 그림을 그리는 작업이라고 생각하면 된다. 시스템 단위로 처음 생각하게 되는 단계로, 시스템을 구성하는 기능들을 추리고 이들을 구조화한다. 또한 시스템에 명확한 목적이나 목표, 즉 방향성을 부여한다. 이 작업은 시스템 기획의 당위성을 확보해주는 한편, 이후 진행될 상세 명세 작업의 완성도에 영향을 미친다.

만약 게임을 처음부터 만드는 경우가 아니라 기존 게임에 기능이나 시스템을 추가하는 경우라면 앞서 기능 정리를 할 때부터 시스템 단위로 고려했기 때문에 여기서 다루는 내용은 참고하는 정도로 사용해도 된다.

● 시스템 만들기

가장 먼저 해야 할 일은 어떤 시스템이 필요한지를 결정하는 것이다. 2장에서 말했듯이, 모든 기능들에 대해 시스템 기획을 하는 것은 아니기 때문에, 정리된 게임 기능들을 모두 시스템 기획하는 것은 아니다. 정리된 기능들 중에 보고 어떤 것들을 시스템 기획할지 결정해야 하지만, 정리된 수많은 게임 기능들을 보면 한숨부터 나오기 마련이다. 어떤 것부터 시스템 기획을 시작해야 할지도 막막하고, 시스템에 어떤 기능들을 포함시켜야 할지도 감이 오지 않는다. 아무것도 없는 상황에서 시스템을 처음 만드는 것은 참 어렵다.

하지만 이때 나침반이 되어주는 것이 바로 '게임의 방향성'이다. 게임의 방향성이 있다면 시스템 만들기의 첫 걸음을 떼기가 수월해진다. 게임의 방향성에 '장르'가 드러나 있다면 처음 시스템을 만들 때 큰 도움이 된다. 장르로부터 도출된 기능들은 해당 장르라면 가지고 있어야 하는 필수 기능일 가능성이 높기 때문에 바로 시스템 기획의 대상으로 삼아도 무방하다. 같은 장르의 게임들을 참고할 수 있기 때문에 게임 장르로부터 도출된 기능은 비교적 구체적으로 정리가 된다. 따라서 시스템을 만들 때 구체적인 내용이나 체계적인 구조를 만들기 쉽다. 장르로부터 도출된 기능들이 있다면 이들을 일단 주시하도록 하자.

이에 대한 예로, 플랫폼^{Platform} 액션 장르의 게임을 만든다고 가정하고, 결정된 장르로부터 시스템 기획의 대상을 찾아보자.

장르로부터 도출된 기능들

결정된 장르: 플랫폼 액션 게임

1차 도출 기능
- 캐릭터, 플랫폼, 도구, 장애물, 규칙, 조작

2차 도출 기능
- 캐릭터 → 캐릭터, 캐릭터 액션
- 플랫폼 → 발판, 특수 발판, 기타 오브젝트
- 도구 → 장비 아이템, 사용 아이템, 인벤토리

- 장애물 → 몬스터, 함정
- 규칙 → 게임 목적, 플랫폼 목적, 게임 진행, 환경(물리) 규칙, 기타 규칙
- 조작 → 캐릭터 조작, 인벤토리 조작, 메뉴 조작, 기타 조작

장르가 플랫폼 액션 게임이라고 결정되면 이와 관련된 여러 기능들을 도출할 수 있다. '캐릭터, 플랫폼, 도구, 장애물, 규칙, 조작'과 같은 기능들은 어느 하나라도 없다면 좋은 플랫폼 액션 게임이 되기 어렵다. 게임 장르를 규정해주는 핵심 기능들은 아무리 단순하더라도 시스템 기획을 통해 개발되는 것이 좋다. 이러한 핵심 기능은 여러 하위 기능들로 구성될 수 있으며, 각 하위 기능들이 충분히 복잡하거나 크다면 각각에 대해 시스템 기획을 할 수 있다. 예를 들어 '캐릭터 시스템'은 하나의 시스템으로 다루기에 너무 크다. 따라서 '캐릭터 액션 시스템'을 분리하는 것이 더 낫다. '캐릭터 액션 시스템'도 크다고 생각되면, 캐릭터가 할 수 있는 동작 중 가장 중요한 '점프'만 따로 뗄 수 있다. 너무 큰 시스템을 다루게 되면 시스템을 개발하는 사람이 한 번에 고려해야 하는 내용이 많아지고 기획서를 작성하기 힘들기 때문에, 시스템은 적당한 크기로 구성하는 것이 필요하다.

장르가 아닌 그 밖의 방향성으로부터 도출된 기능은 비교적 추상적일 수는 있지만, 게임의 정체성과 차별성을 확보하기 위한 중요한 기능이다. 이들도 시스템 기획의 대상으로 고려하는 것이 좋지만, 추상적인 내용으로부터 시작하기 때문에 시스템 구성에 좀 더 신경을 써야 한다. 예를 들어 '손맛 좋은 타격감'이라는 방향성이 있다면 이를 위해 '타격감 시스템'을 만들자. 타격감을 위한 기능들은 굉장히 많기 때문에 타격감 시스템의 방향을 잡기가 굉장히 힘들다. 따라서 '타격감'이라는 것에 대해 좀 더 구체적으로 정의를 하고 타격감을 좋게 하는 기능들을 선택하는 것이 필요하다. 이 과정에서 필요하다면 '캔

슬 시스템'과 같은 하위 시스템을 만들어도 된다.

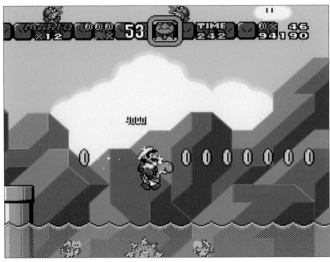

그림 3.1 캐릭터, 플랫폼, 도구, 장애물, 규칙, 조작과 같은 기능들은 플랫폼 액션 게임
에 반드시 있어야 한다

한편, 방향성으로부터 도출된 기능 중에는 '매력적이고 개성적인 캐릭터 외형'과 같이 기획자의 기획 영역이 아닌 것들이 있다. 이런 영역들에 대해서 기획자가 단순 기획을 하는 것도 쉽지 않기 때문에 시스템 기획의 대상으로 삼기에는 적절하지 않다. 하지만 기획자는 전체 게임을 기획^{Design}하는 역할을 맡고 있기 때문에, 이 기능들을 관련 작업자들에게 전달하거나 요청해야 한다. 이와 관련한 작업에 대해서는 다음 사례를 통해 간략히 살펴보자.

비기획 영역 관련 기능

만들 게임이 MMORPG라는 장르라고 하면, 반드시 '대규모 유저 접속'과 같은 기능이 필요요. 얼마나 많은 유저가 게임에 접속할 수 있는 유저의 수나 한 필드(맵)에 존재할 수 있는 유저의 수는 개발자의 구현 능력에 달려 있다. 이에 대한 기술적인 내용을 잘 알지 못하기 때문에, 기획자가 이런 내용을 상세히 기획하는 것은 불가능하다. 이런 기능에 대해 기획자가 할 수 있는 일은 '필드 레이드를 하려면 필드에 유저 100명 정도는 수용할 수 있으면 좋겠다'라고 개발자(개발팀장)에게 제안을 하는 정도라고 볼 수 있다. 아니면 기획자는 이에 대해 특별한 기획을 하지 않고, 디렉터와 개발팀장이 의논해 진행할 수도 있다.

RPG 게임에서 '부위별 장비 외관 표시'와 같은 기능이 필요하다고 가정해보자. 장갑 아이템을 교체하면 손 부위의 외관이 변경되는 것과 같은 그래픽적 기능 역시 기획자가 잘 알지 못하는 영역이다. 이런 기능도 관련 아티스트와 개발자에게 필요 기능을 전달하면, 이후에 아티스트와 개발자들이 협업해 처리하게 된다. 기획자는 기능이 구현되는 상황을 확인하는 작업 정도만 하면 된다.

비기획 영역의 기능을 기획자가 생각해내고 관련 작업자들에게 요청하는 이유는 기획자가 게임에 필요한 기능들에 대해 관리하는 일을 하기 때문이다. 특히 '기획자-개발자', '기획자-아티스트', '개발자-아티스트'와 같이 다른 직군끼리 연관된 기능의 경우, 기획자가 요청하고 조율하지 않으면 기능 개발이 원만히 진행되지 않을 때가 많다. 따라서 게임 기능을 찾고 구현을 요청하는 작업은 대부분 기획자가 한다고 생각하면 된다.

핵심 기능들을 찾아 시스템을 만드는 것도 중요하지만, 시스템으로 만들지 않을 기능들을 분류하는 것도 필요하다. 정리된 기능들 중에는 'UI'나 '로그인'과 같이 방향성과 무관하지만, 게임에 필요하다고 생각되어 도출된 기능도 있다. 이런 것들은 핵심 기능은 아니기 때문에 시스템 기획을 할지 여부를 생각해봐야 한다. 기능이 필요하다고 생각되는 시점에 단순한 기능 기획을 통해 구현할 수도 있기 때문에 중요하지 않은 기능이라고 판단되면 우선 놔두고 넘어가도 무방[1]하다.

---

1   기능 개발을 하지 않는다는 말은 아니기 때문에 이후에 반드시 기획을 하기는 해야 한다.

시스템의 방향성

정리된 기능들로부터 얼추 시스템들을 찾아냈다면, 이제 시스템의 방향성을 생각하도록 한다. 시스템 방향성은 시스템의 기획이나 구현을 할 때 발생할지도 모르는 문제들을 해결하거나 기능 사이에 가치가 충돌해 결정이 필요할 때 도움을 주도록 작성한다. '훌륭한 타격감을 제공한다'와 같이 의미가 별로 없거나, 게임 방향성 수준의 추상적인 내용은 작성하지 않도록 하자.

그러면 시스템 방향성은 어떻게 결정해야 할까? 시스템 방향성을 결정하기 위해서는 시스템의 기능들을 분석하고 평가해야 한다. 그리고 게임 방향성에 맞게 기능들을 어떻게 사용할지에 대한 정책을 세운다. 이 과정에 있어서 가장 큰 도움을 주는 것은 '벤치마킹'이며, 만약 벤치마킹이 불충분하거나 수행되지 않았다면 지금 단계에서라도 기능들에 대해 벤치마킹[2]을 해야 한다. 벤치마킹의 내용이나 방법 등은 앞서 설명한 것과 크게 다르지 않다. 시스템 방향성 수립과 관련해 다음의 예를 살펴보자.

시야(sight) 시스템의 방향성

벤치마킹 내용

- Labyrinth Explorer(LE)
  - 자연스러운 LoS[3]를 사용해 고급스러운 느낌을 준다.
  - 우리 게임에서는 LoS를 사용할 만한 장애물이 없기 때문에 지저분해 보일 수 있다.
- Faster Than Light(FTL)
  - 방으로 구분되는 시야를 사용하고, 특정 조건을 만족하고 있으면 전체 시야를 획득한다.
  - 우리 게임에서도 방 구조를 사용할 것이기 때문에 적용하기 적합한 시야다.

---

2 기능 정리를 할 때 충분히 벤치마킹을 했다면 지금 단계에서 추가로 할 필요는 없다.
3 Line of Sight의 약자로, 시선을 갖는 구현 방법을 말한다.

> ▶ 우리 게임에서는 전체 시야를 획득하는 것 없이, 철저하게 개인 캐릭터의 관점에서 시야를 처리한다.

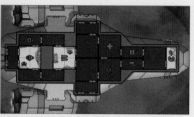

그림 3.2 벤치마킹을 통해 기능의 장단점을 분석하고, 이를 통해 시스템의 방향성을 세우는 것이 중요하다

결정된 방향성

- 탑뷰 시야
  - ▶ 90도 각도의 탑뷰 시야를 기본으로 한다.
- 전지적 입장에서의 시야
  - ▶ LoS를 사용하지 않고, 시야를 볼 수 있는 지역이라면 모든 것들을 볼 수 있다.
- 방 단위로 구분되는 시야
  - ▶ 시야의 단위는 방(room) 단위이며, 해당 방에 시야를 획득할 수 있는 조건이라면 그 방 안의 모든 상황을 표시한다.

시스템의 방향성은 어떤 의미를 가질까? 시스템을 개발하는 동안에 아무런 문제도 발생하지 않고 처음 생각한 대로 개발이 종료된다면, 시스템의 방향성은 큰 의미가 없을 수 있다. 하지만 기능이 불만족스럽거나 더 나은 기능을 찾아내면, 현재 시스템에 대해 평가하고 개선하는 작업이 필요하다. 이런 평가 작업은 '가치 평가'[4]인 경우가 많기 때문에 평가 기준을 잡기가 쉽지 않다. 이때 시스템 방향성이 평가 기준으로써 큰 도움을 준다. 또한 시스템 방향성은 시스템 기획자가 이따금 걸리는 '기능 중독'에 걸리지 않도록 해주기도 한다.

---

4 가치 평가란, 옳고 그름에 대한 평가가 아니라 좋고 싫음에 대한 평가다.

계속 기능을 추가하고 싶은 생각이 들 때, 시스템의 방향성은 그 기능이 게임에 필요한지 여부를 판단하게 해준다.

|C|H|E|C|K|

기능 중독

시스템 기획자가 자주 범하는 잘못 중에 하나다. 게임에 기능이 많으면 많을수록 좋다고 생각하거나, 긍정적으로 평가받는 다른 게임의 기능이 자기 게임에도 어울릴 것이라고 생각해 게임의 기능을 계속 추가하는 것을 말한다.

앞서 예를 든 시야 시스템을 다시 살펴보자. 시야 시스템의 개발을 끝내고 게임에 적용해보니, 생각보다 시야 시스템이 마음에 들지 않을 수 있다. 그러던 중에 자연스러운 시야를 사용하는 게임들이 최근 시장 경향에 맞다면, 시야를 경향에 맞춰서 바꾸고 싶은 생각이 들 수도 있다. 아니면 현재의 시야 시스템에 LoS만 적용하고 싶어질 수도 있다. 하지만 벤치마킹을 했던 LE의 시야가 FTL의 시야보다 나쁘다고 생각해 FTL의 시야와 비슷한 방향성을 잡은 것이 아니며, 벤치마킹을 통해 우리 게임에 적합한 시야의 형태를 잡았던 것을 생각해야 한다. 현재 시스템에 LoS를 추가로 적용하거나 LE와 비슷한 형태로 시야를 바꾼다는 것은 방향성이 바뀐다는 것을 의미한다. 이제 이런 질문을 해보자. 왜 FTL의 시야와 비슷한 형태로 시스템의 방향성을 잡았을까? 수립한 시야의 방향성이 틀린 것일까 아니면 세부적인 내용이 잘못된 것일까? 이런 질문들과 그에 대한 대답들은 기능과 시스템에 대한 올바른 평가를 하는데 도움을 준다. 시스템 방향성이 없다면 게임 시장의 경향이나 몇몇 사람들의 취향의 변화에 따라 시야 시스템이 계속해서 변경될 수 있다. 이런 변경이 나쁘다는 것이 아니라, 방향성 변경의 이유가 '이게 더 나은 것 같다'와 같은 주관적인 이유에서 기인해 급하게 변경되는 경우가 많기 때문이다. 따라서 방향

86 2부_ 기본 다지기

성을 수립하고 그에 맞춰 기능을 변경하는 것이 더 객관적이고 합리적이기 때문에, 좀 더 나은 결과를 낳을 가능성이 많다.

그 밖의 것들

처음으로 '시스템'을 다루는 이 시점에, 그동안 고려된 것들을 모아서 같이 정리하는 것이 좋다. 벤치마킹 내용이나 방향성과 같은 것들은 말할 것도 없고, 기능들에 대해 검토하는 과정에서 있었던 회의 내용들까지 정리하는 것이 좋다. 바로 이어서 지금 정리한 시스템에 대해 세부 명세 작업을 할 수도 있지만, 시간이 어느 정도 지난 다음에 세부 명세 작업을 할 수도 있다. 아니면 한참 뒤에 시스템이 만족스럽지 않아 다시 들여다볼 일이 생기기도 한다. 사람의 기억력은 생각보다 휘발성이 강하기 때문에, 지금은 생생하게 기억하는 내용들이라도 시간이 흐르게 되면 정확히 기억이 나지 않을 수 있다. 같이 논의를 했지만 그 내용에 대해 서로 기억하는 바가 다를 수 있다. 따라서 회의록을 남기거나 시스템에 대한 기록들을 계속 추적할 수 있도록 해야 한다.

지금 고민이 되는 내용들은 이후 다시 똑같은 고민을 할 가능성이 높다. 뒤에 왜 이렇게 시스템을 기획했는지 의문이 제기될 수 있다. 이에 정확히 대답하고 올바른 결정하려면, 결정을 내린 지금 상황에 대해 가능한 많은 정보를 남겨두는 것이 좋다. 시스템 기능으로 선택된 것들뿐만 아니라, 선택되지 못하고 탈락한 기능들에 대한 내용도 잘 정리해두는 것이 좋다. 기능에 대한 분석과 기능이 탈락한 이유를 정리해두면, 이후 시스템을 개선할 때 대안을 찾거나 문제점을 수정하는 데 큰 도움을 준다. 때로는 게임의 방향성이 바뀌거나 트렌드가 바뀌면서 탈락했던 기능들이 시스템에 적용되기도 한다.

이렇게 정리하다 보면 기획서가 산만해지고 양이 늘어나기 때문에 부차적인 정보들을 시스템 기획서에 같이 정리하는 것이 꺼려질 수도 있다. 하지만 이는 문서 작성 능력에 따라 얼마든지 정리할 수 있으며, 부담되면 부록 형태로 정리할 수도 있다. 아니면 버전 관리 프로그램 등을 이용해서 이런 정보들을 과거 버전에만 담아둘 수도 있다. 정보를 정리해 남겨둔 것이 필요하지 않으면 그 내용을 보지 않으면 그만이다. 하지만 정보를 남겨두지 않으면 이후에 참고하고 싶어도 정확한 내용을 복구할 수가 없다. 지금 당장 부차 정보를 정리하는 것이 귀찮을 수 있다. 하지만 이 정보들이 모래 속의 진주가 될지는 아무도 모른다.

🐟 요약

- 게임에 필요한 기능들을 정리했다면 기능들을 묶어서 시스템을 만들어야 한다.
- 장르와 같은 게임 방향성이 결정되어 있으면 시스템을 구성하기가 편하다.
- 시스템에 포함되는 기능들 중에 기획자가 다룰 기능이 아닌 것들이 있더라도 기획자가 정리하고 관리하는 것이 좋다.
- 시스템의 방향성을 세워두면 이후 시스템 변경 이슈가 발생했을 때 좀 더 객관적이고 합리적인 판단을 할 수 있다.
- 시스템 기획을 바로 하지 않는 경우도 있기 때문에 현재까지 있었던 결정사안들이나 벤치마킹 내용 등을 잘 정리해두면, 이후 시스템 기획을 할 때 큰 도움이 된다.

4장

시스템의 부품,
인지요소 명세

지금부터 시스템의 인지요소를 명세하는 것에 대해 알아보자. 인지요소는 규칙을 제외한 나머지 시스템의 구성요소들, 즉 부품들을 말한다. 인지요소는 '캐릭터'와 '아이템'처럼 구체적인 것부터, '지능'과 '장비 강화' 같은 추상적인 것까지 모두 포함한다. 인지요소 명세는 시스템에 어떤 인지요소가 있는지 정리하고 각 인지요소에 대해 상세한 명세를 하는 것으로 진행된다.

인지요소 열거

인지요소의 열거는 시스템 명세 준비 작업을 했음을 전제로 한다. 시스템의 기능들이 어느 정도 정리되어 있으면 인지요소를 찾아내기가 수월하기 때문이다. 시스템에 필요한 기능들을 보고 하향식으로 분석해 시스템에 필요한 부품들을 찾아낸다. 시스템에 필요한 '기능' 그 자체를 찾고, 기능을 사용해 만들어낼 '내용'을 찾으면 많은 인지요소들을 쉽게 찾아낼 수 있다. 즉 시스템의 '필요 기능'과 '필요 내용'을 찾아내면 많은 인지요소들을 쉽게 정리할 수 있다. 간단한 예시로 MMORPG의 스킬 시스템에서 스킬의 판정, 효과, 지속시간 등은 필요 기능이고, 필요 기능을 사용해 만들어낼 스킬인 공격 스킬, 회복 스킬, 버프 스킬 등은 필요 내용이다.

인지요소의 열거 과정에 대해 좀 더 자세히 살펴보기 위해 MMORPG(또는 AOS 장르 게임)의 데미지텍스트^{Damage Text} 시스템[1]을 예시로 살펴보겠다. 데미지텍스트 시스템의 필요 기능은 데미지텍스트의 출력에 사용되는 기능들, 다시 말해 어떻게 출력할 것인지에 대한 것들이다. 시스템 명세 준비 작업을 하면서 시스템의 기능들을 잘 정리했다면 필요 기능을 정리하는 것은 크게 어렵지 않다. 필요 내용은 이 시스템을 활용해서 하고 싶은 일이라고 보면 되며, 데미지텍스트 시스템의 필요 내용은 출력되는 텍스트의 종류다. 이를 정리하면 다음 표와 같다.

데미지텍스트 시스템의 인지요소 1

필요 기능	필요 내용
• 기본 기능 • 이동 기능 • 강조 기능 • 기타 기능	• 입힌 피해량 • 회복량 • 상태 변화 • 획득 골드량 • 획득 경험치량

표와 같이 정리하면 인지요소들의 열거가 대강 끝났다고 볼 수 있다. 하지만 이는 인지요소들을 단순히 나열한 것에 불과하기 때문에 체계적인 시스템 개발을 위해 인지요소들을 구조화할 필요가 있다. 인지요소들 간에는 수평적 관계가 있을 수도 있고 수직적(종속) 관계가 있을 수도 있는데, 단순히 열거하면 이런 관계를 제대로 고려하지 못하게 된다. 인지요소들 간에 종속적인 관계가 있거나, 비슷한 속성을 가진 인지요소들이 많으면 이들을 묶는 상위 인지요소

---

1 캐릭터 주변에 출력되는 텍스트들(피해량이나 상태 변화)을 출력하는 시스템을 말한다.

를 만드는 작업을 해야 한다.

인지요소들을 분석해 관계를 정리하는 것은 인지요소들을 계층 구조 Hierarchical Structure 로 만들었다고 볼 수 있으며, 이를 통해 시스템은 체계적으로 구조화되게 된다. 데미지텍스트 시스템의 필요 내용들이 '자신'에게 적용되는 경우와 '타인'에게 적용되는 경우를 나누어 처리할 필요가 있다면, 이 기준에 따라 필요 내용들을 나누는 것이 좋다. 이를 반영하면 다음과 같이 필요 내용을 다시 정리할 수 있으며, 이제 피아를 구분해 다른 내용과 기능을 적용하기 용이해진다.

데미지텍스트 시스템의 인지요소 2	
필요 기능	**필요 내용**
• 기본 기능 • 이동 기능 • 강조 기능 • 기타 기능	**– 자신에게 출력되는 내용** • 입힌 피해량 • 회복량 • 상태 변화 • 획득 골드량 • 획득 경험치량 **– 타인에게 출력되는 내용** • 입힌 피해량 • 회복량 • 상태 변화

이렇게 계층 구조를 통해 시스템을 구성하는 인지요소들을 파악하면, 인지요소들에 대한 체계적인 정리가 용이해지며, 이를 바탕으로 체계적인 기획과 개발이 이루어진다. 상위 개체와 그에 종속되는 하위 개체 관계인 계층 구조에는 다양한 관계가 있을 수 있지만, 게임을 구성하는 인지요소들은 대부분 부모-자식 관계 또는 부품 관계라고 볼 수 있다. 이 두 가지 관계가 아닌 것들도 있지만, 그런 것들은 일반적인 포함관계이거나 특별한 관계이기 때문에 크게 신경 쓰지 않아도 된다.

계층 구조

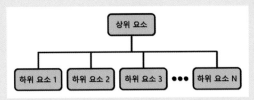

그림 4.1 계층 구조

우리는 많은 대상들을 효과적으로 파악하기 위해 비슷한 것들은 묶고 다른 것들은 분리하는 분류 작업을 한다. 분류를 할 때는 단순히 대상들을 그룹으로 묶거나 구분하지 않고, 분류에 도움을 주기 위해 추상적인 개념을 만들기도 한다. 예를 들어 '종', '속', '과', '목', '강', '문'과 같은 개념은 수많은 동물들을 쉽게 구분하고 파악하기 위해서 만들어낸 개념이다. '고양이과'라는 동물은 존재하지 않지만 고양이과라는 개념을 통해 고양이과에 속하는 많은 동물들의 공통점을 모아서 처리하고 있다.

분류를 통해 대상들을 파악하고 나면, 그 구조는 계층적인 모습을 띄게 된다. 상위 요소가 있고, 그 밑으로 하위 요소들이 달려있는 모습을 갖는다. 이때 수직적 상하 관계는 분류를 하는 사람의 의도에 따라 관계 내용이 다르지만, 보통은 하위 요소보다 개념적으로 포괄하는 큰 것들을 상위 요소로 두고 있다.

부모-자식 관계 계층 구조

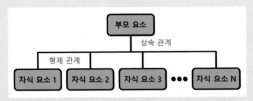

그림 4.2 부모-자식 관계 계층 구조

부모-자식(Parent-Child) 관계는 수직적 관계의 계층 구조로 가장 많이 사용하는 것 중에 하나다. 부모 요소와 자식 요소는 상속 관계에 있으며, 자식 요소는 부모 요소의 속성을 가지고 있다. 예를 들어 '성장형 스탯'이라는 부모 요소가 'MaxHP'와

'MaxMP'라는 자식 요소를 갖고 있다고 하자. 성장형 스탯이 캐릭터의 레벨이 증가할 때마다 특별하게 처리되는 규칙을 가지고 있다면, MaxHP와 MaxMP도 그 규칙을 가지게 된다. 자식 요소들은 서로 '형제 관계'를 갖고 있지만, 형제들 간에는 특별한 관계가 없을 수도 있다.

부품 관계 계층 구조

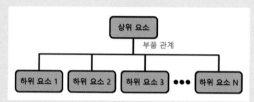

그림 4.3 부품 관계 계층 구조

부품(Component) 관계는 간단하면서도 많이 사용되는 계층 구조로서, 부품에 해당하는 하위 요소들이 결합해 상위 요소 구성하는 경우에 사용된다. 기계들은 구체적인 부품들을 갖기 때문에 모든 부품들을 조립하면 완벽한 기계가 나오지만, 개념적인 게임 시스템은 형태가 없기 때문에 기계와 같이 부품 관계가 완벽한 것은 아니다. 즉 부품들 간에 결합이 기계적으로 꽉 맞물리는 것은 아니다. 따라서 부품 관계는 하위 부품들의 묶음을 개념적으로 표시하기 위해서 사용되기도 한다. 또한 부품 관계와 부모-자식 관계는 상충하지 않기 때문에 같이 사용될 수 있다. 다시 말해 부품이면서도 상위 요소의 속성을 상속받는 관계를 만들 수 있다.

계층 구조에서 상위 요소는 하위 요소에 비해 개념적으로 더 크기 때문에, 하향식으로 인지요소들을 열거하는 것이 자연스럽다. 하향식으로 기능과 내용들을 쪼개면서 정리하면, 누락되는 내용이 줄어들고 정리되는 내용도 체계적이다.

계층 구조를 염두에 두고, 데미지텍스트 시스템의 인지요소들을 다시 살펴보자. 열거된 '기본 기능', '이동 기능', '강조 기능', '기타 기능'들은 기능의 추상적인 면을 보여줄 뿐이기 때문에 원하는 기능을 제공하기 위해서는 좀 더 구체적인 내용이 필요하다. 즉 '이동 기능'에서 필요한 이동은 무엇인지, '강조 기능'에서 필요한 강조 방법은 무엇인지를 정리해야 한다. 필요 내용도 출력 주체에 따라 한번 계층 구조로 정리했지만 좀 더 세분화할 수 있다. 인지요소들을 하향식으로 세분화해 정리하면 다음과 같다.

데미지텍스트 시스템의 인지요소 3

필요 기능		필요 내용	
기본 기능	생성/파괴 기능	자신에게 출력	입힌 피해량
이동 기능	선형 이동 기능		회복량
	곡선 이동 기능		상태 변화
	랜덤 이동 기능		획득 골드량
강조 기능	확대/축소 기능		획득 경험치량
	페이드 인/아웃 기능	동료에게 출력	입힌 피해량
기타 기능	출력 위치 조정 기능		회복량
	텍스트 고정/추적 기능		상태 변화
		적에게 출력	입힌 피해량
			상태 변화
		기타	입힌 피해량
			상태 변화

계층 구조를 설명하면서 예를 들었던 '종'이나 '목'과 같은 개념이 기억나는가? 인지요소 열거를 성공적으로 마치기 위해서는 '종'이나 '목'과 같이 하위 인지요소들을 묶어주는 개념적인 중간 인지요소를 만드는 것이 필요하다. 시스템이 가지는 인지요소가 많아지면 비슷한 속성을 가진 것들을 묶어 카테고리를 나누는 것이 좋다. 예를 들어 〈LoL〉에는 캐릭터 고유의 체력과 마나량을 뜻하는 '기본 HP'와 '기본 MP'라는 스탯이 있다. 이때 '기본 스탯'이라는 개념적인 인지요소를 만들어서 이런 스탯들을 포함하게 되면, 캐릭터 고유의 스탯

을 다루기가 쉬워진다. 이후 '기본 분노'나 '기본 기력'과 같은 인지요소들을 추가할 때 기본 스탯 하위 요소로 넣게 되면 개념 설명이 따로 필요 없다.

그림 4.4를 살펴보자. 이 그림의 상황에 스킬 자원으로 '분노'가 추가된다면 어떻게 해야 할까? 기본 스탯이라는 개념이 없으면 '기본 분노'를 추가하면서 다시 정의를 해야 하지만, 기본 스탯을 잘 정의해 놓으면, '기본 분노'만 갖는 특징만 정의하는 것으로 추가가 가능하다. 이렇게 개념적인 상위 인지요소들을 잘 만들어 인지요소들을 포함하게 되면, 그 인지요소들에 대한 개념적인 이해가 쉽고 인지요소를 추가하기도 간단해진다.

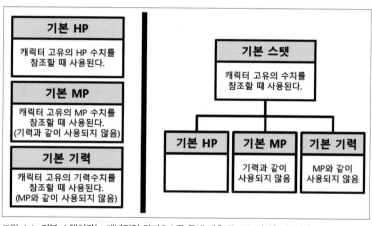

그림 4.4 기본 스탯이라는 개념적인 인지요소를 통해 계층 구조로 정리할 수 있다

단순히 개념적인 이해를 돕기 위해 인지요소들을 계층 구조로 구성하는 것은 아니다. 이런 계층 구조는 개발자가 구현을 할 때 공통점을 묶어 개발하는 것을 통해, 각각이 공통으로 가지고 있는 개념들을 중복으로 개발하는 것을 막아준다. 예를 들어 기본 스탯에 대해 '캐릭터 고유의 수치'라는 개념을 한 번 구현해두면, '기본 HP'와 같은 스탯에 대해서는 그 개념을 다시 구현할 필요가 없다.

인지요소 상세 명세

인지요소 열거가 끝나면 각각의 인지요소들을 상세 명세한다. 인지요소 명세는 개념과 동작원리, 데이터에 대한 설명으로 구성된다. 이 중 개념과 동작원리는 인지요소의 명세에 필수적으로 포함되어야 하는 내용이다. 반면 데이터는 시스템이나 인지요소의 성격에 따라 명세가 필요하지 않을 수도 있다. 콘텐츠 제작을 위한 시스템[2]과 같은 경우는 오히려 데이터 설명이 매우 중요하다는 점을 알아두자.

인지요소 하나를 상세 명세하는 것은 작업량이 많지 않지만, 시스템을 구성하는 인지요소의 양이 상당하기 때문에 인지요소 명세의 전체 작업량은 굉장히 많다. 개발자가 상세 명세를 보고 구현을 하기 때문에 꼼꼼하게 작성해야 하고, 또한 개발자가 봤을 때 필요한 내용을 담는 것도 필요하다. 양이 많은데 내용마저 딱딱하기 때문에 가독성에 유의해야 한다. 특히 문서의 형식에 대해 기획자와 개발자의 기호가 다를 수 있으므로 형식[3]에도 주의를 기울이도록 한다.

인지요소의 개념

인지요소의 개념은 인지요소의 정의와 설명을 말하며, 개념적인 이해를 돕는 내용들이라고 생각하면 된다. 인지요소의 정의는 말 그대로 인지요소를 규정하는 내용이나 뜻을 보여준다. 뻔한 내용을 적는다고 인지요소를 정의하는 작업을 등한시하는 경향이 있는데 이는 바람직하지 않은 자세다. 특히 기획자가 만들어낸 가상의 인지요소가 아니라 실제 존재하는 것을 그대로 차용할 때, 인지요소의 정의를 제대로 내리지 않는 경우가 많다. 예를 들어 '지능은 캐릭터가 똑똑한 정도를 보여주는 수치다'와 같은 지능에 대한 정의는 뻔한 내용

---

2 3장에서 설명한 '콘텐츠 제작을 위한 기능'을 참조한다.
3 기획서의 형식은 개발 조직마다 정해놓은 형식이 존재한다.

이기 때문에 이런 정의를 굳이 해야 하는지 의문이 들 수 있다. 하지만 게임이란 현실 세계와는 다른 가상의 세계이기 때문에 이런 정의가 필요하다. 현실에 존재하는 개념과 똑같을 수도 있지만 기획자의 의도에 따라 무엇인가가 추가되거나 삭제되어 다를 수도 있다. 따라서 인지요소의 정의를 명시하는 것을 통해 개념을 한 번 정리하고 넘어가는 것이 좋다. 또한 정의는 인지요소의 다른 개념이나 동작원리의 기획 근거로 사용된다. '지능'이라는 것이 캐릭터가 기억(사용)할 수 있는 마법의 수와 관련이 있다면 납득이 되는가? 왜 그런가? 이는 지능에 대한 정의가 지능이 가질 수 있는 능력에 대해 개연성을 부여해주기 때문이다.

정의를 한 뒤에는 인지요소에 대한 구체적인 설명을 하며, 최대한 상세하게 하도록 한다. 자신이 알고 있고 익숙한 인지요소라고 하더라도 다른 사람이 반드시 안다고 가정할 수는 없다. 게다가 같은 이름의 인지요소라고 하더라도 게임마다 동작하는 내용이 다른 경우가 많기 때문에 자신의 게임의 인지요소가 어떤 것이라고 확실하게 밝히는 것이 좋다. 예를 들어 '민첩성'의 경우 어떤 게임에서는 캐릭터의 이동속도와 연관이 있기도 하고, 어떤 게임에서는 방어력과 연관이 있기도 하다. 그렇기 때문에 오해가 없도록 '나만의 민첩성'에 대해 자세히 설명해야 한다. 시스템을 구현해줄 개발자들은 상대적으로 기획자보다 많은 게임을 경험하지 않았을 가능성이 높기 때문에 기획자들이라면 대부분 아는 내용도 모를 수 있다. 따라서 인지요소의 개념을 명세할 때는 사소한 것이라도 놓치지 말고 정리하도록 한다. 다른 게임의 참고 자료가 있다면 개념을 파악하기 쉬워지므로, 이런 부가 정보들을 같이 제공하는 것도 바람직하다. 그 외에 사용된 각종 용어의 설명도 같이 정리하면 좋다.

개념 정리가 쉽게 되지 않을 정도로 복잡한 경우에는 인지요소를 세분화[4]

---

4 인지요소 열거 단계가 끝났지만 세분화해 인지요소를 다시 정리해야 한다.

하는 것이 필요하다. 인지요소 하나가 다양하고 복잡한 개념을 가지고 있다면 설명하기도 힘들고 이해하기 힘들다. 개념이 복잡하면 동작원리나 데이터 설명을 하기도 덩달아 어려워지기 때문에 개념을 정리할 때 미리 인지요소를 잘 세분화할 필요가 있다.

예를 들어 '공격력'이라는 스탯에 대한 개념을 정리할 때, 캐릭터의 레벨이 증가할 때마다 수치가 늘어나는 공격력의 개념이 필요할 수 있다. 캐릭터의 스킬로만 증가하는 공격력의 개념도 필요할 수 있고, '공격력' 하나로 정리하면 내용이 복잡하고, 다양한 개념을 모두 포함하는 공격력을 개발하는 것은 쉽지 않다. 따라서 '공격력', '증가 공격력', '장비 공격력' 등으로 나눠서 생각하는 것이 좋다. 이런 식으로 인지요소를 명세하는 도중에 새로운 인지요소가 만들어지거나 없어지기도 한다.

인지요소의 동작원리

동작원리는 인지요소가 게임에서 어떻게 작용하는지를 설명해주며, 개발자가 시스템을 구현할 때 실질적으로 참고하는 내용이다. 개념적인 내용만 가지고는 개발할 수 없기 때문에, 개념 정리 이후에 동작원리를 반드시 정리해야 한다. 개념은 인지요소에 대한 이해를 돕는 내용이고, 동작원리는 실제 개발 명세라고 보면 된다.

예를 들어 '카메라 줌은 현재의 카메라 방향으로 이동하는 기능이다'와 같은 개념 설명만으로는 '카메라 줌' 기능을 구현할 수 없다. 구현하려고 하면 구체적인 내용이 하나도 없기 때문이다. 구현을 하려면 '카메라 줌은 캐릭터의 중심점으로부터 카메라의 상대 위치를 계산한 뒤에 그 상대 위치를 절대값의 비율로 조정한다.'와 같은 동작원리가 필요하다. 동작원리는 자연어로 작성할 수도 있지만, 정확한 동작이 필요한 경우에는 수학 공식[5]의 형태로 많

---

5 규칙은 훨씬 큰 단위(게임)에서의 동작원리라고 보면 된다.

이 정리된다. 동작원리의 내용을 들여다보면 게임 규칙과 유사하며, 어찌 보면 작은 규칙이라고 봐도 무방하다. 동작원리를 작성하는 방법은 규칙을 작성하는 방법과 비슷하기 때문에 이에 대한 내용은 규칙 명세 단계에서 다루도록 하겠다.

카메라 줌 인/아웃 기능을 예시로, 지금까지 설명한 개념 명세와 동작원리 명세에 대해 곱씹어 보자.

카메라 줌 인/아웃	
개념	• 카메라로 캐릭터를 줌 인/아웃해보는 카메라 조작 기능 • 최소 시야일 때의 카메라 위치(position)는 캐릭터의 위치이며, 최대 시야일 때의 카메라 위치는 카메라가 캐릭터를 바라본 상태(rotation 값은 고정)로 지정된 거리만큼 떨어진 위치를 말한다. • 줌 인과 줌 아웃 시 카메라는 동일한 수준으로 이동한다. • 줌 인/아웃은 1번의 조작으로 끝까지 줌 인/아웃되는 것이 아니라 일정 수준만큼 나눠서 이동한다.
동작원리	• 카메라 줌은 캐릭터의 중심점으로부터 카메라의 상대 위치를 계산한 뒤에 그 상대 위치를 절대값의 비율로 조정한다. • 1번의 줌 인/아웃 조작으로 위치를 10%씩 조정하며, 최대 10번을 할 수 있다(지정된 카메라 최대 시야 기준으로 계산). • 캐릭터 중심점이 (x1,y1,z1)이고, 카메라의 위치가 (x2,y2,z3)라면, 1번의 줌인 조작을 했을 때 카메라의 위치는 ((x2−x1)*0.9, (y2−y1)*0.9, (z2−z1)*0.9)이며, 방향은 그대로 유지한다.

동작원리를 같이 설명하지 않고는 정리가 힘든 개념을 가졌거나 개념과 동작원리를 같이 정리해도 복잡하지 않을 정도로 간단한 인지요소들도 있다. 이때는 굳이 개념과 동작원리를 구분하지 않아도 되며, 문서 형식에 상관없이 내용이 담겨 있으면 된다. '민첩성은 캐릭터의 회피율에 영향을 준다'라는 개념과 '민첩성이 1 증가할 때 회피율이 0.1% 증가한다.'는 동작원리는 같이 정리해도 된다. 형식에 집착하지 말고, 내용에 집중하도록 하자.

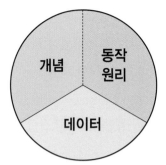

그림 4.5 개념과 동작원리는 같이 정리될 수도 있다

　여러 인지요소들이 비슷한 동작원리를 가지고 있다면 이들을 규칙으로 따로 정리하는 것이 좋다. 그렇게 하지 않으면 여러 인지요소들의 명세에 같은 내용의 동작원리가 정리되며, 이후에 여러 좋지 않은 일들이 일어날 수 있다. 분명히 같은 내용인데 동작원리들끼리 다르게 정리되어 충돌을 일으킬 수 있다. 처음 정리할 때는 같은 내용이었지만 내용을 수정할 때 전부 같이 고치지 않으면 서로 다른 내용을 가지게 된다. 또한 시스템 구현에 개발자가 여러 명 관여하게 되면, 개발자가 각각 동작원리를 구현하면서 같은 기능을 중복으로 구현하는 일이 일어날 수도 있다. 비슷한 동작원리들을 모아서 규칙 정리를 하게 되면 이런 문제를 많이 완화할 수 있다. 또한 성질이 비슷한 동작원리들을 같이 정리해두면 인지요소에 대한 이해와 개발이 더 용이해진다. 예를 들어 힘, 지능, 민첩성 등과 같은 스탯의 동작원리는 대체로 비슷하다. 이런 인지요소의 동작원리들을 '스탯 공식'과 같은 규칙으로 정리하게 되면, 이런 스탯들을 총체적으로 이해할 때 큰 도움을 주며, 개발자가 스탯을 구현할 때도 체계적으로 접근할 수 있다.

　규칙을 따로 정리하더라도 인지요소 명세의 완결성과 완성도를 위해, 인지요소 명세에 동작원리를 생략하지는 말자. 규칙을 따로 작성했다고 해서 동작원리를 생략하게 되면 인지요소 명세를 읽다가 규칙을 보러 다른 문서를 찾아야 하는 번거로움이 생긴다. 따라서 규칙을 따로 작성하더라도, 간략하게나마 동작원리를 정리해놓고 규칙을 참조할 수 있도록 하면 좋다. 또한 규칙에 정리된 내용과 인지요소 명세에 있는 동작원리의 내용이 일관성을 갖도록 지속적으로 주의를 기울여야 한다. 만약 동작원리에 수정이 필요하다면, 관련된 규칙과 인지요소 명세를 같이 수정해야 한다. 문서의 일관성을 유지하는 것은 개발 조직 내에 중요한 관리 이슈이기 때문에 무턱대고 규칙을 따로 정리하는 것은 좋지 않다. 여러 동작원리들을 따져보고 규칙 정리를 하는 것이 좋다고 판단되면 그때 규칙을 만들도록 하자.

인지요소의 데이터

인지요소의 데이터는 인지요소를 조정하기 위한 인터페이스로 기획된다. 예를 들어 '지능'이라는 캐릭터 스탯은 캐릭터가 생성되었을 때 어떤 값을 가지게 되며, 게임이 동작하면서 값이 동적으로 바뀌게 된다. UI의 체력^{HP}바의 눈금 단위도 특정 값이 있어야 한다. 100 단위로 눈금을 그을 수 있고, 최대 수치의 % 단위로 눈금을 그을 수도 있다. 이런 것들이 올바르게 게임에 동작하기 위해서는 값을 설정하고 확인하는 것이 필요한데, 주로 데이터를 통해 이루어진다. 이렇게 인지요소에 대해 조정하거나 확인하고 싶은 내용을 정리하는 것이 데이터 설명이며, 개발자가 데이터 적용을 구현할 때 추가로 요청하고 싶거나 알려주고 싶은 내용도 포함한다.

한편, 개발이 끝난 뒤 조정할 필요가 없는 인지요소들은 조정할 데이터가 필요 없기 때문에 데이터 설명도 불필요하다. 따라서 인지요소나 시스템에 대한 조정 작업이 필요하다고 생각되면 데이터를 설명하고, 그렇지 않으면 생략한다. 개념적인 중간 인지요소나 상위 인지요소들을 제외한 하위 인지요소들 대부분은 어떤 값을 가지거나 조정의 대상이 되기 때문에, 꽤 많은 인지요소들의 데이터 설명이 필요하다.

특히 콘텐츠 제작을 위한 시스템은 콘텐츠를 위한 '데이터'를 위해 고안된다고 해도 과언이 아닐 정도로 데이터가 중요하다. 대량의 콘텐츠를 효율적으로 관리하기 위해 기획되는 이런 시스템들은, 대부분 데이터를 인터페이스로 사용한다. 따라서 콘텐츠 제작을 위한 시스템의 인지요소 명세에는 데이터 설명이 반드시 포함되어야 하며, 인지요소 하나만 고려하지 말고 시스템 전체를 고려해 데이터를 설명해야 한다. 예를 들어 스탯 시스템은 수많은 캐릭터들의 스탯 데이터를 만들고 관리하기 위해 기획된다. 이때 '지능'이나 '민첩성'과 같은 개별 스탯들에 대한 데이터 설명을 하는 것보다는 많은 스탯 데이터들을 어떻게 처리할지를 정리하는 데 집중해야 한다. 콘텐츠 제작을 위한 시스템은 이후 7장에서 따로 다룰 것이므로 여기서는 이 정도로 줄인다.

인지요소 명세 단계에서 데이터에 대해 정리할 내용은, 데이터의 내용과 특징이다. 데이터의 내용은 데이터가 게임에서 어떻게 동작할지를 나타내는 것으로, 인지요소의 개념과 동작원리가 데이터의 내용에 해당하므로 추가로 정리할 필요는 없다. 데이터의 특징은 기획자가 데이터에 바라는 것들을 모아놓은 것이다. 데이터는 프로그래밍과 깊은 관련이 있기 때문에 데이터에 대해 기획자가 구체적으로 기획하는 것이 쉽지 않다. 따라서 일단은 데이터에 대해 생각하거나 바라는 것들을 모두 정리한 다음에 개발자와 논의를 하도록 하자. 예를 들어 '캐릭터 이름'이라는 인지요소의 데이터에 대해 '문자열 데이터이고, 한글 10자, 영문 20자를 넘지 않는다'와 같은 것이 데이터의 특징이라고 할 수 있겠다. '한글 10자, 영문 20자'는 문자열 데이터의 길이에 대한 제약조건인데, 이런 제약조건이 개발자에게 중요할 수도 있고 아닐 수도 있다. 하지만 우선 기획자가 데이터에 대해 갖고 있는 생각을 밝히는 것이 중요하고, 이후 데이터 설계 단계에서 이를 구체적으로 반영해 개발자와 논의를 하게 된다. 앞에서 개념과 동작원리를 정리했던 '민첩성'의 명세에 데이터 설명을 추가하면 다음과 같다.

민첩성	내용
개념	• 주요 3대 스탯(힘, 민첩성, 지능) 중에 하나 • 민첩성이 주력 스탯인 캐릭터는 민첩성 수치에 따라 공격력이 증가한다. • 민첩성은 그 자체로 사용되는 것이 아니라 다른 스탯에 영향을 주는데, 회피율과 공격 속도에 영향을 준다.
동작원리	• 민첩성 1당 회피율이 0.1 증가 • 민첩성 1당 공격 속도(%)가 0.2 증가 • (민첩성 캐릭터의 경우) 민첩성 1당 공격력이 1 증가
데이터	• 소수점 없는 숫자 • 값 범위: 0~9999(0 미만은 0, 9999 초과는 9999)

민첩성에 대한 데이터 설명을 통해, 기획자가 어떻게 민첩성을 다루고 싶은지를 개발자에게 소개하고 있다. 소수점 없는 숫자로 민첩성을 사용할 것이며, 그 수치 범위는 0부터 9999까지라고 밝히고 있다. 데이터 설명이 없으면, 개발자가 데이터의 크기를 불필요하게 크게 잡아 저장 공간에 부담을 주거나 소수점을 고려하지 않았기 때문에 실수값$^{real\ number}$의 민첩성 데이터를 사용했다가 오류가 발생할 수도 있다. 다만 개발자가 프로그래밍할 때도 이 데이터를 무조건 사용해야 한다는 것은 아니며, 개발자가 구현할 때 사용하는 데이터와 기획자가 사용하는 데이터는 별개의 것임을 알아두자. 또한 이렇게 데이터를 설명하고 요청하게 되면 불쾌[6]하게 생각하는 개발자도 간혹 있는데, 이때도 기획적인 입장에서 필요한 내용이라고 밝히고 이 내용만 지켜진다면 나머지는 개발자 마음대로 해도 상관없다고 이야기하면 된다. 이렇듯 데이터 설명은 개발자와 논의를 통해 확정하는 것이 필요하다. 그리고 데이터가 중요한 콘텐츠 시스템은 시스템 기획이 끝난 이후 데이터 설계를 체계적으로 하며, 이에 대한 내용은 이후 6장과 7장에서 다룬다.

---

6   데이터는 개발자의 전유물이라고 생각해, 기획자가 참견한다고 생각하는 개발자도 있다.

인지요소 명세의 형식

인지요소의 명세는 시스템 기획서 작성 중 가장 양이 많은 부분이며, 내용이 무미건조하기 때문에 가독성이 높아지도록 작성돼야 한다. 작문 실력이 가독성에 큰 영향을 미치지만 작문 능력은 이 책이 다룰 범주는 아니기 때문에 설명하지 않겠다. 대신에 명세할 때 깔끔하게 문서와 인지요소를 정리할 수 있는 형식을 소개하고자 한다. 각 개발 조직에 따라 미리 정해진 명세 형식이 있으면 이 내용은 참고 자료로 활용하면 되겠다.

구조와 내용이 단순한 인지요소들만 있다면 형식에 대한 특별한 고려 없이 명세해도 크게 상관없다. 하지만 시스템이 중요할수록 그 구성 인지요소들이 복잡한데, 이에 대해 글만 사용해 명세하는 것은 쉽지 않다. 그리고 글로 명세된 복잡한 구조는 이해하기도 힘들다. 기획서는 기본적으로 2차원의 작업 공간을 가지고 있는데, 복잡한 구조를 글로 표현하는 것은 한계가 있다. 복잡한 인지요소들의 관계는 글이 아닌 다이어그램으로 표현하는 것이 효과적이다. 물론 글로써 상세 명세를 하는 것은 맞지만, 시스템에 대한 이해를 돕기 위해 다이어그램을 추가하는 것이다.

그림 4.6은 스탯 시스템이 가지는 인지요소들의 계층 구조와 그 명세를 보여주고 있다. 계층 구조는 '2'의 깊이[7]를 갖는 단순한 구조이며, 이에 대해 오른쪽과 같이 정리할 수 있다. 첫 번째 깊이의 인지요소들 '기본 스탯'과 '추가 스탯'을 말머리를 붙여서 문단을 만든 다음에, 그 하위 인지요소들을 그 아래 표로 정리했다. 이렇게 정리하면, 상하위 인지요소를 확실하게 구분하면서 설명 또한 깔끔하게 정리된다. 단순한 구조만큼이나 스탯 데이터의 구조도 단순하기 때문에 이에 대해 정리하는 것이 크게 어렵지 않다.

---

7 최상위 인지요소인 '스탯'과 최하위 인지요소인 '공격력'과의 깊이 차이가 2다.

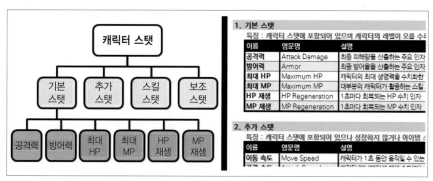

그림 4.6 인지요소의 관계가 단순하다면 글만 있어도 충분하다

이제 복잡한 인지요소들에 대한 명세를 살펴보자. 표의 행이나 열을 더 만들거나 문서 탭을 분리하는 것 등을 통해 하위 인지요소들을 묶어서 구조를 드러낼 수는 있다. 하지만 계층 구조의 깊이가 3 이상 되게 되면 이를 2차원 작업 공간인 기획서에 글로 구조를 보이는 것은 매우 어렵다. 특히 설명을 글로 작성하게 되면 기획서의 좌우 길이를 어느 정도 요구하기 때문에 복잡한 구조를 드러내면서 긴 설명까지 같이 하는 것은 쉽지 않다. 설령 이를 표현한다고 해도 가독성이 나빠지기 쉽다. 더군다나 상황에 따라 다르게 설정되는 동적 데이터는 글로 설명하기가 매우 까다롭다.

만약 캐릭터 스킬에 사용되는 애니메이션의 수가 여러 개라면, 애니메이션에 대한 데이터를 어떻게 설명해야 할까? '여러 개 가질 수 있다'라고 설명할 데이터가 뭔지, 그 데이터가 다른 데이터와 어떤 관계인지 설명해야 한다. 이렇게 고정된 데이터 형태를 사용하지 않는 인지요소에 대해 설명할 때는 데이터 구조에 맞춰 명세를 하고 다이어그램 형태로 인지요소의 구조를 보여주는 것이 좋다. 그래야 명세를 읽으면서도 구조에 대해 알기 쉽고, 필요하면 다이어그램을 보고 구조에 대해 빨리 이해할 수 있다. 다음 그림은 스킬 시스템의 하위 인지요소인, 애니메이션에 대한 명세다. '0', '1'과 같이 넘버링 된 것은 스킬이 가지는 애니메이션의 수를 나타내는 것으로, 여러 개 가질 수 있다는 것을 표현한 것이다.

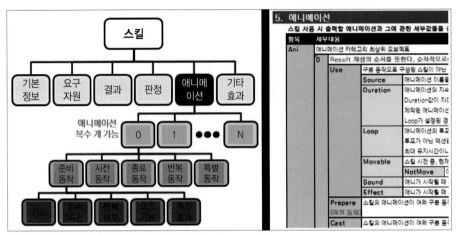

그림 4.7 복잡한 구조를 이해하기는 다이어그램이 좋다

이렇듯 복잡한 계층 구조는 다이어그램을 통해 정리되면 이해하기가 쉽다. 그림 4.7을 보면, 다이어그램 쪽이 구조를 파악하기 편하다는 것을 알 수 있으며, 특히 이중 삼중으로 얽히는 관계를 보일 때는 글보다는 다이어그램이 확실히 좋다. 하지만 다이어그램은 구조만을 보일 뿐, 상세 명세는 결국 글로 해야 한다. 따라서 인지요소들의 관계나 구조가 복잡하면 먼저 다이어그램을 통해 구조를 보이고, 이를 설명하듯이 글로 상세 명세를 해 서로 보완해주는 것이 좋다.

	장점	단점
다이어그램	구조나 관계 파악이 용이함	많은 내용을 담기에 부적절하기 때문에 상세 명세할 때 글로 옮기는 작업이 필요함
글(문자)	상세한 설명을 하기에 적합하며, 작성 내용에 제한이 없음	인지요소들 간의 구조가 복잡하면 이를 보이기가 쉽지 않음

요약

- 인지요소는 규칙을 제외한 나머지 시스템의 구성요소들을 말한다.
- 인지요소 명세를 위해서는 시스템 기능들로부터 하향식으로 인지요소들을 열거해야 하며, 기능의 동작과 기능을 통해 구현되는 콘텐츠를 정리해보는 것이 좋다.
- 인지요소의 열거가 끝나면 계층 구조 등을 이용해서 인지요소들 간의 관계를 정리해 구조화한다.
- 각각의 인지요소에 대해 상세 명세를 할 때는 '개념'과 '동작원리', '데이터'에 대해 정리한다.
- 인지요소의 명세는 시스템 기획서 작성 중 가장 양이 많은 부분이며, 내용이 무미건조 하기 때문에 가독성이 높아지도록 작성돼야 한다.
- 인지요소 명세를 할 때, 글만으로는 인지요소들의 구조를 효과적으로 설명하기 힘들기 때문에 다이어그램 등의 시각 자료 등을 같이 사용하는 것이 좋다.

5장

시스템에 생명을 불어넣는 게임 규칙

인지요소들만 정리하는 것은 그저 부품들의 나열에 불과하다. 작게는 시스템, 크게는 전체 게임이 의도한 대로 작동하려면 게임 규칙이 필요하다. 이 장에서는 시스템 기획의 꽃이라고 할 수 있는 게임 규칙 작성에 대해 살펴보겠다. 우선 게임 규칙은 어떤 것들이 있고 어떤 형식으로 정리되는지 설명한 뒤, 규칙을 작성하는 방법과 요령에 대해 알아본다.

게임 규칙에는 다양한 게임 요소들, 즉 인지요소들이 얽히기 때문에 인지요소 명세가 일정 수준이 된 다음에 규칙을 명세하는 것이 좋다. 따라서 규칙을 작성하기에 앞서 인지요소 명세가 일정 수준이 되었다고 가정한다.

규칙의 종류

게임 규칙은 크게 유저 시나리오에 따라 필요한 규칙(유저 시나리오 규칙)과 인지요소들에 필요한 규칙(인지요소 규칙)으로 나뉜다. 앞서 인지요소 명세에 규칙에 해당하는 각각의 동작원리가 포함될 수 있다고 했는데, 여기에서 인지요소 규칙으로서 같이 다루겠다.

유저 시나리오 규칙은 유저가 게임을 할 때 경험하는 것들, 콘텐츠와 유저 조작에 대한 것을 말한다. 인지요소 규칙은 게임을 구성하는 것들, 시스템과 구성요소(인지요소)들의 동작원리를 말한다. 인스턴스 던전을 예로 들면, '인스턴스 던전에 유저가 1명도 존재하지 않은 상태가 5분 이상 지속되면 인스턴스 던전은 파괴된다'와 같은 것은 인스턴스 던전 시스템 그 자체에 대한 규칙이기 때문에 인지요소 규칙이라고 볼 수 있다. '고블린 본거지 던전[1]'은 생성된 이후 5분 주기로 던전 내의 몬스터들에게 강화 버프를 걸어주며, 이는 최대 6번까지 중첩된다'와 같은 규칙은 '고블린 본거지'라는 특정 던전 콘텐츠의 시간 흐름에 따른 규칙이다. 전자는 인스턴스 던전이라는 일반적인 시스템의 규칙이고, 후자는 특정 인스턴스 던전의 규칙이다.

두 종류의 규칙은 성질이 서로 다르기 때문에 규칙을 작성할 때의 주안점도 다르다. 유저 시나리오는 게임상에서의 유저 경험과 관련이 있고, 인지요소는 게임의 구성과 관련이 있다. 그렇기 때문에 유저 시나리오 규칙을 만들 때 가장 중요한 가치[2]는 재미와 편의성이고, 인지요소 규칙을 만들 때 가장 중요한 가치는 논리성이다. 유저 시나리오 규칙을 작성할 때는 이 규칙이 실제로 유저에게 재미를 주거나 편리하게 만들어줄지 고민해야 하고, 인지요소 규칙을 만들 때는 게임의 구성에 허점이 없는지 생각해야 한다.

	유저 시나리오 규칙	인지요소 규칙
관련 내용	• 유저 조작 • 시스템이 적용된 콘텐츠	• 시스템 그 자체 • 각종 공식
주안점	• 재미, 편의성	• 논리적 완성도

(이어짐)

---

1 구체적인 인스턴스 던전의 예를 들기 위한 가상의 던전이다.

2 많은 가치에 대해 고민해야 하지만 특히 중요하게 생각해야 하는 가치를 말한다.

	유저 시나리오 규칙	인지요소 규칙
설명 요약	• 시간 흐름에 따른 게임 진행 • 각종 이벤트의 내용 • 실제 콘텐츠 객체들의 동작	• 시스템의 동작 규칙 • 각종 수치의 계산 공식

규칙의 형식

규칙의 형식은 작성하는 사람이나 개발 조직에 따라 천차만별이고 규칙 작성 경험이 쌓이게 되었을 때 자신만의 규칙 형식이 만들어지기 때문에, 정형화된 형식을 제안하는 것은 큰 의미가 없다고 할 수 있다. 따라서 여기서 설명하는 규칙의 형식은 규칙 작성이 익숙하지 않은 사람이나 체계적인 규칙 작성을 위한 사고 방식을 연습하는 사람들을 위한 것이라고 보면 되겠다.

지금 어떤 게임의 어떤 규칙이라도 좋으니 규칙을 하나 생각해보자. 방금 내가 떠올린 〈슈퍼 마리오 브라더스〉의 규칙을 예로 들어보겠다.

- 마리오는 몬스터와 부딪히면[3] 피해를 입는다.
- 마리오가 동전을 100개 모으면, 동전 수는 0개가 되고 마리오의 목숨이 1 증가한다.
- 마리오가 아이템에 닿으면 아이템의 효과를 마리오에 적용한다.

여러분이 기억하는 규칙은 어떤가? 아마도 '~하면, ~한다'일 것으로 생각된다. 이런 규칙은 '뭔가를 하면'이라는 조건이나 원인을 가지고 '뭔가가 된다'라는 결과로 구성된 인과(조건-결과) 관계의 내용으로 구성된다. 게임에 필요한 대부분의 규칙들은 이런 인과 관계 구조를 갖는다.

---

3 부딪친다는 것은 '공격하지 않은 상태로 서로의 판정 범위가 닿는 것을 뜻한다.

인과 관계처럼 보이지 않는 규칙[4]도 존재한다. '비非 비행 캐릭터는 중력의 영향을 받는다'와 같은 규칙은 인과 관계로 구성되는 규칙은 아니다. 이런 규칙들은 어떤 현상을 분석한 것이거나 공식을 정리한 것으로, 보통 게임의 근간을 구성하는 기반 법칙들이 이에 속한다. '적용되는 전투 공식은 착용하고 있는 무기의 종류에 따라 달라진다'와 같은 규칙은 각 무기 종류별 전투 공식을 설명하기 전에 필요한 전제에 해당하는 기반 규칙이다. 이런 기반 법칙들은 선언적이고, 추상적인 면이 있다. 기반 규칙은 다른 규칙들을 작성하는 데 있어 출발점이나 전제로 사용된다. 인지요소들의 동작원리와 같은 규칙들 상당 수도 비인과 관계 규칙이다. '캐릭터의 고유 최대 HP는 MHP 수치와 STR 수치에 의해 결정된다. OFMHP = MHP + (STR * 10)'과 같은 스탯 공식이 이런 규칙들에 해당한다.

인과 관계가 아닌 규칙들 중에 어떤 현상을 분석한 것들은 그 현상을 조건으로 따져서 풀이할 수도 있다. 즉 '어떤 것이 물질이라면 그것은 질량을 갖는다'로 바꾸거나 '캐릭터가 비행으로 설정되지 않으면 중력의 영향을 받는다'와 같이 자격에 대한 부분을 인과 관계로 풀어낼 수 있다. 규칙은 계속해서 다듬어지고 발전되는데, 세밀한 것들에 대해 다루게 될수록 인과 관계 규칙의 형식으로 정리될 가능성[5]이 높다. 규칙의 범주를 좁히려면 규칙의 대상을 한정하게 되고, 이를 위해 규칙의 조건이나 원인을 기술하게 된다. 보통 규칙은 일반적인 내용에서 세부적인 내용으로 진행되기 때문에 이런 형식과 내용의 변화는 자주 일어나게 되며, 반대로 인과 관계 규칙에서 일반적인 규칙으로 변화하는 경우는 거의 없다. 다음 예시는 비인과 관계 규칙인 기반 규칙이 인과 관계 규칙으로 변하는 과정을 보인 것이다.

---

4 앞서 규칙에 대해 생각해볼 때 인과 관계가 아닌 규칙을 떠올렸다면 이 경우다.

5 규칙을 인과 관계로 작성하는 것이 항상 좋은 것은 아니기 때문에 억지로 바꿀 필요는 없다.

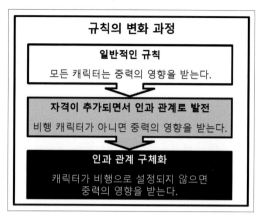

그림 5.1 조건과 상황에 따라 규칙을 세분화하면 인과 관계로 정리된다

규칙 명세의 과정

지금부터 규칙 명세는 어떤 작업들을 포함하는지, 어떤 순서로 하는지 알아보자.

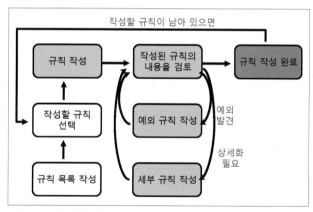

그림 5.2 규칙 명세의 과정

그림 5.2는 규칙 명세의 과정을 보여준다. 먼저 규칙 목록을 작성해서 명세해야 할 규칙들을 찾아낸다. 그 다음에 목록에서 규칙을 선택해 하나씩 규칙

을 작성하며, 규칙을 검토하는 작업을 병행해야 한다. 규칙을 검토하면서 규칙의 오류를 바로 잡고, 더 구체적인 하위 규칙들이 필요하다면 그것들도 작성한다. 규칙 작성이 끝나면 다음에 작성할 규칙을 선택하고, 이 과정을 반복한다. 이러한 규칙 작성 과정은 전체 게임 단위로 하기보다는 하나의 시스템 단위로 하는 것이 바람직하다. 또한 규칙 하나하나 작성할 때마다 이 과정을 거치는 것은 지나치게 번거롭고 피곤하기 때문에, 강약을 조절해 적용하는 것이 좋겠다.

규칙 목록 작성

게임에 필요한 규칙을 작성해야 한다면, 어떤 규칙부터 작성하는 것이 좋을까? 그리고 어떤 규칙들이 게임에 필요할까? 지금부터 여러분들이 일대일 대전 액션 게임의 규칙을 작성해야 한다고 생각해보자. 유사한 대전 액션 게임을 기획해본 경험이 없다면, 게임에 필요한 규칙이 어떤 것들이 있고 어떤 규칙부터 작성해야 할지 막막할 것이다. 따라서 규칙 명세를 할 때는 먼저 어떤 규칙이 게임에 필요할지 정리하는 것이 좋다. 즉 게임에 필요한 규칙들의 목록을 작성한다.

게임 규칙은 인지요소 규칙과 유저 시나리오 규칙으로 나뉘는데, 인지요소 규칙은 게임 시스템이나 시스템을 구성하는 인지요소들의 동작원리이기 때문에 인지요소 명세를 기반으로 작성된다. 유저 시나리오 규칙 또한, 게임 시스템이 유저의 조작이나 시간의 흐름에 따라 변화하는 과정을 풀어낸 것이다. 이를 보면 많은 규칙들은 게임 시스템의 기능과 인지요소들로부터 도출할 수 있으며, 이 과정은 그림 5.3과 같다. 따라서 규칙 명세에 앞서 인지요소 명세를 해두는 것이 좋으며, 일단 대략적인 인지요소 명세가 수행되었다는 것을 전제로 둔다.

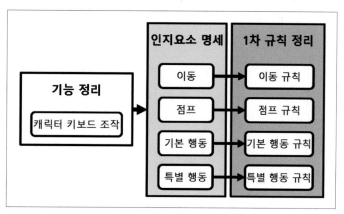

그림 5.3 시스템의 인지요소 명세가 되어 있다면 필요한 규칙을 빠르게 찾아낼 수 있다

이런 식으로 기능이나 인지요소 명세로부터 대략적인 규칙 목록을 도출하면, 그 규칙들로부터 구체적인 하위 규칙들을 뽑아낸다. 규칙 목록을 작성할 때, 기능 정리나 인지요소 명세가 자세히 되어 있다면 큰 도움이 된다. 규칙은 계속적으로 다듬어지면서 수정되고, 규칙 작성 도중에 새롭게 필요한 규칙들이 생기기도 하기 때문에, 처음 작성된 규칙 목록에 집착할 필요는 없다. 특히 유저 시나리오 규칙은 콘텐츠를 제작할 때 작성되는 경우도 많기 때문에, 규칙 목록은 계속적으로 변경된다는 것을 알아두자.

규칙 명세의 순서

규칙 목록이 작성되었다면, 이제 상세 명세를 할 규칙들을 선정해야 한다. 규칙 작성에 순서가 따로 있는 것은 아니지만, 관여하는 영역이 큰 규칙들부터 작성하는 것이 좋다. 예를 들어, 〈테트리스〉라는 퍼즐 규칙 게임의 규칙의 상세 명세를 한다고 가정해보자. 퍼즐 게임이 시작되고 종료되는 규칙은 큰 규칙이다. 하나의 스테이지가 시작되고 끝나는 규칙은 그보다는 작은 규칙이다. 쌓인 블록 한 줄이 사라지는 규칙은 더 작은 규칙이다. 이런 여러 규칙들 중,

개념적으로 큰 규칙들을 먼저 정리하는 것이 바람직하다.

큰 규칙을 작성하다보면, 그보다 작은 규칙들에 대한 설명이 필요할 때가 있는데, 새로운 개념이나 용어가 등장해 추가 설명이 필요해지는 경우가 있다. 이럴 때 한 규칙에 모든 설명을 하는 것은 쉽지 않다. 이런 경우에는 추상적인 개념을 도입하고 이를 뒤에 다시 정리하거나, 아니면 일단 설명이 부족하지만 무시하고 뒤에 따로 정리하는 방법을 취하도록 한다. 〈테트리스〉의 게임 종료 규칙을 '퍼즐 판에 유저가 쌓은 블록이 지정한 칸 이상 쌓이게 되면 게임이 종료된다'와 같이 명세했다고 하자. 이렇게 작성된 규칙을 정확히 이해하려면 '퍼즐 판'이나 '유저가 쌓은 블록', '지정한 칸'과 같은 것을 설명해야 한다. 즉 게임 종료 규칙에 퍼즐의 세부 구성요소들이 너무 많이 포함되게 되어, 규칙이 길어지고 정리가 어려워진다. 따라서 '퍼즐 게임에서 패배하면 게임이 종료되게 된다'와 같이 게임 종료 규칙을 작성한 다음에 '퍼즐 게임의 패배 조건'과 같은 규칙을 따로 작성해 설명하는 것이 좋다. 아니면 규칙에 드러난 퍼즐의 세부 구성요소들의 설명을 참조할 수 있도록 주석이나 링크를 달아주는 방법을 택할 수도 있다.

큰 규칙을 작성하고 작은 규칙을 작성하는 순서는 이상적이지만, 모든 규칙들을 이런 순서로 작성할 수 있는 것은 아니다. 어떤 규칙들은 단편화되어 있고, 어떤 규칙들은 서로 연관이 있음에도 처음부터 그런 관계가 떠오르지 않을 수도 있다. 이런 경우 한 규칙을 작성하면서 유사하거나 관련 있는 규칙들을 생각해내 계속적으로 작성하면 된다. 이때 규칙을 작성하면서 큰 규칙을 만들어내거나, 관련있는 규칙들을 찾기 위한 기준을 세우는 것이 좋다. 그림 5.4는 '인스턴스 던전'과 관련한 규칙들을 정리해 놓은 것이다. 똑같은 규칙들이지만, 왼쪽은 단순하게 규칙들을 나열했고, 오른쪽은 인스턴스 던전의 생명 주기에 맞춰서 규칙을 나열했다. 규칙들을 정리할 때, 오른쪽과 같이 어떤 기준을 갖게 되면 인스턴스 던전의 규칙이 완성되어 가는 것에 대한 확신을 가질 수 있다. 이런 식으로 규칙들의 관계에 대해 뒤에 정리하거나 생각하는 것은 전체 규칙의 짜임새나 완성도를 높이는 데 도움을 준다.

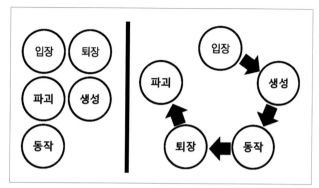

그림 5.4 똑같은 규칙들을 나열하더라도, 관계를 따지면서 정리(우)하는 것이 좋다

규칙 명세

이제 규칙의 내용을 작성하는 명세 방법에 대해 알아보자. 유저 시나리오 규칙과 인지요소 규칙에 대한 상세한 명세 방법은 이후에 따로 다루며, 우선은 일반적인 내용을 다루도록 한다. 참고로 규칙을 작성하는 방법에는 정답이 없고, 자신이 해당 도메인에 익숙하다면 여기서 설명하는 많은 과정들을 생략할 수 있다는 것을 알아두자. 지금 설명하는 내용은 규칙 작성의 전문가들을 위한 것이 아님을 밝힌다.

규칙 명세를 시작했다면, 일단 그 주제와 관련해 생각나는 규칙들을 하나씩 정리하자. 처음부터 논리적으로 완벽한 규칙을 만들려고 노력할 필요가 없다. 규칙은 작성하면서 계속해서 발전시켜 나갈 수 있고, 그런 과정에서 완성도가 올라간다. 이렇게 정리한 규칙은 다른 규칙을 생각하는 데 도움을 준다. 유사한 상황을 다루는 규칙, 정반대의 상황을 다루는 규칙, 적혀 있는 용어들을 보고 떠오르는 규칙 등, 다양한 관점에서 관련 있는 규칙들을 찾아낼 수 있다. 이렇게 정리되는 규칙이 지금 다루고 있는 주제의 범주에 들어가지 않으면, 따로 메모로 표시해 해당 주제의 규칙을 다룰 때 빠지지 않도록 한다.

이제 이렇게 정리된 규칙들을 일반화해야 한다. 왜 기껏 생각해낸 세부 규칙을 다시 일반화를 하는 것일까? 그 이유는 일반화된 규칙을 가지고 세부 규칙을 만드는 것은 쉽지만, 세부 규칙을 가지고 다른 세부 규칙을 만들기는 어렵기 때문이다. 다음 예를 생각해보자.

- 마리오가 몬스터를 밟으면, 그 몬스터는 죽는다.
- 마리오가 몬스터를 밟으면, 그 몬스터에 지정된 밟힘 효과를 얻는다.
- 마리오가 굼바^{Goomba6}를 밟으면, 그 굼바는 죽는다.

첫 번째 규칙을 기준으로, 두 번째 규칙은 일반화된 규칙이고 세 번째 규칙은 특수화된 규칙이다. 특수화된 규칙들을 다룰수록, 규칙을 명세하기가 어려워진다는 것을 알 수 있다. '굼바'를 밟는 규칙부터 시작하면, 수많은 몬스터들에 대해 각각 밟는 규칙을 만들어야 한다. 하지만 일반화된 규칙에서 시작하면, 대부분의 몬스터들에 대해서는 밟는 규칙을 만들 필요가 없고 특수한 경우만 따로 생각해서 규칙을 만들면 된다. 몬스터가 마리오에게 밟혔을 때의 효과가 '죽는다' 말고 다른 것이 또 있다면, 이런 것에 대해서도 일반화해 다루는 것이 좋다.

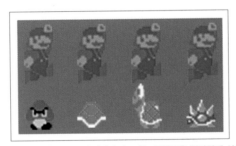

그림 5.5 몬스터를 밟는 규칙을 하나씩 작성하기보다는 규칙들을 일반화해 설명하는 것이 좋다

---

6 〈슈퍼 마리오 프랜차이즈〉에 등장하는 버섯 모양의 몬스터다.

규칙을 일반화하면, 규칙이 길어지거나 복잡해지는 것을 방지할 수 있다. 복잡한 규칙을 작성하는 경우, 새로운 용어가 계속 등장하거나 규칙 조건이나 결과의 경우의 수가 많아질 수 있다. 새로 등장하는 용어들을 다 설명하거나 경우의 수를 다 따지게 되면, 규칙을 작성하기도 어렵고 이해하기도 어렵다. 이럴 때는, 일단 잠시 규칙 작성을 멈추고 추가 설명을 포함해 규칙을 작성해도 복잡하지 않을지 따져 보자. 고민[7]이 된다면 개념적인 단어나 용어로 일반화하고 규칙을 계속 이어 작성하도록 한다.

일반화를 위한 단어나 용어는 다른 사람들도 알기 쉬운 단어[8]를 선택하는 것이 좋다. 예를 들어 장비 아이템에서만 사용하는 스탯을 '특별 스탯 1'로 하는 것보다는 '장비 전용 스탯'이라고 하는 것이 더 낫다. 일반화를 위한 단어나 용어는 바로 이어서 설명을 하거나, 다른 주제와 관련이 있다면 이후 설명이 누락되지 않도록 조심한다.

이에 대해 카드 게임 중 하나인 '포커'의 베팅과 관련한 규칙을 예로 들어보겠다.

- 모든 사람이 카드를 한 장씩 다 받았다면, 깔려 있는 카드 중 공개된 카드 패의 조합이 가장 좋은 사람부터 베팅을 하게 된다.

포커를 전혀 모르는 사람이 이 규칙을 이해하려면 다음과 같은 것을 추가로 설명해야 한다.

- 카드 받기
- 깔려 있는 카드
- 카드 패의 조합
- 베팅

---

7 상황마다 다르지만, 구(句) 정도로 설명이 된다면 포함하고 그렇지 않으면 다른 용어로 대체하는 것을 추천한다.
8 업계에서 많이 사용하는 단어를 쓰는 것이 좋다.

이 내용들을 같이 다루게 되면 규칙이 너무 복잡하고 길어지게 된다. 심지어 '카드 받기'라는 개념은 베팅 단계와 상관없는 내용이기도 하다. 이런 내용들을 분리하고 베팅하는 단계에 관한 규칙을 일반화하면 다음과 같이 정리할 수 있다.

- 카드 받기 단계를 지나 베팅 단계로 들어오면, 베팅 우선순위가 높은 사람부터 베팅을 하게 된다.
- 추가 설명이 필요한 것
    ▸ 베팅 우선순위
    ▸ 베팅

규칙 명세의 일반화 수준은 규칙을 보는 사람의 능력에 따라 다를 수 있다. 즉 시스템 기획자와 개발자 모두 그 규칙에 대한 지식이 충분하고 전문가라면 일반화를 그만큼 덜 해도 된다. 하지만 규칙은 간단명료할수록 논리적으로 허점이 적어지고, 개발자가 개발하기 쉽기 때문에 가급적 규칙은 짧고 명확하게 기술하도록 하자.

규칙의 검토 및 개선

작성된 규칙들은 게임을 동작시키는 원리로 작용하기 때문에 논리적이어야 하며, 최대한 빈틈이 없어야 한다. 따라서 규칙들을 검토하고 발전시키는 작업도 병행해야 하며, 이를 통해 규칙의 완성도를 올리고 내용을 풍성하게 만들어야 한다. 기획자마다 각자의 논리 검토 방법이 있을 수 있으며, 여기서는 내가 논리를 검토할 때 사용하는 '육하원칙을 사용한 논리 검토 방법'을 정리해 소개한다. 이 방법은 규칙을 육하원칙 중에 필요한 부분[9]을 사용해 재구성

---

9   규칙은 기획자의 의도에 따라 만들어지기 때문에, 규칙을 작성할 때 많은 경우는 굳이 '왜'에 대한 내용을 밝힐 필요는 없다.

한 뒤에 단계적으로 따져보는 방법이다. 초심자를 위해 상세함의 정도를 과장 했으며, 사고의 흐름을 연습하기 위함이지 실전에서 그대로 적용하기엔 비효 율적이라는 점을 밝힌다. 따라서 논리 연습으로 활용하고, 이후 실제 업무를 할 때는 과정을 생략하거나 머리 속에서 빠르게 검토하는 것으로 간소화해 적 용하도록 하자.

육하원칙을 통한 검토를 위해, 우선 작성된 규칙을 육하원칙에 맞춰서 옮 겨 쓰자. 육하원칙 중에 채워지지 않는 부분은 그대로 놔둬도 되며, 육하원칙 요소 중에 '왜'는 대부분의 경우 생략되기 때문에 처음부터 삭제해도 무방하 다.[10] 육하원칙에 맞춰 규칙을 옮기고 나면, 각 요소들에 대해 논리적으로 허 점이 없는지 하나씩 따져본다. 이때 일반적인 경우보다는 특별한 경우를 많이 생각해보도록 하자. 예를 들어, 〈슈퍼 마리오〉에서 몬스터를 밟았을 때의 규 칙을 검토할 경우, 밟으면 오히려 피해를 입는 '스피니Spiny' 같은 특수한 몬스 터의 경우를 따져보는 것이 좋다.

최대한 많은 경우를 생각하면서 육하원칙의 각 요소에 대해 하나씩 따져보 다 논리에 문제가 있으면 규칙을 수정한다. 현재 규칙으로 다룰 수 없는 경우 들이 발견되면 '예외 규칙'이나 '세부 규칙'으로 다루어야 하며, 이들에 대해 서는 뒤에 다시 설명하겠다. 다시 돌아와서, 규칙을 수정하게 되면 수정된 규 칙을 포함하여 재검토한다. 재검토는 스스로 만족스러울 때까지 하면 되며, 이렇게 검토를 마치면 비로소 규칙이 완성되었다고 할 수 있다.

규칙 검토와 수정에 대한 예로, AOS 게임의 규칙 하나를 살펴보자.

- 대상을 처치하면 경험치가 증가한다.

---

10 게임은 기획자의 의도에 의해 기획되고 동작하기 때문에, '왜'라는 것에 대한 내용은 의미가 없는 경우가 많다.

육하원칙을 이용한 규칙 검토

작성된 규칙

- 대상을 처치하면 경험치가 증가한다.

	누가	언제	어디서	무엇을	어떻게
규칙 내용 1				대상을	처치하면
비고	생략	생략	생략		
규칙 내용 2	경험치가				증가한다
비고		생략	생략	없음	

1-1. 규칙 내용 1의 '누가'가 생략되었는데 모든 캐릭터가 해당하는가?

1-2. 모든 캐릭터 종류인 PC, 소환물, 몬스터, 미니언, 타워들에 대해 따져본다.

1-3. PC만 경험치가 성장하지만, PC 소유의 소환물과 같은 것들이 대상을 처치했을 때도 PC의 경험치가 증가해야 한다. 따라서 '누가'는 'PC'와 'PC의 소환물'로 수정해야 한다.

2-1. 규칙 내용 1의 '언제'가 생략되었는데 항상 적용되는가?

2-2. 정의된 특정한 시점이 있는지 따져본다. 경기가 시작하고 끝날 때까지 특별하게 처리되는 시점은 없다.

2-3. 항상 적용해도 된다. 동일한 대상을 처치했을 때 시점에 따라 결과가 다를 일은 없다.

3-1. 규칙 내용 1의 '어디서'가 생략되었는데 어디서나 적용되는가?

3-2. 경험치를 받으면 곤란한 특정 장소나, 무적 처리를 해 처치가 되지 않는 등의 대상 처치와 관련해 특별하게 구분되는 장소는 없다.

3-3. 어디에서나 이 규칙을 적용해도 무방하다.

4-1. 규칙 내용 1의 '무엇을'에서 처치 가능한 모든 대상을 말하는 것인가?

4-2. 모든 캐릭터 종류인 PC, 몬스터, 미니언, 타워들에 대해 따져본다.

4-3. 캐릭터들에 대해서는 모두 다 적용할 수 있지만, 이후에 맵 오브젝트 등이나 특별 캐릭터 등의 예외가 등장할 것 같다. 세부 규칙을 작성해본다.

5-1. 규칙 내용 1의 '어떻게'에서 '처치'는 무엇인가?

5-2. '처치'에 대해 따로 정리가 필요하다. '처치'라는 행동에 관한 세부 규칙을 따로 작성한다.

일차 수정된 규칙

- PC 또는 PC의 소환물이 대상을 처치하면 경험치가 증가한다.
- '처치 가능한 대상'과 '처치'에 대해서 부연 설명 필요

	누가	언제	어디서	무엇을	어떻게
규칙 내용 1	PC 또는 PC의 소환물이			대상을	처치하면
비고		생략	생략		
규칙 내용 2	경험치가				증가한다
비고		생략	생략	없음	

1-1. 규칙 내용 2의 '누가'에서 경험치만 적용하면 되는가?

1-2. 획득 가능한 모든 자원, 경험치, 골드, 아이템에 대해 따져본다.

1-3. 경험치와 골드를 자동으로 획득하고 아이템은 별도의 루팅 행동을 통해 해결한다.

1-4. 앞서 대상 처치의 주체가 'PC' 또는 'PC의 소환물'인데, PC만 보유 경험치와 골드가 증가한다.

2-1. 규칙 내용 2는 항상 적용 가능한가?

2-2. 정의된 특정한 시점이 있는지 따져본다. 경기가 시작하고 끝날 때까지 특별하게 처리되는 시점은 없다.

2-3. 보상과 관련해 별도의 처리가 필요한 특별 상황은 없다.

3-1. 규칙 내용 2는 어디서나 적용 가능한가?

3-2. 보상과 관련해 별도의 처리가 필요한 특별 장소는 없다.

3-3. 어디에서나 이 규칙을 적용해도 무방하다.

4-1. 목적어가 필요 없는 규칙이다.

5-1. 증가와 관련해 추가적으로 고려할 것은 없는가?

5-2. 일괄적인 양이 증가하는 것이 아니라 획득량은 대상별로 설정된 데이터 값을 따른다.

최종 수정된 규칙

- PC 또는 PC의 소환물이 대상을 처치하면, 그 PC의 경험치와 골드가 대상에 설정된 데이터 값만큼 증가한다.

- '처치 가능한 대상'과 '처치'에 대한 부연 설명
- 경험치와 골드 획득량 설정 데이터 처리 필요

　육하원칙을 통한 검토 방법을 설명한 취지는 꼼꼼하게 규칙을 살펴볼 수 있는 사고 흐름을 설명하기 위함이며, 여러분이 실제 규칙 검토를 할 때 이 방법을 정확하게 사용하라는 의미는 아니다. 기획자마다 논리적으로 사고하는 방식이 다르기 때문에 이를 획일화하는 것은 좋지 않다. 따라서 여러분 자신만의 규칙 검토 방법을 만드는 것이 좋으며, 이 육하원칙을 통한 검토 방법은 여러분들의 논리 정리를 도와줄 것이다.

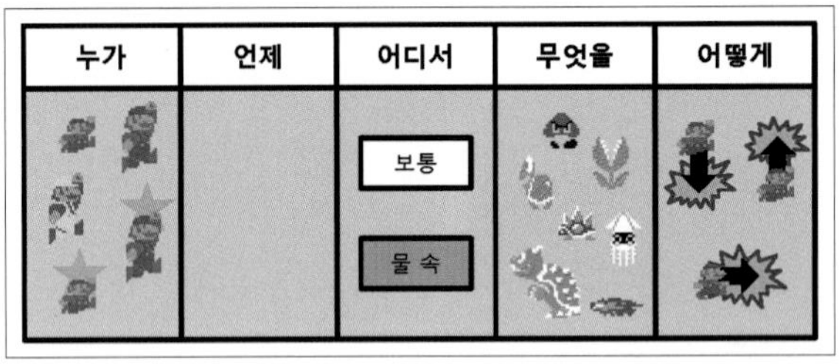

누가	언제	어디서	무엇을	어떻게

그림 5.6　육하원칙을 통한 규칙 검토를 하는 것은 가능한 여러 상황들에 대해 꼼꼼하게 검사하기 위함이다

예외 규칙과 세부 규칙

　규칙의 검토와 수정 과정에서 해당 규칙으로 처리할 수 없는 특별한 경우는 이를 처리하기 위해 예외 규칙과 세부 규칙을 작성해야 한다. 두 규칙 모두 특별한 경우를 처리하는 것은 맞지만, 처리하는 방법이 다르다. 예외 규칙은 일반적인 규칙이 있고, 그 일반적인 규칙으로 처리할 수 없는 것들만 따로 처리하는 것을 말한다. 세부 규칙은 일반적인 규칙을 두지 않고, 각각의 특별한 경우들을 하나씩 처리한다.

예외 규칙은 한 규칙(일반적인 규칙)을 통해 대부분의 경우를 처리할 수 있지만, 특정한 경우는 다른 규칙을 적용해야 하는 경우에 만들게 된다. 즉 규칙과 관련한 내용 중에 상당 부분을 '일반화'할 수 있는 경우에 예외 규칙을 만든다. 예외 규칙은 완성된 규칙을 가지고 게임이 작동하던 도중, 발생한 문제를 해결하기 위해 만들어지기도 한다. '문제를 일으키는 상황'을 예외로 두고 따로 처리를 하는 것이다. 다음 규칙을 보자.

- 아이템을 팔면 해당 아이템에 지정된 판매 보상을 지급한다.

이 규칙을 통해 아이템을 파는 행위를 다 처리하고 있는 도중에, 유저가 실수로 귀중한 아이템을 파는 경우를 처리해야 한다고 가정해보자. 이런 경우 파는 아이템의 종류는 대부분의 일반 아이템과 소수의 귀중한 아이템으로 나뉘게 된다. 따라서 귀중한 아이템을 파는 것에 관한 추가 규칙은 다음과 같이 예외 규칙으로 다루는 것이 좋다.

- 아이템을 팔면 해당 아이템에 지정된 판매 보상을 지급한다.
- 만약 파는 아이템이 귀중한 아이템이라면, 팝업창으로 의사를 물어보고 판매를 진행한다.

그 외에도 미래에 일어날 가능성이 있지만 현재는 필요 없는 것들도 예외 규칙으로 작성해두는 것이 좋다. AOS 전장의 맵 오브젝트와 관련된 규칙을 만들고 있는 도중에 점령전 전장의 맵 오브젝트 관련된 규칙이 떠오를 수도 있다. 점령전 전장이 게임상에 도입될지 여부는 알 수 없지만, 상당히 가능성이 높고 이에 대해 특별한 처리가 필요한 기능이 있을 수 있다. 이런 경우 해당 처리와 관련된 규칙을 예외 규칙으로 작성한 뒤, 당장 구현하지는 않는 것으로 결정하면 된다.

예외 규칙은 세부 규칙보다 작성하기가 편하다. 모든 경우를 따져보고 작성해야 하는 세부 규칙에 비해, 일단 규칙을 작성한 다음에 예외들만 따로 처리하는 것이 편하기 때문이다. 또한 개발자에게 규칙을 구현하는 데 있어 중요도와 확장성에 대한 힌트를 주기 때문에 뒤에 가서 규칙을 첨삭하기에 좀 더용이해진다. '아이템을 팔면 재화를 지급한다. 특정 아이템들은 팔았을 때 예외로 다르게 처리한다'라고 규칙을 작성해 놓으면, 개발자는 판매와 관한 예외를 처리할 수 있도록 확장성을 고려해놓을 것이다. 예외 규칙 없이 전달했다면, 개발이 끝난 이후에 판매와 관련한 예외를 추가해달라고 요청을 했을 때 개발자가 난색을 표시할 수 있다.

세부 규칙은 규칙의 적용 대상들이 여러 경우로 나뉠 때, 각 경우에 대한 규칙을 만드는 것을 말한다. 예외 규칙은 일반적인 규칙이 적용되는 상황에 대비되는 예외 상황을 처리하기 위함이었다면, 세부 규칙은 각 상황들을 잘 분류해서 각각을 처리한다. 예외 규칙이 임시방편 같은 느낌이 나는 것과 달리 세부 규칙은 꽉 짜인 느낌이 들게 해준다. 세분화된 규칙들은 중복되는 부분[11]이 있는데, 이 내용들은 상위 규칙에서 다루도록 한다. 이렇게 공통 내용을 상위 규칙에서 다루게 되면, 세부 규칙은 일반화된 개념들에 대한 상세한 명세처럼 정리된다. 포커의 '카드 패의 조합'이라는 일반화된 개념들에 대한 세부 규칙은 각각의 조합들을 설명하는 것이다. 즉 세부 규칙은 계속적으로 규칙을 쪼개면서 작성하는 것이라고 보면 된다. 단, 규칙들이 쪼개질 때는 반드시 동일한 개념에 대해서 쪼개져야 하며, 일반화된 상위 규칙에서부터 나오는 세부 규칙들은 동등한 입장이다.

〈스트리트 파이터 4〉와 같은 1:1 대전 격투 게임이 2:2로 바뀐 형태의 게임을 기획한다고 가정해보자. 이때 아군 플레이어가 적 플레이어 한 명을 잡아서 넘어뜨리는 도중에 내가 그 적 플레이어를 승룡권으로 띄우면 어떻게 될

---

11 중복되는 부분이 전혀 없는 세분화된 규칙들은 그냥 다른 규칙일 뿐이다.

까? 1:1인 경우에는 넘어지기 액션이나 띄워지기 액션을 할 때 다른 액션을 유발하는 간섭을 받지 않기 때문에 다음의 2개의 규칙만으로도 충분하다.

- 잡기 공격이 적중하면 피격 캐릭터는 넘어지기 액션을 하며 이 액션은 피격자가 취소할 수 없다.
- 띄우기 공격이 적중하면 피격 캐릭터는 적중 당한 곳에서 띄워지기 액션을 하며 이 액션은 피격자가 취소할 수 없다.

하지만 2:2가 되면 이 두 개가 맞물렸을 때 대상 캐릭터의 액션을 어떻게 적용해야 할지 애매해진다. 이런 상황을 처리하지 않고 놔두면, 파일드라이버로 대상을 잡는 중간에 승룡권이 적용되어 떠오르면서 우스꽝스럽게 보이게 될 것이다. 그렇다면 2명의 플레이어가 순차적으로 대상 캐릭터의 애니메이션 상태를 바꾸는 이런 상황을 해결하기 위해서 규칙을 어떻게 만들어야 할까?

그림 5.7 파일드라이버에 당하고 있는 대상을 승룡권으로 가격하면 어떻게 될까

이를 처리하기 위해 '잡기'와 '띄우기'가 적용되는 순서를 여러 상황으로 나누어서 생각해보자. 즉 '잡기 → 띄우기' 상황과 '띄우기 → 잡기' 상황과 같이 각각의 경우를 나누어서 규칙을 정하면 다음과 같이 처리가 가능하다.

- 잡기 → 잡기 상황 처리 규칙
- 잡기 → 띄우기 상황 처리 규칙
- 띄우기 → 잡기 상황 처리 규칙
- 띄우기 → 띄우기 상황 처리 규칙

세부 규칙 작성에 관한 발상의 전환

세부 규칙을 작성할 때 지나치게 많은 경우가 나오게 되면, 발상의 전환이 필요하다. 앞서 예로 든 캐릭터의 강제 상태 변화가 중첩되는 상황에서 '기절기'라는 상태 변화 조건이 추가되었다고 생각해보자. 이 경우, 발생할 수 있는 상황의 종류가 27가지[12]가 된다. 상태 변화 조건이 하나씩 늘 때마다 기하급수적으로 늘어나는 상황의 총 가지 수를 생각하면, 세부 규칙을 가지고 처리하기가 여간 까다로운 일이 아니다. 또한 하나의 상태 변화 조건이 바뀌면 규칙 모두를 수정해야 하기 때문에 번거롭다.

이럴 때는 상황별로 처리하기보다는 다른 관점이나 가치를 도입해서 이런 문제를 풀 수도 있다. 즉 '점수'나 '우선순위'라는 개념을 도입해서 해결할 수 있다. 앞의 예시에 대해 다음의 우선순위 선언을 하나 추가해보자.

- 대상의 애니메이션 상태를 강제로 변화시키는 조건이 중첩될 경우, 원래 강제 변화 조건의 우선순위와 비교해 같거나 높은 우선순위의 조건만 적용시킨다.
- 잡기의 우선순위 = 2
- 띄우기의 우선순위 = 1

이 우선순위를 적용하면 잡혀서 넘어지기 액션을 하는 도중에 띄우기 판정을 받더라도 띄워지기 액션은 하지 않게 된다. 반대로 띄워지기 액션을 하는

---

12 3X3X3, 총 27가지의 상황이 존재한다.

도중에 잡기 공격을 받으면 띄워지기 액션을 취소하고 넘어지기 액션을 하게 된다. 동일한 액션으로 변화하면 다시 적용된다.

이렇게 우선순위를 통해 규칙 간의 충돌을 처리하게 되면, '기절기'와 같은 다른 변화 조건이 추가되더라도 쉽게 처리할 수 있다. 만약에 우선순위 적용 이 여의치 않은 규칙이 등장하게 되면, 이에 대한 예외 규칙을 작성해 처리할 수 있을 것이다.

유저 시나리오 규칙

유저 시나리오 규칙은 게임의 진행에 대한 규칙으로, 흔히 떠올릴 수 있는 게 임 규칙은 이 유저 시나리오 규칙에 해당한다. 유저 시나리오 규칙은 유저가 게임을 즐기는 실제 게임의 내용과 관련이 있기 때문에, 게임 시스템보다는 콘텐츠와 관련 있는 내용들로 구성된다. 〈LoL〉로 따지면, '스킬 사용 시 마나 가 소모된다'와 같은 스킬 시스템에 대한 규칙이 아니라, '30초가 지나면 캐릭 터 생성 제단으로부터 나갈 수 있다'와 같이 경기 진행에 대한 규칙이 유저 시 나리오 규칙이라고 볼 수 있다.

유저 시나리오 규칙은 다음 내용을 포함하며, 이에 대한 예시로 〈LoL〉의 '소환사의 협곡' 맵에서 진행되는 경기의 유저 시나리오 규칙을 예로 들겠다.

- 게임(콘텐츠)의 구성요소와 설정
- 게임의 목적
- 게임의 순서
- 세부 규칙

먼저 게임(콘텐츠)의 구성요소와 설정에 대해 설명해야 한다. 게임을 구성 하는 요소를 소개하고, 그 기능을 정의한다. UI는 눈에 보이는 요소이지만, UI

에 대한 설명을 할 필요는 없으며, 게임 내적인 요소들에 대해서만 설명하면 된다. 〈LoL〉로 따지면, '챔피언', '포탑', '미니언' 등과 같은 캐릭터들이나 '상점', '수풀' 등과 같은 맵 오브젝트들에 대한 설명이 이에 속한다.

그 다음 게임의 목적을 밝힌다. 게임의 주요 목적은 게임이 종료되는 조건에 해당하는 주요 목적과 주요 목적을 달성하기 위해 해야 하는 부차 목적으로 나뉜다. 주요 목적은 게임이 종료되는 데 필요한 조건을 명확하게 기술해야 하며, 가능한 조건과 종료의 종류를 모두 명시한다. 부차 목적은 뒤에 다른 규칙들을 설명하면서 다루어질 수 있기 때문에 간결하게 정리한다. 〈LoL〉의 경우에는 '두 진영 중, 한쪽의 연결체가 파괴되는 순간 경기가 종료된다. 연결체가 파괴된 진영이 패배, 파괴시킨 진영은 승리한다'라는 내용이 주요 목적[13]이라고 할 수 있다. 이 규칙이 지나치게 딱딱하게 느껴진다면, '상대방 진영의 연결체를 먼저 파괴시키는 진영이 승리하는 게임이다'와 같이 유저들의 입장에서 바라보는 규칙처럼 작성해도 된다. 다만 앞에 정리한 규칙이 오해나 예외를 덜 발생시킨다는 것을 알아두자.

게임의 순서는 게임이 시작되고 종료될 때까지의 과정을 설명한다. 턴제 게임의 경우에는 게임의 순서가 명확하게 드러나는 데 반해, 실시간 게임은 순서가 명확하지 않은 편이다. 실시간 게임의 경우, 특별히 구분된 순서가 있다면 그에 대해 기술하고, 추가로 '전투'나 '보상 분배'와 같이 콘텐츠의 특정한 부분을 떼어내 그에 관한 진행 순서를 기술해야 한다. 〈퍼즐 앤 드래곤〉[14]이라는 턴제 게임과 〈LoL〉의 예를 살펴보자.

---

13 소환사의 협곡이라는 맵에서 이루어지는 경기의 주요 목적이다.

14 겅호(GungHo) 온라인 엔터테인먼트에서 만든 모바일 퍼즐 게임이다.

〈퍼즐 앤 드래곤〉의 스테이지

전체 순서

- 스테이지 최초 설정 → 나의 턴 → 적의 턴 → 스테이지 종료까지 턴을 주고받기 반복

나의 턴 순서

- 몬스터 스킬 사용 → 몬스터 스킬 반영 → 퍼즐 조작 →퍼즐 조작의 결과 반영

적의 턴 순서

- 몬스터에 지정된 AI에 따라 동작(AI 참조)

〈LoL〉의 소환사의 협곡

전체 순서

- 맵 최초 설정 → 양 진영 챔피언들 스폰 → 경기 시작 → 경기 종료

전투 중 순서

- 전투 행동을 하거나 받음 → 전투 상태로 전환 → 5초 이상 전투 행동을 하거나 받지 않음 → 비전투 상태로 전환

항복 투표 순서

- 항복 투표 신청 → 과반수 이상 의사 표시 → 항복 투표 결과 처리
- 항복 투표 신청 → 지정된 시간 경과 → 항복 투표 실패 처리

세부 규칙은 게임을 진행하는 데 필요한 것들에 대한 상세한 명세다. 게임(콘텐츠)의 구성요소들 간의 관계를 설명할 수도 있고 경기 순서에 등장한 것들에 대한 설명이 있을 수도 있으며, UI 조작 방법을 설명할 수도 있다. 세부 규칙의 명세는 필요하다고 생각되는 내용을 다 적는다고 생각하면 된다. 세부 규칙은 게임마다 천차만별이기 때문에, 여기서는 규칙을 하나씩 살펴보기보다는 세부 규칙들의 작성 요령에 대해 설명하겠다.

게임을 변화시키는 조건과 결과에 주목하라

게임(콘텐츠)의 상태가 변화하는 것은 항상 지정된 조건이 만족되었기 때문이다. 챔피언이 사망하는 이유는 HP가 0이 되었기 때문이고, 사망한 챔피언이 부활하는 것은 사망 후 지정된 부활 대기 시간이 경과했기 때문이다. 이런 상태 변화에 초점을 맞춰서 인과 관계를 형성하는 것이 규칙 작성의 주된 방법이다. 게임의 구성요소와 설정들에 대한 규칙을 제외한 대부분의 유저 시나리오 규칙들은 인과 관계 형식으로 기술된다. 따라서 조건(원인)과 결과를 잘 따져서 규칙을 만드는 것이 필요하다. 조건과 결과는 항상 같이 생각해야 하지만, 조건으로부터 결과를 생각하는 것은 그 반대의 경우보다 더 쉽기 때문에 조건을 따져보는 것이 더 중요하다고 할 수 있다.

유저 시나리오 규칙에는 다양한 조건이 있겠지만 생각하기 쉬우면서 강력한 조건으로 '유저의 조작'과 '시간의 흐름'을 들 수 있다. 유저의 조작은 키보드나 게이밍 패드 등을 사용하는 실제 조작부터, 실제 조작으로 인한 게임 내 동작까지를 모두 말한다. 즉 '캐릭터를 좌클릭하면, 해당 캐릭터를 대상 캐릭터로 지정한다'와 같은 컨트롤러 수준에서의 조작과 '상대 연결체를 파괴하면, 파괴한 진영이 승리한다'와 같이 유저가 게임 내 캐릭터를 조종하는 행위까지 모두 포함한다. 시간의 경과도 규칙의 조건으로 생각할 수 있다. '경기 시작하고 20분이 지나면, 내셔 남작이 생성된다'와 같은 규칙은 시간의 경과를 조건으로 삼고 있다. 그 외에 게임 구성요소의 상태 변화도 규칙의 조건이 된다.

유저 조작과 시점의 조합으로 이루어지는 규칙의 조건들이 무한히 많기 때문에 이를 모두 찾아내어 규칙으로 정리하는 작업은 쉽지 않다. 또한 조건들이 복합적으로 작용할 수도 있기 때문에 이를 모두 고려하는 것은 사실상 불가능하다. 따라서 일반적인 규칙과 예외 규칙으로 나누어 처리하는 것이 필요하다. 일반적인 규칙은 최대한 많은 경우를 처리할 수 있어야 하며, 예외 규칙은 일반적인 규칙이 다루지 못하는 영역을 다루도록 한다. 예를 들어 Esc 버튼 입력을 통해 메뉴를 부를 수도 있고 PC의 현재 움직임을 취소할 수도 있다면, 그 버튼의 입력이 있었을 때 어떤 행동을 할지 확실하지 않다. 따라서 '일반적인 경우 Esc 버튼을 누르면 메뉴를 출력하지만, PC가 행동 상태에 있는 상태에서는 해당 행동을 취소하고 PC의 상태를 보통 상태로 전환한다'와 같이 나누어 생각하는 것이 필요하다. 여기서 또 다른 예외가 나온다면 예외를 추가하여 다루자.

규칙은 간결할수록 좋다

유저 시나리오 규칙 작성은 최대한 간결하게 작성하는 것이 좋다. 특히 시간 흐름을 조건으로 규칙을 작성할 때 계속적으로 규칙이 이어져서 전체 규칙이 길어지는 경우가 있다. 아래 규칙을 살펴보자.

> **〈슈퍼 마리오 브라더스〉의 파이프 이동 규칙**
> 마리오가 파이프 위에 서 있을 때 아래 방향키를 누르게 되면, 이동이 가능한 파이프인지 검사한다. 이동이 가능한 파이프라면 마리오는 파이프의 방향에 맞춰서 이동한다. 파이프 이동 중에는 게임의 진행을 멈추고 파이프 이동 연출을 출력한다. 파이프의 끝에 도달하면 이동 연출을 끝내고 마리오는 파이프의 출구로 나오며 멈췄던 게임을 정상적으로 진행시킨다.

이 긴 규칙은 유저가 마리오를 조작해 파이프 이동을 하는 과정을 순서대로 설명한 것이다. 단순히 규칙만 읽을 때는 큰 문제가 없지만, 이 규칙에 예외 상황을 추가하거나 추가 이동 방법을 추가하기는 쉽지 않다. 만약 파이프의 출구가 여러 개인 경우에 대한 이동 규칙을 추가한다면 어떨까? 규칙이 더 길어질뿐만 아니라 규칙의 어느 부분에 출구를 선택하는 내용을 추가하고 분기를 만들지 선택해야 한다. 만약 규칙을 나눠서 짧게 정리했다면 적용할 부분을 찾기도 쉬워지고, 분기를 만들었을 때 논리를 따져보기도 쉬울 것이다. 이렇듯 규칙을 나누어서 짧게 정리하면 규칙의 작성과 검토에 논리적 허점이 적어지며, 규칙의 수정 및 첨삭이 쉬워진다. 앞의 예시를 쪼개어 정리하면 다음과 같다.

길게 늘어지는 규칙 정리

던전 입장 규칙	나누어 정리한 던전 입장 규칙
마리오가 파이프 위에 서 있을 때 아래 방향 키를 누르게 되면, 이동이 가능한 파이프인지 검사한다. 이동이 가능한 파이프라면 마리오는 파이프의 방향에 맞춰서 이동한다. 파이프 이동 중에는 게임의 진행을 멈추고 파이프 이동 연출을 출력한다. 파이프의 끝에 도달하면 이동 연출을 끝내고 마리오는 파이프의 출구로 나오며 멈췄던 게임을 정상 진행시킨다.	**파이프 이동 가능 검사** 마리오가 파이프 위에 서 있을 때 아래 방향 키를 누르게 되면, 이동이 가능한 파이프인지 검사한다. 이동이 가능한 파이프라면 '파이프 이동'을 수행하고, 그렇지 않으면 평소대로 '앉기'를 한다. **파이프 이동** 마리오는 출구를 향해 파이프를 따라 이동한다. 파이프 이동 중에는 게임의 진행을 멈추고 파이프 이동 연출을 출력한다. **파이프 이동 끝** 파이프의 끝에 도달하면 이동 연출을 끝내고 마리오는 파이프의 출구로 나오며 멈췄던 게임을 정상 진행시킨다.

유저 시나리오 규칙을 작성할 때 가장 신경 써야 하는 부분은 '재미'와 '편의성'이다. 특히 진행과 관련된 규칙은 게임의 재미와 직접적인 연관이 있기 때문에 규칙이 게임을 재미있게 만드는지 끊임없이 고민해야 한다. 예를 들어 마리오가 적 몬스터를 밟았을 때, 몬스터가 사망하고 아무런 효과도 없는 것보다 추가로 점프키를 누르면 더 높이 뛰어오르는 것은 확실히 후자가 더 재미있다. 하지만 재미에 너무 몰두해 규칙이 지나치게 복잡해지는 것은 경계해야 한다. 복잡한 규칙이 단순한 규칙보다 더 재미있는 것도 아니고, 복잡한 규칙이 더 재미있다고 하더라도 게임의 방향성에 부합하는지 따져봐야 한다. 재

미와 관련된 이야기는 게임의 방향성이나 상황 등 주관적으로 판단할 여지가 많고 이 책에서 다룰 내용은 아니기 때문에 더 설명하지 않는다.

유저 시나리오 규칙 중에 UI와 관련된 내용은 '재미라는 가치보다는 유저의 스트레스를 줄이기 위한 '편의성'에 중점을 둬야 한다. UI는 꼭 겉으로 드러나는 UI만 해당하는 것은 아니며, '파티원 찾기'와 같은 시스템의 조작도 포함된다. 예를 들어 〈파이널판타지 14〉에는 전투를 보조해주는 버디^{Buddy}를 불러내면 파티 상태가 된다. 파티 상태가 되면 던전 입장 신청을 한 것을 취소하는 규칙과 맞물리게 된다. 따라서 버디를 불러낼 때 던전 입장 신청을 했다면, 이 신청이 자동으로 취소되게 된다. 이로 인해 아무리 오래 기다렸다고 하더라도 처음부터 다시 던전에 입장을 신청해야 하는 불편함을 유저에게 끼치게 된다. 따라서 던전 입장을 신청한 상태에서 버디를 불러내면 확인 창을 띄우거나 에러메시지를 출력하는 것이 더 바람직하다.

인지요소 규칙

인지요소 규칙은 시스템의 기능과 동작에 대한 설명으로, 인지요소 명세에 포함되는 내용인 동작원리도 인지요소 규칙에 해당한다. 인지요소 명세에서는 하나의 인지요소에 초점을 맞춰서 단편화된 동작원리를 정리했다면, 인지요소 규칙은 전체 시스템의 입장에서 이를 체계적으로 통합해 정리한다. 캐릭터 스탯 시스템을 예로 들면, '지능'이라는 하나의 인지요소에 대한 공식을 정리한 것은 지능이라는 인지요소 명세의 동작원리이고, 지능을 포함한 유사 스탯들을 모아서 전투 공식이나 스탯 적용 공식을 작성하는 것은 인지요소 규칙이다. 인지요소 규칙을 작성하는 여러 방법이 있지만, 여기서는 '상태 정리'와 '공식'에 대해서 설명하겠다. 시스템(인지요소)의 상태를 정리하는 것은 큰 규칙을 작성하는 것이고, 공식을 작성하는 것은 세부적인 작은 규칙을 작성하는 것이라고 할 수 있다.

먼저 상태 정리는 기능이나 동작들을 여러 그룹으로 묶을 수 있을 때, 각각의 그룹을 상태로 정리하는 작업을 말한다. 따라서 상태 정리는 작은 인지요소 단위가 아닌 시스템 단위로 작업하는 것이 좋다. 특히 기능과 동작들을 그룹으로 묶을 정도로 복잡한 시스템인 경우에 효과적이다. 시스템이 가지는 기능과 동작들 중에 같은 상황에서 동작할 수 있는 것들을 모으면서 상태를 만들고, 각 상태간의 전이를 정의하는 것이 상태 정리의 핵심이다. 다만 시스템이 갖는 상태를 정의할 때 너무 작은 단위로 상태를 만들지는 않도록 한다. 상태가 많아지면 관리[15]하기가 어려워지기 때문에 상태를 정리하는 효과를 반감시킨다. 그리고 비교적 동등한 위상의 것들을 상태로 만들어야 한다. 특정 상태가 다른 상태보다 상대적으로 특출나게 복잡하거나 중요하다면 대부분의 기능이 그 상태에 몰렸다는 것을 의미한다. 그렇게 되면 상태를 나누는 의미가 많이 퇴색한다.

상태 정의가 끝나면 상태 간의 전이에 대해 정리한다. 상태의 수가 늘어날 때 상태의 전이의 전체 수는 기하급수적으로 늘어난다. 상태의 수가 5개만 되도, 상태 전이의 전체 가지 수는 10개가 되고, 10개면 45개가 된다. 이렇게 많은 상태 전이들을 모두 다루는 것은 골치 아픈 일이지만, 실제 사용하고자 하는 전이의 수는 많지 않다. 따라서 모든 상태 간의 전이가 불가능하다고 설정한 다음에 필요한 상태 간의 전이만 정의하는 것이 좋다. 상태 간의 전이를 정의할 때는 전이의 조건과 전이했을 때 필요한 설정^{Setting}에 대한 내용을 정리해야 한다.

밑의 상태도와 표는 모바일 농장 게임에서 건물 시스템의 상태와 상태 전이를 보여준다. 건물들은 '생산, 완료, 진급, 특수' 이렇게 4가지 상태를 가지며,

---

15 상태의 개수가 n개면 상태 간 전이의 개수는 n(n-1)/2개로, 상태의 개수가 늘어나면 전이의 개수는 기하급수적으로 늘어난다.

조건에 따라 상태 전이가 일어난다. 엄밀한 기획서를 작성하려면 상태별 출입에 따른 설정까지 따로 정리해야 하지만, 축약했음을 밝힌다. 상태들에 대한 설명에는 해당 상태가 유지되고 있는 동안에 해야 하는 것들과 출입 시에 필요한 내용들이 포함되어 있으며, 상태의 전이 조건은 '전이' 항목에서 정리했다.

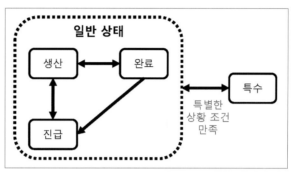

그림 5.8 모바일 농장 게임의 건물 상태와 상태 전이

상태	설명	전이	
생산	• 건물의 가장 기본 상태 • 건물에 지정된 생산력만큼 자원이 생산 • 'Product' 애니메이션이 재생	완료	• 지정된 저장량만큼 자원이 생산되어 축적되면 전이
		진급	• 다음 업그레이드를 선택하면 지정된 자원을 소모하고 전이
		특수	• 특수 상태로 강제 전이되는 조건 만족하면 전이
완료	• 건물에 지정된 저장량만큼 자원이 생산되어 축적되면 전이되는 상태 • 'Complete' 애니메이션이 재생	생산	• 수확 기능을 사용해 축적된 자원을 모두 거둬들이면 전이된다.
		진급	• 다음 업그레이드를 선택하면 지정된 자원을 소모하고 전이
		특수	• 특수 상태로 강제 전이되는 조건 만족
진급	• 건물을 업그레이드할 때 전이되는 상태 • 상태의 시작에 축적된 자원을 모두 수확 • 해당 업그레이드 시간만큼 상태가 유지 • 'Upgrade' 애니메이션이 재생	생산	• 지정된 진급 시간이 지나면 전이
		특수	• 특수 상태로 강제 전이되는 조건 만족

(이어짐)

상태	설명	전이	
특수	• 특별한 상황을 처리하기 위한 상태 • 필요한 상황별로 예외 처리	생산	• 특수 상태별로 다르게 처리
		완료	
		진급	
		특수	

다음으로 인지요소 규칙 중 작은 규칙에 해당하는 공식을 작성하는 방법에 대해 알아보자. 상태는 비교적 복잡한 인지요소를 정리하기 위해 필요하다면, 공식은 인지요소들의 엄밀하고 정확한 동작을 위해 필요하다. 시스템의 공식은 대부분 수학 공식이기 때문에 좋은 공식을 작성하기 위해서는 수학에 대한 지식이 필요하다. 예를 들어 AOS 장르의 게임에서 방어력이 올라감에 따라 받는 피해량을 어떻게 처리할 것인지 결정해야 한다고 하자. 방어력과 받는 피해량을 반비례 관계로 만들려면 어떻게 공식을 만들어야 할까? 아주 단순한 반비례 관계라면 수학 지식이 많이 필요 없지만, 그렇지 않으면 원하는 반비례 관계를 만들기 위해 수학 지식을 적용해야 한다. 다음 그래프를 살펴보자.

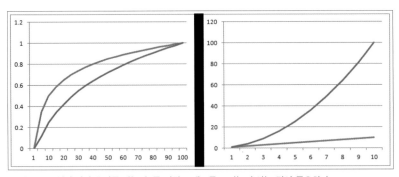

그림 5.9 공식이 어떤 효과를 갖는지, 즉 어떤 그래프를 그리는지 아는 것이 중요하다

왼쪽 그래프처럼 보이는 공식은 방어력에 따라 감소되는 피해량 공식에서 많이 사용된다. 감소되는 피해량이 100%를 넘지 못하면서, 방어력이 증가하

면 할수록 효율이 떨어지는 구조다. 오른쪽 그래프처럼 보이는 공식은 아이템 강화에 따라 증가하는 수치 공식에서 많이 사용된다. 아이템 강화에 따라 선형으로 효과가 나타나게 할 수도 있고, 강화 수치가 올라감에 따라 효율이 더 좋도록 할 수도 있다. 그림 5.9의 그래프들을 위해 사용된 공식은 아래와 같다.

- 왼쪽 그래프: $\log_{100}X$, $(\log_{100}X)^2$
- 오른쪽 그래프: X, X^2

이러한 공식을 작성할 때는 먼저 머리 속으로 인지요소가 작용하는 양상을 그래프로 그려보고, 그와 비슷한 공식을 만들어 낸다. 만약 자신이 엄밀한 공식을 만드는 수학 능력이 부족하다면, 다른 사람들이 비슷한 시스템이나 문제에 적용한 공식을 보고 이를 이해해 자신의 것으로 흡수할 수 있어야 한다. 예를 들어 다른 게임으로부터 $(\log_{100}X)^2$과 같은 공식을 참조했을 때, $(\log_{100}X)^3$과 같은 공식으로 고칠 줄 알아야 한다.

공식을 작성할 때, 해당 인지요소가 가질 수 있는 수치의 범위를 정하고 제한 조건이 있다면 이를 밝혀야 한다. 앞의 좌측 그래프에서는 방어력이 100을 넘지 않는다는 전제가 깔려 있으며, 이 전제가 있어야 감소되는 피해량이 100%[16]를 넘지 않는다. 또한 방어력이 0 이하로 가게 됐을 때 어떤 일이 일어날지 예상하고, 문제가 있을 것으로 판단되면 이에 대해서도 대비해야 한다. 많은 게임의 버그들이 공식에 적용되는 값의 범위가 잘못 지정돼 일어나고, 이러한 버그들이 중요한 시스템에 영향을 주게 되면 치명적인 문제가 발생한다. 공격을 했을 때 피해량이 음수가 되면서 상대의 체력이 회복되는 오류가 발생하는 것은, 공식의 수치 범위를 제대로 처리하지 않았기 때문이다.

---

16 만약 방어력이 100을 넘어가게 되면 감소되는 피해량이 100%를 넘어가서, 피해를 받았을 때 오히려 체력이 회복될 수 있다.

규칙에 대한 예시 작성

규칙을 작성하는 것은 논리의 흐름을 정리하는 것과 같다. 규칙을 논리적으로 정확하게 작성하는 것도 중요하지만, 논리 흐름을 다른 사람이 이해하도록 작성하는 것도 중요하다. 사람마다 사고하는 방식이 저마다 다르기 때문에, 자기 자신은 빠르게 납득이 가는 내용이라고 하더라도 다른 사람은 이해하는 데 어려움을 겪을 수 있다. 사고하는 방식뿐만 아니라 논리적인 사고 능력도 저마다 다른데, 논리적 사고 능력이 뛰어난 사람을 기준으로 삼기보다는 오히려 그렇지 못한 사람을 기준으로 삼는 것이 좋다.

하지만 규칙을 쉽게 작성하는 것에는 한계가 있으며, 논리적 완성도를 높이는 게 더 중요한 상황에서 마냥 규칙을 쉽게 고치고 있을 수만은 없는 노릇이다. 따라서 규칙 작성을 쉽게 한 뒤, 더 쉽게 고치려고 노력하는 것보다는 예시를 들어서 이해를 돕는 것이 좋다. 다만 모든 규칙들에 대해 예시를 작성하게 된다면, 기획서의 분량이 폭발적으로 늘어나 기획자가 너무 힘들게 된다. 따라서 복잡한 규칙이라고 생각되는 것들을 선택해 예시를 드는 것이 바람직하다.

규칙을 설명할 때 예시를 드는 것이 효과적인 것은, 보드 게임의 룰 북을 살펴봐도 알 수 있다. 많은 보드 게임의 룰 북에는 복잡한 규칙의 설명 다음에 그에 해당하는 게임 상황을 예시로 들고 있다. 그림 5.10은 〈카탄^{Catan}〉[17]이라는 보드 게임의 규칙 중 하나다.

이 규칙은 총 다섯 문장으로 이루어져 있고, 규칙에는 상황들이 연속해서 일어나고 있다. 한 문장씩 규칙을 이해하는 것은 크게 어렵지 않다. 하지만 게임 구성물들이 규칙에 여럿 등장하고, 순차적으로 규칙이 진행되는데, 머리 속으로 이것들을 상상하기란 쉽지 않다. 이때 이 예시는 어떤 특정 게임 상황을 가정하고 그 상황에 규칙을 적용하는 것을 보임으로써 규칙의 이해를 돕는다.

---

17 1995년에 클라우스 토이버(Klaus Teuber)가 만든 보드 게임으로, 원제는 〈The Settler of Catan〉이다.

가장 긴 도로

   도로를 연속적으로 5개 이상 연결한 맨 처음 플레이어
는 가장 긴 도로 카드를 받습니다. 이 카드는 2점의 가치가
있습니다. 이 카드는 자신의 앞에 앞면이 보이게 놓습니다.
한 명의 플레이어만 가장 긴 도로 카드를 가질 수 있습니다
만약 다른 플레이어가 현재 가장 긴 도로 카드를 가지고 있
는 플레이어보다 더 많은 도로를 연속적으로 연결했다면 카
드의 소유권은 그 즉시 바뀌게 됩니다
예제) 하얀색 플레이어는 A 연결점과 B 연결점 사이에 7개
       의 도로를 연결해서 가장 긴 도로 카드를 받습니다.
       화살표로 지적하고 있는 분기된 도로는 가장 긴 도로
       를 계산할 때 적용하지 않습니다.

그림 5.10 보드 게임 룰 북에서 규칙과 예시가 같이 설명되는 경우는 매우 많다

유저 시나리오 규칙 외에, 인지요소 규칙에 대해서도 예시를 작성하면 좋다. 하지만 유저 시나리오 규칙의 예시와 비교했을 때, 인지요소 규칙의 예시는 의미나 성격이 조금 다르다. 공식의 예시는 그 공식에 적용되는 여러 수치들과 결과 값을 정리하는 것이기 때문에 예시만 봐서는 공식을 이해하기 어렵다. 대신 공식의 예시는 공식이 올바르게 구현되었는지 검증할 때 사용될 수 있다. 다음의 전투 공식과 그 예시를 살펴보자.

공격의 피해량 계산 공식과 그 예시

공식

치명타 피해량=(Dam+(Str×0.5))×(CriDamAmp+150)÷100

예시 1

- 무기 공격력=100, 힘=50, 치명타 피해량 증폭률=50
- 치명타 피해량=250
- 치명타 피해량=(100+(50*0.5))*(50+150)/100 = 125*2 = 250

예시 2

- 무기 공격력=130, 힘=80, 치명타 피해량 증폭률=0
- 치명타 피해량=255
- 치명타 피해량=(130+(80*0.5))*(0+150)/100 = 170*1.5 = 255

앞의 공식과 예시를 보면, 각 예시별로 '치명타 피해량' 값을 구하는 과정을 두 개로 작성했다. 앞에 것은 결과 값만 적었고, 뒤에 것은 예시의 수치들을 공식에 넣고 계산하는 과정을 조금 더 풀어서 작성했다. 얼핏 보기에는 풀어 쓴 것이 큰 의미가 없어 보인다. 하지만 공격력을 계산하는 부분과 치명타와 관련된 부분을 분리하는 것을 통해 공식을 이해하는 데 도움을 주고 있다. 즉 공격력을 먼저 계산한 다음에 치명타 피해량 증폭률을 적용해 치명타 피해량을 계산하고 있다. 치명타 피해량 증폭률은 치명타 발생 시 피해량이 증폭되는 비율에 영향을 주는 스탯인데, 이런 식으로 공식에 예시를 적용할 때 풀어서 정리하게 되면 공식과 스탯을 이해하기 좀 더 수월하다.

공식의 예시는 이러한 공식의 이해를 돕기보다는 테스트 케이스로 작용하는 부분이 좀 더 크다. 개발자가 공식의 구현을 마치고 나면, 이 공식이 적용되는 부분에 각종 수치들을 반영해서 올바른 결과가 나오는지 확인해야 한다. 이때 저 예시들의 수치들이 좋은 테스트 케이스로 사용될 수 있다. 즉 개발자는 구현이 끝난 다음에 '100, 50, 50'과 '130, 80, 0'이라는 수치들을 적용해보고, 그 결과가 값이 '250'과 '255'가 나오는지 확인해보면 된다. 물론 테스트를 더 해야 하겠지만, 일차적인 테스트 케이스로서 매우 유용하다.

게임 버그와 예외 규칙

게임은 컴퓨터 프로그램으로서, 어쩔 수 없이 버그를 가지거나 버그가 있을 가능성을 내포하고 있다. 게임에 발생하는 버그는 개발자가 코딩을 할 때 논리의 허점이 있거나, 기획자가 만든 규칙에 논리의 허점이 있을 때 발생한다. 기획자가 야기한 게임 버그에 대한 부분은 규칙의 논리를 바로 잡는 것으로 고칠 수 있으며, 이 작업은 5장 앞부분 '규칙의 검토 및 개선'에서 설명한 내용으로 처리할 수 있다.

그렇다면 개발자가 만든 버그는 개발자의 영역일까? 안타깝게도 그렇다. 개발자의 작업물인 소스 코드에 심어지는 버그의 원인을 기획자가 어떻게 할 수 있는 방법은 없다. 하지만 기획자가 버그의 원인을 발견하고 처리하지는 못할지라도, 버그의 결과를 완화시킬 수는 있다. 즉 어떤 원인인지는 몰라도 그로 인해 버그가 발생하였을 때, 그 결과 발생한 문제의 심각성을 줄이는 것이다. 이 방법은 정상적인 시스템 동작원리를 '일반적'인 상황으로 가정하고, 비정상적인 시스템 동작이 발생했을 때의 동작원리를 '예외' 상황으로 처리하는 것이다.

MMORPG에서 레벨(맵) 시스템을 기획할 때를 가정해보자. 레벨의 크기를 무한하게 잡을 수 없기 때문에, 캐릭터가 통과할 수 없는 맵 오브젝트들을 배치하는 등의 작업을 통해 캐릭터가 갈 수 있는 지역을 만들게 된다. 그렇다면 캐릭터가 갈 수 있는 지역이 아닌 곳으로 가게 되면 어떻게 해야 할까? 시스템이 100% 완벽하다면 이런 상황을 고려할 필요가 없다. 하지만 게임에서 100% 완벽하다는 것을 보장하기란 어려우며, 레벨 시스템에서 저런 상황은 이따금 나오곤 한다. 맵 오브젝트를 구현한 소스 코드에 버그가 있을 수도 있고, 맵 오브젝트를 뚫고 지나간 캐릭터를 구현한 소스 코드에 버그가 있을 수도 있다. 기획자가 이 버그의 원인을 알아내고 수정하는 것은 불가능하다. 하지만 어떤 원인이 작용했든, 그 결과인 '있어서 안 되는 위치에 캐릭터가 존재하는 상황'에 대한 규칙을 만들 수는 있다. 즉 일반적인 경우가 아닌 버그가 발생했을 때의 상황을 위한 예외 규칙을 만들 수 있다.

그림 5.11 MMORPG에서는 알 수 없는 버그로 인해 영원히 추락하는 경우가 발생하기도 한다

예외 규칙 작성에 대해 계속 말하자면, 이제 해야 할 일은 '버그'라는 예외 상황을 원인으로 두고 상황이 발생했을 때의 문제를 해결하기 위한 규칙을 작성하는 것이다. 앞의 예시 상황을 해결하는 방법으로 일단 떠오르는 것으로, '해당 캐릭터를 가장 가까운 유효한 지점'으로 보내는 것을 들 수 있겠다. 이 해결책을 가지고 예외 규칙을 만들어 보겠다.

- 만약 비정상적인 상황이 발생해서 캐릭터가 유효하지 않은 위치에 있을 경우, 그 캐릭터로부터 가장 가까운 유효한 위치로 순간이동시킨다.

이 예외 규칙이 있으면, 버그로 인해 캐릭터가 유효하지 않은 곳으로 가게 되더라도 바로 잡을 수 있다. 물론 버그를 수정[18]하기 전까지는 계속 이 상황이 발생하겠지만, 적어도 유저가 게임을 다시 진행할 수는 있게 될 것이다.

자, 이제 치명적인 문제는 어느 정도 피해간 것일까? 안타깝게도 아니다. 비정상적인 상황인 것을 알 수만 있으면 저 규칙을 가지고도 충분하다. 하지만 비정상적인 상황이 발생했는지 '언제' 알 수 있을지를 모른다. 즉 정상적인 상

---

18 버그를 수정하는 것은 기획자의 몫이 아니다.

황으로 돌릴 방법을 알고 있더라도 비정상적인 상황인지를 모르는 상태다. 따라서 비정상적인 상황인지를 검사하는 내용이 추가 되야 한다. 항상 모든 캐릭터의 위치를 검사할 수도 있고, 아니면 유저가 신고를 했을 때를 기준으로 검사를 할 수도 있다. 이제 비정상적인 상황인 것을 검사하는 시점에 대한 내용을 추가해보겠다.

- 만약 비정상적인 상황이 발생해서 캐릭터가 유효하지 않은 위치에 있을 경우, 그 캐릭터로부터 가장 가까운 유효한 위치로 순간이동시킨다.
- 모든 캐릭터는 독립적으로 2분에 한 번씩 위치 유효성을 검사한다.
- PC의 경우에는 접속 시 자신의 위치 유효성을 검사한다.

기존의 레벨 시스템에 위의 예외 규칙을 더해서 구현된다면, 아까 우려했던 상황이 발생했을 때 자동적으로 문제를 완화할 수 있다. 이런 식으로 시스템 안정과 문제 해결을 위해 예외 규칙을 작성할 수 있음을 알아두자. 마지막으로 첨언하자면, 시스템의 동작원리나 규칙을 작성할 때는 항상 비정상적인 상황에 대한 가정과 그에 대한 해결책을 생각해보는 것이 좋다. 이런 예외 규칙이 미리 잘 작성되어 있을수록 시스템의 완성도가 올라가며, 각종 버그로 인한 상황을 처리하는 데 도움을 주기에 게임의 안정성에 큰 도움을 준다.

요약

- 작게는 게임 시스템, 크게는 전체 게임이 의도대로 작동하려면 게임 규칙이 필요하다.
- 게임 규칙은 크게 유저 시나리오 규칙과 인지요소 규칙으로 나뉘며, 유저 시나리오 규칙은 재미와 편의성이, 인지요소 규칙은 논리적 완성도가 중요하다.

- 규칙은 관여하는 영역이 큰 규칙부터 작성하는 것이 좋으며, 규칙들 간의 관계를 생각하며 작성하면 규칙의 짜임새나 완성도를 높이는 데 도움을 준다.
- 규칙을 작성할 때는 일반화와 추상화를 통해 간결하게 작성하는 것이 좋다.
- 규칙들은 논리적이고 빈틈이 없어야 하기 때문에 꼼꼼하게 검토하고 발전시켜야 한다.
- 규칙의 검토와 수정 과정에서 해당 규칙으로 처리할 수 없는 특별한 경우는 이를 처리하기 위한 예외 규칙과 세부 규칙을 작성해야 한다.
- 유저 시나리오 규칙은 게임의 진행에 대한 규칙으로, 유저가 게임을 즐기는 실제 게임의 내용과 관련이 있다.
- 유저 시나리오 규칙을 작성할 때는 게임을 변화시키는 조건과 결과에 주목하고 간결하게 작성하도록 한다.
- 인지요소 규칙은 시스템의 기능과 동작에 대한 설명으로, 인지요소 명세에 포함되는 내용인 동작원리도 인지요소 규칙에 해당한다.
- 인지요소 규칙들 중에 중요한 내용으로, 게임 상태와 상태 전이를 정리하는 것과 각종 공식을 작성하는 것을 들 수 있다.
- 게임 규칙을 작성할 때 게임 상황 예시를 같이 작성하면 규칙을 이해하는 데 큰 도움을 준다.
- 문제가 될 만한 상황을 미리 예측해 이에 대한 예외 규칙을 만들어두면, 예상치 못한 버그들이 야기하는 문제점을 완화시킬 수도 있다.

3부

경쟁력 갖추기

6장

콘텐츠 제작을 위한
시스템도 게임 시스템이다

MMORPG는 어떤 게임이든 수백 종의 몬스터들이 등장한다. 수백 종 이상의 몬스터들을 어떻게 제작하고 관리하는지 생각해본 적이 있는가? 게다가 보스 몬스터, 정예 몬스터 이벤트 몬스터 등 몬스터의 종류도 다양하다. 어떤 몬스터들은 외관이 똑같지만 약간씩 특징이 다르기도 하다. 수많은 몬스터들에 대해 체계적으로 접근하지 않으면 제작하고 관리할 때 어려운 점이 많아진다.

 게임 밸런스 작업으로, '고블린'이라는 몬스터의 '공격력'을 수정해야 하는 상황이라고 하자. 이제 여러분은 수백 가지 몬스터 중에 고블린을 찾고, 고블린의 공격력 값을 수정해야 한다. 이런 상황은 게임 개발 도중에도 비일비재하고, 업데이트가 가능한 게임이라면 게임 개발이 끝난 다음에도 자주 발생한다. 고블린의 공격력을 찾고 수정하는 것을 수월하게 하기 위해서는 몬스터라는 콘텐츠를 체계적으로 정리하는 것이 필요하다. 콘텐츠 시스템은 콘텐츠에 대한 체계적인 접근을 하기 위해 기획되는 비기능[1] 시스템이다. 더욱이 요즘

---

1 시스템의 동작에 관련된 기능이 아니다.

출시되는 게임들은 대부분이 개발 종료 이후에도 계속적인 사후 업데이트를 하고, 콘텐츠의 양 또한 많아지고 있다. 그렇기 때문에 효율적인 콘텐츠 관리를 위한 콘텐츠 시스템의 중요성도 커지고 있다.

하지만 여타 게임 시스템들이 게임에 필요한 기능들로부터 도출되는 것에 반해, 콘텐츠 시스템은 게임에 필요한 기능을 위한 것이 아니므로 기능 정리 단계나 시스템 만들기 단계에서 다루어지지 않는다. 또한 다른 게임 시스템과는 성질이나 내용이 크게 다르다. 이 장에서는 콘텐츠 시스템은 어떤 것이고, 어떤 점에 주안점을 두고 기획하고 개발해야 하는지를 알아본다.

콘텐츠 시스템의 정의

콘텐츠 시스템의 정의는 다음과 같다.

콘텐츠 시스템

- 기능이나 동작과 상관없는, 기획 콘텐츠의 제작과 관리만을 위한 시스템

콘텐츠 시스템에서 '기능'이나 '동작'이 배제된 이유는, 이미 '기능'과 '동작'은 다른 게임 시스템에서 다루고 있기 때문이다. 콘텐츠 시스템은 반드시 다른 게임 시스템을 사용하게 되어 있으며, 그런 시스템들이 제공하는 기능들과 규칙들을 사용하는 것을 전제로 기획된다. 이해를 돕기 위해 〈LoL〉의 '챔피언'을 예로 들겠다.

그림 6.1 챔피언 콘텐츠는 챔피언 시스템을 사용한다

여러분이 실제 〈LoL〉을 할 때 즐기는 대상, 즉 조작하는 대상은 챔피언 콘텐츠다. '애쉬'라는 챔피언은 챔피언 시스템을 이용해 만들어낸 챔피언 객체 중 하나다. 애쉬라는 챔피언 객체는 챔피언의 모델링, 애니메이션, 동작원리, 설정 데이터 등이 맞물려서 돌아가는 챔피언 시스템이 있어야 동작할 수 있다. 챔피언이라는 개념 및 시스템이 없는데 애쉬가 존재할 수는 없다. 콘텐츠 시스템이 기능과 동작과 상관없다는 말의 의미는, 챔피언 시스템의 기능은 따로 시스템 기획을 통해 기획되고 개발되었다는 것을 전제로 한다는 말이다. 챔피언 콘텐츠 시스템은 챔피언의 동작을 위한 기능은 다루지 않고, 애쉬와 같은 챔피언 객체들의 제작과 관리만을 다룬다

시스템이 다루는 콘텐츠를 기획 콘텐츠로 범위를 한정한 이유는, 콘텐츠를 구성하는 수많은 요소들 중에 기획자와 관련된 것들만 취급하겠다는 뜻이다. 눈으로 보이는 그래픽 요소와 귀로 들리는 소리 등의 비기획 요소들도 콘텐츠를 구성하지만, 콘텐츠 시스템은 이런 비기획 요소들은 다루지 않는다. 기획 콘텐츠에 대해서는 바로 이어서 자세히 살펴보겠다.

기획 콘텐츠

콘텐츠에 대해 설명하기 전에 '콘텐츠'를 구성하는 것들에 대해 알아보자. 이에 대해 1장 마지막에 다루긴 했지만, 기억을 되살릴 겸 다시 설명하겠다. 넓은 의미의 콘텐츠는 유저가 게임에서 즐기는 데 도움을 주는 오감 중, 주로 시각과 청각을 통해 알 수 있는 것들을 말한다. 콘텐츠는 문자와 숫자로 이루어진 텍스트, 모델링과 같은 시각 요소, 효과음과 같은 청각 요소 등과 같이 다양한 성질의 것들이 모여서 구성된다. 이런 것들은 각각 전문적으로 작업하는 직군이 나뉘어져 있으며, 각 직군의 작업자들은 자신이 작업하는 콘텐츠 요소들을 책임지고 제작/관리한다. 따라서 시스템 기획자가 기획하는 콘텐츠 시스템은 기획자들이 다루는 것, 즉 '기획 콘텐츠'만을 대상으로 삼는다.

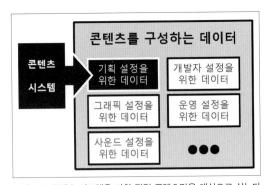

그림 6.2 콘텐츠 시스템은 기획 관련 콘텐츠만을 대상으로 삼는다

기획 콘텐츠에 대한 이해를 돕기 위해, '집행검'[2]이라는 장비 아이템을 예로 들겠다. 장비 아이템은 MMORPG의 핵심 콘텐츠 중의 하나며, 집행검은 수많은 장비 아이템들 중에 사회 이슈로까지 알려지게 된 유명한 장비 아이템이다. 집행검은 아이템 옵션들이 정리된 텍스트, 날카로운 장검 모양의 도트 그래픽, 타격했을 때의 효과음 등 다양한 요소들로 구성되어 있다. 이러한 요소

---

2 '진명황의 집행검'을 줄여 부른 것으로, 〈리니지〉라는 MMORPG에 등장하는 장비 아이템이다.

들은 종류에 따라 여러 직군의 작업자들이 나눠서 맡고 있다. 즉 아이템 옵션 데이터는 기획자가 작업/관리하고 도트 그래픽은 아트 작업자가 작업/관리[3] 한다. 만약에 '집행검'의 아이콘을 수정한다면, 담당 아트 작업자들이 정해놓은 관리 체계에 맞춰서 작업할 것이며, 여기에 대해 기획자가 관여하지는 않는다. 마찬가지로 아트 작업자가 아이템 옵션을 수정하지 않는다. 콘텐츠 시스템은 기획자가 콘텐츠를 제작하고 관리하는 것을 돕기 위해 기획되는 것이기 때문에, 비기획 작업자들이 작업하는 것들은 고려하지 않고 기획자들이 다루는 콘텐츠 내용들만을 대상으로 삼는 것이다. 콘텐츠 시스템에서 다루는 콘텐츠는 특별한 언급이 없더라도 기획자들이 다루는 콘텐츠 구성요소를 지칭한다고 보면 된다.

그림 6.3 집행검은 도트 이미지, 타격음, 아이템 옵션 등 다양한 요소들이 결합되어 구성되어 있다

콘텐츠 시스템 기획

콘텐츠 시스템의 기획은 어떻게 시작해야 할까? 콘텐츠 시스템의 기획을 시작하기 위해서는 우선 핵심 콘텐츠가 결정되어 있어야 한다. 게임 장르와 같은 게임 방향성이 결정되면 어지간한 핵심 콘텐츠들을 결정할 수 있고, 핵심

---

3 전체 데이터 관리를 기획자가 맡기도 하지만, 기본적인 도트 그래픽의 제작과 수정 등의 작업을 기획자가 하지는 않는다.

콘텐츠들 중에서 콘텐츠 시스템이 보조해줄 것들을 고르게 된다. 콘텐츠 시스템이 보조해주면 좋은, 즉 콘텐츠 시스템을 만들면 좋은 핵심 콘텐츠들의 기준은 다음과 같다.

콘텐츠 시스템이 필요한 콘텐츠의 기준

- 지속적으로 콘텐츠를 제작하거나 조정한다.
- 콘텐츠의 양이 많거나 복잡하다.

플랫폼 액션 게임에 필요한 콘텐츠 시스템을 한번 생각해보자. 플랫폼 액션 게임이라는 장르로부터 다음의 핵심 콘텐츠들을 도출[4]했다고 가정하고, 필요한 콘텐츠 시스템을 골라보겠다. 여러분들도 핵심 콘텐츠들을 보고 필요하다고 생각하는 콘텐츠 시스템을 한 번 골라보는 것도 재미있겠다.

콘텐츠 시스템이 필요한 기능을 선별하기

플랫폼 액션 게임의 핵심 콘텐츠

- 캐릭터 → 캐릭터
- 플랫폼 → 레벨(맵)
- 도구 → 장비 아이템, 사용 아이템
- 장애물 → 몬스터, 함정

콘텐츠 시스템이 필요하다고 선택된 기능들

- 레벨(맵)
- 장비 아이템
- 사용 아이템
- 몬스터

---

4 4장에서 예시를 위해 정리한 것을 참조하자.

여러분은 어떤 기능들을 선택했는가? 만약 장비 아이템을 선택하지 않았으면, 만들고 싶은(또는 경험한) 플랫폼 액션 게임에는 장비 아이템이 많이 나오지 않았을 것이다. 사용 아이템이나 몬스터도 마찬가지로, 게임의 사정에 맞게 핵심 콘텐츠를 선택하면 된다. '캐릭터'와 같은 콘텐츠의 경우, 〈판타지러너즈〉와 같은 게임은 조종 가능한 다양한 캐릭터가 존재하기 때문에 콘텐츠 시스템이 지원해주면 좋다. 그와 달리 조종 가능한 캐릭터가 하나만 있는 게임이라면, 캐릭터를 위한 콘텐츠 시스템은 필요 없다. 이런 식으로 게임에 들어가는 핵심 콘텐츠를 결정한 뒤, 필요한 콘텐츠 시스템을 정하면 된다.

그림 6.4 플랫폼 액션 게임이지만 〈판타지러너즈〉는 다양한 캐릭터가 등장한다

콘텐츠 시스템이 결정되면 시스템이 다루는 대상인 콘텐츠에 대한 기획을 해야 한다. 콘텐츠 시스템은 콘텐츠를 체계적으로 관리하기 위해, 콘텐츠를 식별자와 데이터로 구성해 다룬다. 식별자는 콘텐츠 객체 하나하나를 구분하기 위한 이름표이고, 데이터는 그 식별자로 구분되는 콘텐츠 객체의 내용이다. 식별자와 데이터가 합쳐져서 콘텐츠 객체 하나를 이루며, 어느 하나만 존재해서는 안 된다. 콘텐츠 시스템을 기획하는 것은 바로 이 식별자와 데이터를 기획하는 작업을 말한다.

그림 6.5 콘텐츠는 식별자와 데이터로 구성된다

　식별자와 데이터에 대한 쉬운 예로, 주민등록 시스템을 생각해보자. 주민등록 시스템은 수많은 대한민국 국민들에 대한 관리를 쉽게 하기 위해 만들어진 콘텐츠 시스템이다. 주민등록 시스템에서 콘텐츠는 국민을 말하며, 이 시스템에서 국민은 '주민등록번호'라는 식별자와 '이름'이나 '거주 주소'와 같은 내용인 데이터로 구성된다. 식별자나 데이터 둘 중에 하나라도 없으면 주민등록 시스템에 존재할 수 없다.

그림 6.6 주민등록 시스템에서 둘리는 주민등록번호와 그 외 정보로 구성되어 있다

콘텐츠 식별자 기획

'식별자도 기획하나요?' 이런 질문을 던질 수도 있겠다. 콘텐츠 시스템의 기획 대상으로 식별자를 꼽은 이유는, 콘텐츠 관리를 할 때 식별자가 중요한 역할을 하기 때문이다. 콘텐츠를 관리하려면 콘텐츠 객체를 잘 찾을 수 있어야 한다. 몬스터 밸런스 작업 때문에 수십 개에서 수백 개의 몬스터들의 설정을 바꿔야 하는데, '고블린' 하나를 찾는 데 긴 시간이 걸린다고 생각해보자. 과연

밸런스 작업을 제대로 할 수 있을까? 수많은 몬스터 중에 원하는 몬스터를 바로 찾기 위해서는 그 몬스터를 빨리 찾을 수 있는 식별자가 필요하다.

콘텐츠 시스템에서 식별자는 보통 숫자를 많이 사용하며, 콘텐츠 객체마다 고유한 값을 부여한다. 식별자로 고유한 숫자를 할당하는 것은 주민등록번호나 각종 구분 방법에서 많이 사용하는 방법이다. 숫자 외에 더 나은 구분 기준[5]을 둘 수도 있지만 숫자가 식별자로 널리 사용되는 것은 그만큼 장점이 많다는 것을 알아두자.

식별자에 대한 기획은 이 숫자들에 대한 기획으로, 각 숫자의 자릿수에 의미를 부여하는 작업이라고 보면 된다. 앞에서 예를 든 주민등록 시스템을 다시 보자. 둘리의 주민등록번호는 '830422-1185600'이며, 주민등록번호라는 식별자도 엄밀한 기획에 의해 정해져 있다. 이에 대해 주민등록번호에 대한 역기획을 해보았다. 각자 자신의 주민등록번호를 읊어보고, 그 의미를 생각해보자.

주민등록번호 역기획

주민등록번호는 '앞 번호'와 '뒷 번호'로 구성된다.

앞 번호 규칙

　생년월일을 년도, 월, 일에 대해 2자리씩 기재해 총 6자리로 구성한다.

뒷 번호 규칙

　총 7자리의 숫자로 구성한다.
- 첫 번째 숫자
  - 성별 구분자
  - 2000년 이전 출생 남자는 1, 여자는 2
  - 2000년 이후 출생 남자는 3, 여자는 4

5　식별자로 더 나은 대안을 찾는 것 자체가 중요한 것은 아니다.

- 두 번째 숫자~다섯 번째 숫자
  - ▸ 최초 등록 지역번호
- 여섯 번째 숫자
  - ▸ 일련번호
- 일곱 번째 숫자
  - ▸ 검증번호
- 특별 규칙
  - ▸ 외국인은 성별 구분자를 다르게 기재한다.
  - ▸ 2000년 이전 출생 남자는 5, 여자는 6
  - ▸ 2000년 이후 출생 남자는 7, 여자는 8

주민등록번호는 이런 기획을 통해 구성되어 있기 때문에, 주민등록번호만 봐도 많은 정보를 알 수 있다. 여러분이 둘리의 주민등록번호를 보았을 때, 둘리의 생년월일과 성별을 바로 알 수 있다. 또한 지역번호 부여 규칙도 안다면 어디에서 처음 등록을 했는지도 알 수 있다. 이처럼 구분자가 콘텐츠 객체의 특징을 보여주는 경우, 데이터를 보지 않고도 콘텐츠 객체에 대한 빠른 이해를 할 수 있게 해준다.

식별자의 숫자에 의미를 부여하게 되면 식별자를 가지고 원하는 콘텐츠 객체를 찾기가 수월해진다. 단순한 검색뿐만 아니라, 식별자를 올림차순 또는 내림차순으로 정렬했을 때 콘텐츠 객체들이 잘 카테고리화되는 효과를 볼 수 있다. 예를 들어 주민등록번호에서 성별 구분자를 우선으로 고정하고 올림차순 정렬하게 되면, 남성과 여성을 나누고 생년월일별로 정렬한 목록을 얻을 수 있다. 즉 식별자의 구분자를 잘 설계하면 데이터베이스를 통해 각종 통계나 수치를 얻기가 쉬워진다. 더욱이 게임에서는 식별자를 가지고 에러 검출이나 유효성 검사 등을 하기 때문에, 식별자는 단순히 눈으로 보는 숫자의 의미를 넘어선다.

식별자에 대한 게임의 예로, 〈메이플스토리〉의 캐릭터 스킬 식별자를 살펴보겠다. 〈메이플스토리〉의 스킬 식별자는 다음 구조로 기획되었다.

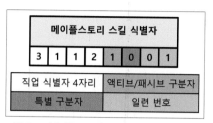

그림 6.7 〈메이플스토리〉에는 수백 개의 스킬이 존재하는데, 기획된 식별자를 통해 관리되고 있다

먼저 맨 앞의 4자리는 〈메이플스토리〉의 직업 식별자이며, 첫 4자리를 가지고 어떤 직업의 스킬인지 구분한다. 〈메이플스토리〉의 스킬은 직업마다 고유하기 때문에, 어떤 직업의 것인지 구분하는 것이 가장 중요하다. 참고로 직업 식별자는 스킬 식별자를 위해 기획된 것이 아니라, 직업을 참조하는 많은 콘텐츠에서 사용하기 위해 이미 기획된 식별자다. 그러고 나서 나오는 자릿수는 '액티브/패시브 구분자'다. 이 자릿수가 '0'이면 패시브 스킬이고, '1'이면 액티브 스킬이다. 그 다음 자릿수는 특별 구분자[6]로, 특정 직업이 독특한 스킬 시스템을 가지고 있을 때 참조하기 위해 남겨둔 자릿수다. 마지막 두 개 자릿수가 일련 번호로, 해당 직업이 가지는 스킬들을 1부터 순서대로 숫자를 붙여주었다. 이 기획을 가지고 '31121001'이라는 식별자를 해석해보면 다음과 같다.

〈메이플스토리〉 스킬 식별자 '31121001'의 의미

- '데몬슬레이어'라는 직업의 4차 전직 직업의 직업 식별자가 '3112'이기 때문에 해당 직업의 스킬임을 알 수 있다.

---

6 '루미너스'라는 직업은 '빛, 어둠, 혼합' 속성 스킬을 구분하기 위해 특별 구분자로, '0, 1, 2'를 사용했다.

- 액티브/패시브 구분자가 '1'이기 때문에 액티브 스킬이다.
- 특별 구분자는 없고 일련번호가 1인 것으로 봐서 데몬슬레이어 4차 전직 직업의 첫 번째 스킬이다.

그렇다면 식별자 기획은 어떻게 해야 할까? 식별자에 대한 기획은 개발 조직의 사정이나 기호에 따라 달라지기 때문에, 정해진 이론을 설명하기보다는 가이드를 제안한다.

식별자 기획 가이드

1. 식별자의 자릿수에 의미를 부여할 때는 숫자만 봐도 이해할 수 있도록 하는 것이 좋다.
   - 주민등록번호의 앞 번호는 생년월일인데, 숫자만 봐도 어떤 정보인지 알 수 있다.
2. 구분자를 사용할 때는 큰 자릿수부터 할당하고, 큰 개념이나 중요한 개념을 더 큰 자릿수에 할당한다.
   - 주민등록번호에서 성별 구분자가 가장 큰 숫자로 들어가는 것은 뒤에 나오는 것보다 우선시되는 분류 기준이기 때문이다.
3. 하나의 구분자는 촘촘하게 자릿수를 할당한다.
   - 주민등록번호에서 성별 구분자를 2자리가 아니라 1자리만 사용한 것은, 최소한의 자릿수를 사용한 것이다. 식별자는 최대한 빈틈이 없도록 해 데이터 낭비를 막는 것이 좋다.
4. 아무 의미 없는 일련번호는 가장 낮은 자릿수에 할당한다.
   - 주민번호에서 실질적인 마지막 번호인 일련번호가 맨 마지막에 있는데, 이는 다른 식별자 숫자들이 완전히 겹치는 경우에도 구분할 수 있는 번호다. 이런 숫자는 가장 낮은 자릿수에 할당한다.

5. 아무런 의미 없는 자릿수를 가장 큰 자릿수 쪽에 남겨서 확장에 대비하라.

- 게임에 아주 큰 변화가 생기는 경우에 이를 반영하는 구분자가 필요해질 수 있다. 또는 할당한 식별자의 모든 자릿수로도 반영할 수 없을 정도로 콘텐츠 객체가 많아지게 되면, 식별자 확장이 필요하다. 만약 한국이 서기 3000년까지 유지된다면, 주민등록번호에서 성별 구분자가 모자라게 된다. 이런 경우에 확장은 성별 구분자 앞 자릿수 번호로 하는 것이 자연스럽다.

콘텐츠 식별자 적용

식별자의 직접적인 기획 내용은 아니지만, 식별자에 사용되는 구분자가 게임에 적용되는 방식에 대해 설명하겠다. 식별자가 게임에 적용되는 방식은 개발자(프로그래머)가 식별자를 구별해 프로그래밍에 고정해 사용하는 정도에 따라 '엄격한 적용'과 '느슨한 적용'으로 나뉜다. 엄격한 적용을 한 경우는 구별자를 잘못 할당하는 것만으로도 콘텐츠 객체가 동작하지 않고 오류를 일으킨다. 〈메이플스토리〉에서 '3112' 직업이 '2712' 직업의 스킬 식별자를 갖는 스킬을 사용하게 되면 오류가 발생한다. 이는 〈메이플스토리〉에서 스킬 식별자를 엄격하게 적용해, 스킬을 사용할 때 직업 식별자와 스킬 식별자를 비교해 유효성 검사를 하기 때문이다. 반대로 느슨한 적용은 식별자는 게임 상에서는 단순한 숫자로 동작해, 식별자를 가지고 다른 연산을 하지 않는 것을 말한다. 기획자가 스킬 데이터를 수정할 때 쉽게 스킬을 찾게 해주는 역할을 하며, 동일한 스킬 식별자를 갖는 스킬을 만들지 않는 정도로만 사용한다.

그러면 식별자는 엄격하게 적용하는 것이 좋을까 아니면 느슨하게 적용하는 것이 좋을까? 게임 개발 조직마다 사정이 다르기 때문에 답이 정해져 있는 것은 아니지만 확실히 결정을 하는 것이 좋다. 최종 결정은 여러분의 손에 맡겨져 있으며, 여기서는 장단점을 소개하는 정도로 설명을 마친다.

엄격한 적용

엄격한 적용의 장점으로 먼저, 기획자가 신경 써야 할 실수나 검증들을 자동으로 할 수 있도록 한다는 것을 들 수 있다. 쉬운 예로, 말도 되지 않는 식별자를 할당한 경우에 느슨한 적용을 했을 때는 아무런 에러도 나지 않아 게임에서 이상한 동작을 한 다음에나 알지만, 엄격한 적용을 하면 유효하지 않은 식별자라고 바로 에러를 검출해낼 수 있다. 다음으로, 자릿수에 기획된 의미에 해당하는 데이터를 절약할 수 있다. 〈메이플스토리〉의 스킬 식별자는 '액티브/패시브' 구분자가 있고 엄격한 적용을 하고 있기 때문에 스킬 데이터에는 액티브/패시브를 구분하는 내용이 없다. 느슨한 적용을 했다면, 스킬마다 그 스킬이 액티브 스킬인지 패시브 스킬인지 알려주는 데이터를 따로 둬야 한다. 이런 식으로 식별자가 구분을 해주는 정보들에 대한 데이터를 줄일 수 있다. 다음으로 식별자를 통해 데이터베이스 작업을 좀 더 쉽고 간단하게 만들 수 있다. 가상 MMORPG의 장비 아이템의 착용 조건으로 공용/남성/여성이 나누어져 있다고 가정하고, 남성전용 아이템을 가지고 있는 유저 캐릭터를 모두 찾아야 한다고 생각해보자. 장비 아이템 식별자에 '공용/남성/여성'을 '0/1/2'의 성별 구분자를 엄격히 적용되고 있는 경우, 전체 유저 캐릭터 DB에서 성별 구분자가 '1'로 되어 있는 아이템을 보유하고 있는 캐릭터를 찾으면 된다. 하지만 느슨한 적용을 한 경우에는 장비 아이템 데이터베이스에서 남성전용 장비 아이템을 먼저 찾은 뒤, 찾아낸 남성전용 장비 아이템 리스트을 가지고 있는 캐릭터를 유저 캐릭터 데이터베이스에서 찾아야 한다. 엄격한 적용을 한 경우에는 하나의 데이터베이스를 한 번 검색해도 되지만, 느슨한 적용을 한 경우에는 두 개의 데이터베이스를 한 번씩 검색해봐야 한다.

엄격한 적용의 단점은, 식별자 기획이 잘못되거나 게임의 수명이 길어지면서 식별자가 모자라게 되는 경우 이를 수정하는 비용이 매우 비싸다는 것이다. 특히 온라인 게임의 경우 게임의 운영 기간이 길수록 누적된 콘텐츠 객체가 많기 때문에 식별자에 문제가 생기면 데이터베이스 작업이 쉽지 않아진다. 더욱이 여러 시스템에서 콘텐츠 데이터를 사용하는 경우, 콘텐츠 데이터를 하나 수정했을 때 단순하게 하나의 데이터베이스를 수정하는 것으로 작업이 끝나지 않는다. 앞에 예를 든 〈메이플스토리〉의 직업 식별자에 문제가 생겨 수정을 했다고 하자. 직업 식별자는 스킬 식별자도 참조하기 때문에 직업 식별자를 수정하게 되었을 때 스킬 식별자도 수정해야 한다. 즉 수정하는 식별자는 직업 식별자인데, 스킬 식별자도 덩달아 난리가 나는 것이다. 더 큰 문제는 스킬 식별자 외에 다른 어떤 시스템이 직업 식별자를 참조하고 있을지 모른다는 것이다. 이런 상황이 발생하면, 식별자를 엄격하게 적용한 것이 약이 아니라 독이 될 수도 있다.

느슨한 적용

느슨한 적용의 장점은 식별자의 확장성이 좋다는 점이다. 어디가 어떻게 얽혀 있을지 모르는 엄격한 적용에 반해, 느슨한 적용을 했다면 기획자 말고는 식별자를 신경 쓰는 사람이 없다. 따라서 얼마든지 새로운 기준을 마련해 구분자 기획을 수정할 수 있다. 어떤 구분자는 0부터 증가해 '0/1/2/3'을 사용하고, 어떤 구분자는 9부터 감소해 '9/8/7/6'을 사용하는 자릿수를 기획할 수도 있다. 보기에 좀 나쁠 수도 있지만, '공용/남성/여성'과 같이 불변의 조합을 갖는 구분자의 경우에는 남는 숫자들을 다른 구분자에 할당해 최대한 촘촘한 구분자를 사용할 수 있다. 콘텐츠 객체에 예외 경우가 발생하더라도 기획자가 잘 추적할 수 있게끔 하면 얼마든지 이런 예외들도 쉽게 처리가 가능하다. 〈메이플스토리〉 스킬 식별자의 '특별 구분자' 자릿수가 느슨한 적용을 한 예라고 할 수 있다. 이를 통해 각종 예외들을 해당 구분자를 사용해 처리했다. 특정 직업에만 있는 스킬 구분을 할 때, 그 직업만 특별 구분자의 숫자에 의미를 부여해 구분했다.

　느슨한 적용의 단점은 기획자가 추가로 식별자 기획을 더하게 되면서 식별자가 누더기가 될 수 있다는 점이다. 어떤 신규 시스템이 들어가면서 기존의 콘텐츠를 참조할 때 새로운 구분이 필요한 경우가 있는데, 이런 경우마다 해당 콘텐츠 시스템의 식별자에 새로운 구분자 기획을 계속 더하다 보면 식별자의 자릿수의 의미가 많이 흐려지게 된다. 이는 장기적으로 봤을 때 콘텐츠 관리에 있어 손해로 돌아오게 된다. 또한 식별자를 잘못 할당해도 알 방법이 없다. 프로그래밍 관점에서 봤을 때 구속력이 없기 때문에 남성전용 세트 장비 아이템의 식별자를 여성으로 구분하는 값으로 할당해도 아무런 문제가 생기지 않는다. 뒤에 알게 되었을 때는 이미 세트 장비 아이템의 식별자 숫자들이 앞부터 채워지기 때문에 다른 세트 장비들과 식별자 순서가 떨어지게 될 수도 있다. 예를 들어 '101, 102, 103, 104'로 할당되어야 할 남성전용 세트 장비 아이템들이 '101, 102, 103, 204'로 할당된 다음에, 시간이 한참 지나 204를 104로 바꿔야 한다고 가정해보자. 시간이 지나면서 다른 남성전용 세트 장비 아이템들이 104부터 식별자를 할당 받아버려 160까지 차 있다면, 104가 아니라 161과 같이 한참 뒤의 식별자를 받게 될 수 있다. 이런 식으로 모여있어야 할 식별자 숫자들이 의도치 않게 흩어지게 되면 관리 비용이 증가한다.

모바일 게임의 식별자

모바일 RPG의 시스템 기획을 하면서 겪었던 특별한 식별자 기획 방향성에 대해 소개한다. 모바일 RPG를 개발할 때, PC 온라인 개발에서 사용하는 클라이언트-서버-DB 구조를 사용하지 않는 경우가 많다. 이 구조에서는 서버가 아니라 DB가 많은 일을 하기 때문에 데이터를 굉장히 압축해서 사용한다. 원하는 아이템을 찾을 때도 서버에서 연산해 아이템을 찾지 않고 연산자만 가지고 바로 DB에서 가져온다.

프로그래밍 영역의 이야기가 많아서 생소하겠지만, 중요한 점은 이런 기술적인 제한이 식별자에 영향을 미친다는 것이다. 식별자만 보고 바로 DB에서 원하는 것을 찾기 위해서는 식별자를 프로그래밍 코드에 '엄격하게 적용'해야 하며, 상당히 많은 정보를 식별자에 포함하게 된다. 이로 인해 식별자의 숫자 자릿수가 늘어나지만, 최대한 이를 줄여야 하는 딜레마가 존재한다. 이 딜레마를 해결하기 위해 시스템 기획자가 DB 관리자와 직접 논의를 하기도 하는데, 이는 PC 온라인 게임을 개발할 때는 흔하지 않은 일이다.

콘텐츠 데이터 기획

콘텐츠 데이터는 식별자로 구분되는 콘텐츠 객체의 모든 내용을 말한다. 여기서 '모든' 내용이란, 게임 시스템이 해당 콘텐츠 객체에 요구하는 정보들을 말한다. 콘텐츠는 게임 시스템의 기능 위에 존재하기 때문에, 해당 기능이 사용하는 콘텐츠의 정보들이 반드시 존재한다. 따라서 콘텐츠 데이터의 기획은, 콘텐츠 객체를 참조하는 시스템 기획이 끝나거나 관련 시스템들을 이해하고 있어야지만 가능하다. 예를 들어 TRPG[7] 〈던전 앤 드래곤〉[8]의 캐릭터 시트를

---

7 Tabletop-Role-Playing-Game의 약자로, 주사위와 같은 도구를 사용하면서 말로 진행하는 롤플레잉 게임을 말한다.

8 〈Dungeons & Dragons〉로, 위저즈오브 더 코스트(Wizards of the Coast) 사에서 만든 게임으로, TRPG의 시초로 여겨진다.

만드는 작업이 〈던전 앤 드래곤〉의 캐릭터 데이터 기획 작업에 해당한다. 데이터 기획 작업에 대한 예시로 캐릭터 시트를 만드는 것에 대해 살펴보자.

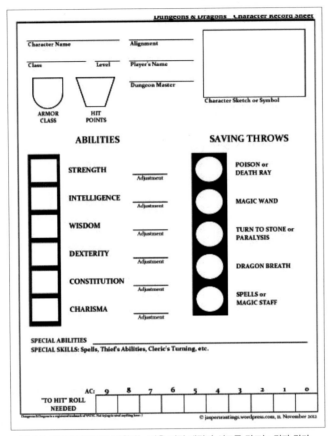

그림 6.8 캐릭터 데이터를 기획하는 것은 이런 캐릭터 시트를 만드는 것과 같다

캐릭터 시트를 보면, 캐릭터로서 게임에서 필요한 내용들을 모두 기재하고 있다. 캐릭터 시트는 많은 캐릭터의 제작과 다른 시스템에서 참조할 캐릭터의 정보를 관리하기 쉽도록 고안된 콘텐츠 시스템의 데이터라고 할 수 있다. 캐릭터 시트는 '이름', '클래스', '스탯', '성향' 등 게임의 각종 시스템에서 캐릭터로부터 참조할 만한 내용들을 포함한다. 그렇다면 캐릭터 시트에 기재되는

내용들은 어떻게 결정된 것일까? 캐릭터 시트에 기재되는 내용은, 게임에서 캐릭터 객체별로 참고하는 모든 정보들이다. 즉 〈던전 앤 드래곤〉의 전투 시스템에서 '그 캐릭터의 힘 수치를 참조한다'와 같은 내용이 있으므로 '힘'이라는 수치가 캐릭터 시트에 포함되는 것이다.

데이터에 포함되는 내용들을 결정할 때 각각의 콘텐츠 객체들이 다른 값을 가질 수 있는 것들만 포함시켜야 한다. 모든 콘텐츠 객체들이 동일 값을 가지게 되면 그냥 콘텐츠에 그 수치를 기본값으로 설정하면 되기 때문에 데이터에 포함하는 것이 낭비다. 콘텐츠 데이터에 포함되는 정보가 많으면 많을수록 콘텐츠 데이터 파일의 복잡도도 올라가므로, 불필요한 데이터는 포함시키지 말자. 예를 들어 모든 캐릭터의 이동속도가 '100'이라면, 이동속도는 캐릭터 콘텐츠 데이터에 포함시키지 않는다. 각종 시스템에서 이동속도를 참조할지도 모르지만, 콘텐츠 객체별로 다른 이동속도를 갖지 않기 때문에 굳이 데이터를 참조하지 않아도 100이라는 사실을 알 수 있다. 이런 이동속도를 콘텐츠 데이터에 포함시킨다면, 모든 캐릭터의 이동속도는 똑같이 100으로 기재될 것이다. 이런 유명무실한 데이터들이 잔뜩 포함되어 있다면, 정작 수정하고 싶은 데이터를 찾을 때 복잡하기만 할 것이다.

ID	Name	MSpd	Jump	Att	Def	Eva
0	Mob A	1.5	3.8	7	3	5
1	Mob B	1.5	3.8	8	3	5
2	Mob C	1.5	3.8	6	2	5
3	Mob D	1.5	3.8	7	3	5
4	Mob E	1.5	3.8	8	1	5
5	Mob F	1.5	3.8	9	3	5
6	Mob G	1.5	3.8	6	1	5
7	Mob H	1.5	3.8	7	1	5
8	Mob I	1.5	3.8	8	3	5
9	Boss A	1.5	3.8	25	5	5
10	Boss B	1.5	3.8	30	5	5
11	Boss C	1.5	3.8	50	5	5

ID	Name	Att	Def
0	Mob A	7	3
1	Mob B	8	3
2	Mob C	6	2
3	Mob D	7	3
4	Mob E	8	1
5	Mob F	9	3
6	Mob G	6	1
7	Mob H	7	1
8	Mob I	8	3
9	Boss A	25	5
10	Boss B	30	8
11	Boss C	50	5

그림 6.9 사실 왼쪽 데이터는 오른쪽과 같으며, 중복 데이터를 삭제한 오른쪽이 관리하기 더 좋다

콘텐츠 데이터들은 개발 조직에 따라 결정된 서식에 맞춘 컴퓨터 파일을 통해 관리된다. 따라서 콘텐츠 관리에 있어 '컴퓨터 파일'의 구조를 결정하는 것이 중요하다. 구체적인 데이터의 구조 및 설계는 데이터 설계 단계를 다루는 7장에서 설명하겠다.

◉ 요약

- 게임의 규모가 크고 관리해야 할 콘텐츠들이 많아지면, 이들을 관리할 콘텐츠 시스템이 필요하다.
- 콘텐츠 시스템은 기능이나 동작과는 상관없는 기획 콘텐츠의 제작과 관리만을 위한 시스템을 말한다.
- 콘텐츠 시스템이 다루는 기획 콘텐츠란, 기획 설정을 위한 데이터들을 말하며, 이 데이터에 대한 기획이 콘텐츠 시스템 기획 작업 중 가장 중요하다.
- 콘텐츠 시스템은 콘텐츠를 체계적으로 관리하기 위해, 콘텐츠를 식별자와 데이터로 구성해 다룬다.
- 식별자는 콘텐츠의 특성을 반영해, 비슷한 성질의 콘텐츠들을 쉽게 찾아낼 수 있도록 의미를 부여한다.
- 콘텐츠 데이터는 식별자로 구분되는 콘텐츠 객체의 모든 내용을 말하며, 다루기 쉽도록 간결하게 작성한다.

7장

데이터가
시스템을 움직인다

게임 기획자의 주된 업무에 대해 생각해본 적이 있는가? 많은 사람들이 게임에 대한 기획 업무가 게임 기획자의 주된 업무라고 생각한다. 기획 작업이 핵심 업무인 것은 틀림없는 사실이다. 하지만 기획자가 하는 실제 업무의 내용을 가만히 들여다보면 이상한 점을 발견할 수 있을 것이다. 기획서를 작성하고 기획 회의를 하는 업무보다는, 문자와 수치로 가득 찬 데이터 파일이나 엑셀 파일을 만지작거리는 일을 더 많이 하고 있는 것이다. 기획자가 실제로 하는 업무가 이런 양상인 이유는, 시스템이든 콘텐츠이든 순수한 기획 작업을 하는 시간보다 그 이후 제작과 관리를 하는 데 드는 시간이 더 길기 때문이다.

콘텐츠의 제작과 관리를 할 때 콘텐츠 데이터를 사용한다는 것은 앞에서 밝힌 바 있는데, 시스템의 경우에도 데이터를 사용하며 개발 조직에서 지정한 데이터 파일로 작성된다. 어떤 개발 조직은 엑셀 파일을 활용하기도 하고, 어떤 개발 조직은 XML 파일을 사용하기도 한다. 한 개발 조직 내에서 여러 종류의 데이터 파일을 함께 사용하는 경우도 많다. 이러한 데이터들은 기획자들이 자신의 의도대로 게임을 설정할 수 있도록 해주는 수단이 된다.

데이터가 필요한 이유는 완벽한 시스템이나 콘텐츠를 한 번에 만드는 것이 불가능하기 때문이다. 기획을 토대로 개발이 완료된 게임 구성물이 다시 수정할 필요 없을 정도로 완벽한 경우는 거의 없다. 게임은 테스트와 수정을 거쳐서 만족할 만한 수준[1]으로 올라가는 것이다. 예를 들어 ON/OFF 스위치만으로 원자력 발전소를 제어할 수 있을까? 전원 스위치 하나만 가지고 원자력 발전소를 제어한다는 것은, 모든 것이 예상대로 발전소가 동작할 때만 가능하다. 하지만 현실은 그렇지 못하고, 항상 예상이 빗나가고 문제가 발생한다. 이에 원자력 발전소는 이런 상황을 해결할 수 있도록 시스템 조정 인터페이스들을 갖추고 있다. 냉각로의 온도가 비정상적으로 올라가면 냉각수를 빠르게 돌리거나 전력 생산을 줄이는 등의 조정을 하게 된다. 이런 조정은 컨트롤 실에서 해당 기능을 조절하는 인터페이스를 통해 이루어진다. 게임도 마찬가지로, 게임 시스템을 정비하고 조정할 수 있는 인터페이스가 필요하다. 게임이 컴퓨터 프로그램인만큼 이 인터페이스는 '데이터'라는 형태가 되며, 시스템의 성질에 따라 다음과 같이 나눌 수 있다.

시스템 데이터의 종류

- 시스템 조정 데이터
- 콘텐츠 데이터

시스템 조정 데이터는 의도한 대로 시스템이 동작하는지 확인하고 조정하는데 사용된다. 콘텐츠 데이터는 콘텐츠 제작과 관리를 위해 고안된 콘텐츠 시스템에서 사용되는 데이터다. 즉 일반 게임 시스템에서 사용하는 데이터는 시스템 조정 데이터이고, 콘텐츠 시스템에서 사용하는 데이터는 콘텐츠 데이터이다. 게임 데이터들은 개발자가 설계하는 경우도 많지만, 시스템 기획자가

---

1 이후 상황에 따라 얼마든지 바뀔 수 있기 때문에 완벽한 상태는 있을 수 없다.

하는 것이 더 바람직하다. 데이터가 게임을 조정하는 인터페이스임을 생각해보면 사용자의 편의가 중요하며, 데이터의 주된 사용자가 기획자인 것을 생각하면 시스템 기획자가 데이터 설계에 더 적합할 수 있기 때문이다. 이 장에서는 바로 이 게임 데이터 설계에 대해 살펴볼 것이다.

시스템 조정 데이터

TPS 액션 게임의 시스템을 처음 기획한다고 가정했을 때, 게임의 캐릭터들에게 적용되는 중력 값은 얼마가 적당할까? 중력 값의 단위는 게임마다 천차만별이겠지만, 단위를 무시하고라도 이에 대한 답을 내리기 어려울 것이다. 원하는 중력 값을 찾기 위해서는 최초에 적당한 값을 설정한 뒤, 계속 값을 바꿔가면서 테스트해 가장 적합한 수치를 찾아야 한다. 최적의 중력 값을 찾기 위해 우리는 100, 90, 80 등 많은 수치로 테스트해보게 되며, 그중에 가장 마음에 드는 수치를 찾는다. 이런 시스템의 수치 조정과 테스트를 편하게 하기 위해 고안되는 것이 시스템 조정 데이터다. 그렇다면 시스템 조정 데이터가 필요한 이유는 무엇일까?

만약 시스템 조정 데이터 없이 중력을 개발한다고 생각해보자. 일단 개발자는 기획자에게 중력 값에 대해 물어보거나 스스로 괜찮다고 생각하는 중력의 형태로 만든 다음에 개발을 끝낼 것이다. 그 이후 기획자는 중력 값을 변경하려고 할 때 개발자에게 변경 요청을 해야 한다. 개발자는 기획자가 요청하는 중력 값으로 변경해주고, 기획자는 이를 확인한다. 문제는 이런 변경 요청이 얼마나 있을지 알 수 없다는 것이다. 운 좋게 한 번에 끝날 수도 있지만 수십 번을 고칠 수도 있다. 다행히도 개발자가 중력 개발에 '집중'하고 있다면, 중력 값 수정에 대한 요청과 반영이 빠르게 이루어질 수 있다. 하지만 현재 기획자가 중력 값을 수정하고 있다고 해서, 개발자도 항상 같이 중력 값을 수정하고 있는 것은 아니다. 담당 개발자는 다른 개발 작업을 하고 있을 수도 있다. 이런 상황에 수차례 같은 내용을 수정해달라고 요청하는 것은 서로에게 피곤한 일이다.

더 큰 문제는 중력 값을 결정한 다음에도 언제든지 다시 수정을 하는 일이 발생할 수 있다는 것이다. 이 때가 돼서 기획자가 개발자에게 중력 값을 수정해달라고 요청하는 것은 큰 비용이 든다. "그냥 가서 고쳐달라고 하면 되잖아요."라고 말할 수도 있겠다. 하지만 개발자가 중력 값 개발 내용을 까먹어서 수정하는 데 오래 걸릴 수도 있고, 심지어 담당 개발자가 퇴사했을 수도 있다. 결정된 내용을 번복하는 것에 대해 불만을 가질 수도 있다. 이와 같이 개발이 끝난 다음에 수정을 요청하는 것은 비용이 비싸고, 개발 조직 내의 마찰을 일으킬 여지를 남긴다.

이런 상황을 방지하고 개선하려면, 수정 요청의 당사자인 기획자가 중력 값을 직접 변경시키는 것이 바람직하다. 그렇게 되면 중력 값을 수정해야 할 때, 기획자가 필요한 대로 수정하고 테스트해 확인해 일을 끝낼 수 있다. 기획자가 중력 값을 직접 변경시킨다는 것은 값의 변경을 직접 함과 동시에 그에 대한 책임까지 지겠다는 것을 의미한다. 즉 중력 값을 변경할 때는 반드시 해당 기획자를 거쳐야 하며, 그 기획자는 최종 중력 값에 대한 책임을 지게 된다.

이제 기획자가 중력 값을 조정할 수 있는 수단이 필요하다. 기획자가 중력 값을 수정하기 위해 직접 프로그래밍 코드를 들여다 보는 것은 매우 드물고 힘든 일이다. 따라서 기획자가 중력 값을 수정할 수 있는 인터페이스인 시스템 조정 데이터가 필요하다. 기획자는 중력 값을 수정해달라고 요청하는 것 대신, 중력 값을 수정할 수 있는 데이터를 요청해야 한다. 시스템 조정 데이터의 구현을 위해 개발자와 추가적인 협업을 해야 하지만, 요청한 시스템 조정 데이터의 구현이 끝나면 개발자에게 요청할 필요 없이 기획자가 필요한 대로 중력 값을 바꿀 수 있다. 계속 중력 값을 수정해야 할 수도 있다는 것을 생각해보면, 어느 쪽이 더 효율적인지는 생각할 필요도 없다.

그림 7.1 시스템 조정 데이터는 의사소통 비용을 줄여준다

하지만 시스템 동작에 관여하는 데이터가 시스템 조정 데이터로서 외부에 많이 제공될수록 시스템의 오류 발생 시 디버깅하기가 어려워지고, 외부에서 데이터를 조작하기 위한 추가 개발이 필요하다. 이에 개발자는 시스템을 제어하는 인터페이스로서의 데이터 공개를 최소화하고자 하는 경향이 있다. 반면에 기획자는 시스템을 좀 더 원활하게 다루기 위해 많은 데이터들을 자신이 수정하기를 바란다. 기획자는 기획 편의를 위해 최대한 시스템을 제어하기를 원하고, 개발자는 개발 편의를 위해 최소한으로 시스템을 노출하고자 한다.

즉 시스템 조정 데이터를 개발함에 있어, 기획자와 개발자의 이해관계가 얽혀 있다.

데이터 요청이 개발자의 작업 일정에 영향을 미치기 때문에, 불필요하거나 거의 사용되지 않을 데이터는 요청하지 말자. 데이터는 시스템의 중요 기능과는 상관없기 때문에 개발자는 데이터 요청을 시스템 개발의 부차적인 요소처럼 생각하기 마련이다. 따라서 시스템 기획을 공유하는 단계에서 같이 데이터를 요청해야 개발자가 부담 없이 이를 처리해준다. 시스템 개발이 끝난 이후에 데이터 요청을 하면 개발자는 이를 추가 작업으로 여겨 부정적으로 생각할 수도 있다. 시스템 기획을 할 때 시스템 조정 데이터를 미리 설계해 개발자에게 전달하는 습관을 갖는 것은 개발 조직의 효율을 올리고 본인 스스로도 좋은 기획자로 평가받는 데 도움을 준다. 시스템 조정 데이터의 목적 자체가 개발자에게 요청하는 시스템 조정을 줄이기 위함이기 때문에 시스템 개발 이후의 개발자 작업이 줄어드는 것은 명백한 사실이다. 다만 보안 이슈와 같은 이유로 개발자가 난색을 표하는 데이터가 있을 수도 있는데, 이때는 개발자와 논의해 결정하도록 한다.

시스템 조정 데이터가 많아지면	
기획자	**개발자**
시스템 조정 용이 시스템 테스트 감소	개발 기간 증가 디버깅 난이도 상승

그림 7.2 시스템 조정 데이터를 많이 만든다고 항상 좋은 것은 아니다

시스템 조정 데이터를 설계할 때 주안점을 둬야 하는 것은 직관성과 편의성이다. 직관성과 편의성을 올리기 위해서 시스템 조정 데이터는 단순한 구조를 가질 필요가 있다. 데이터가 구조화되어 있거나 지나치게 많은 내용이 한 데

이터에 포함되어 있으면, 하나의 수치만 바꾸려고 해도 수정해야 하는 데이터의 양이 많아지게 된다. 또한 데이터 파일을 열고 원하는 데이터를 찾기 쉽도록 데이터의 이름을 직관적으로 짓는 것이 필요하다. 마지막으로 데이터들에 대한 설명 또는 주석을 잘 남겨야 한다. 데이터를 설계하고 개발할 때는 아는 내용일지라도, 시간이 흐르면 데이터 내용을 잊어버릴 수 있다. 데이터 내용에 대해 간략한 설명이나 주석을 남겨놓아, 나중에 데이터를 쉽게 이해할 수 있도록 하자.

이제 시스템 조정 데이터를 설계하는 것에 대해 살펴보자. 먼저 데이터가 시스템의 어떤 부분에 관한 것인지를 정해야 한다. 그리고 나서 데이터의 값을 어떤 형식으로 작성할 것인지를 정해야 한다.

- 데이터의 내용: 데이터가 시스템에 어떤 영향을 미치는지
- 데이터의 형식: 실제 작성하고 수정할 데이터의 모양

데이터의 내용은 데이터가 시스템의 어떤 부분에 관한 것인지를 보여주며, 이 내용은 인지요소 명세나 규칙 명세에 있다. 즉 데이터 내용은 시스템 명세에 있는 내용과 데이터를 연관짓는 것이다. 예를 들어 카메라 셰이킹 시스템의 카메라 이동 기능을 위한 시스템 조정 데이터를 생각해보자. 카메라를 이동시키는 것은 X, Y, Z축에 대해 가능하다. 따라서 이를 위한 시스템 조정 데이터는 각 축에 대한 이동 거리로 지정한다. 즉 X축 이동 거리, Y축 이동 거리, Z축 이동 거리를 카메라의 이동 기능을 위한 시스템 조정 데이터로 삼은 것이다.

데이터의 형식은 실제 데이터를 어떻게 작성하고 표시할 것인지를 나타낸다. 앞서 예를 든, 카메라 셰이킹의 카메라 이동 기능을 위한 시스템 조정 데이터를 'X=10', 'Y=5', 'Z=8'과 같이 각 좌표 축별로 데이터를 분리할 수도 있고, '(10,5,8)'이나 '10_5_8'과 같이 묶음 데이터로 설정할 수도 있다. 어떤 것

이 더 편할지, 더 나을지는 데이터를 수정하는 당사자인 기획자가 판단해야한다. 특히 자주 변경할 데이터이거나 중요한 데이터일수록 데이터를 다루기쉽도록 형식에 신경을 써야 한다. 개발 조직에서 많이 사용하는 데이터 형식이 있다면 그에 맞추는 것도 좋다.

카메라 셰이킹 시스템의 시스템 조정 데이터		
Rotation	내용	• 현재 카메라 시점을 기준으로 회전시킬 각도를 설정하는 항목 • (X,Y)축 설정이 가능해야 함
	형식	• 문자열이지만, 각 좌표축 회전 각도 값은 정수 • ','를 사용해 좌표축을 구분 • 예시: Rotation = 90,0
Movement	내용	• 현재 카메라 시점을 기준으로 좌,우,확대/축소 이동 거리(m)를 설정하는 항목 • (X,Y,Z)축 설정이 가능해야 함
	형식	• 문자열이지만, 각 좌표축 이동 거리 값은 실수 • ','를 사용해 좌표축을 구분 • 예시: Movement = 10,0,−3
Time	내용	• 카메라 셰이킹 동작 시간(sec) • 이를 통해 속도가 결정된다.
	형식	• 실수 • 예시: Time = 0.5

콘텐츠 데이터

콘텐츠 데이터는 콘텐츠 시스템에서 콘텐츠를 관리하기 위해 사용하는 데이터로, 콘텐츠 시스템을 설명하면서 소개한 바 있다. 콘텐츠 시스템에서 다루는 내용이 콘텐츠 객체들이기 때문에 콘텐츠 데이터의 내용은 콘텐츠 객체들의 모음이며, 콘텐츠 데이터는 식별자와 데이터로 구성되는 콘텐츠 객체들을 담고 있다. 이런 식별자와 데이터를 연결한 콘텐츠 객체를 식별자 기준으로 정리하려면, 콘텐츠 데이터는 테이블(행렬)의 형태를 갖는 것이 보통이다. 이때 식별자와 데이터들을 테이블로 기록하는 것은 두 가지 방법이 가능하다. 다음 그림을 보자.

식별자	데이터1	데이터2	데이터3	데이터
1	D11	D21	D31	D4
2	D12	D22	D32	D4
3	D13	D23	D33	D4
4	D14	D24	D34	D4
5	D15	D25	D35	D4
6	D16	D26	D36	D4
7	D17	D27	D37	D4
8	D18	D28	D38	D4

식별자	1	2	3	4
데이터1	D11	D12	D13	D14
데이터2	D21	D22	D23	D24
데이터3	D31	D32	D33	D34
데이터4	D41	D42	D43	D44
데이터5	D51	D52	D53	D54
데이터6	D61	D62	D63	D64
데이터7	D71	D72	D73	D74
데이터8	D81	D82	D83	D84

그림 7.3 행으로 정리(좌)할지, 열로 정리(우)할지에 따라 콘텐츠 객체를 담고 있는 테이블의 모양이 달라진다

식별자를 행과 열 중에 어느 방향으로 정리할지 결정하는 것은, 단순히 보기 좋은 것을 목적으로 결정되는 것이 아니다. 콘텐츠 시스템은 굉장히 많은 양의 콘텐츠 객체들을 제작/관리하는 것을 목표로 하기 때문에, 콘텐츠 데이터에 기록되는 콘텐츠 객체들도 많을 수밖에 없다. 콘텐츠 객체의 수만큼 식별자의 수가 늘어나는 것에 비해, 한 콘텐츠 데이터의 내용은 콘텐츠 시스템을 기획할 때 이미 결정되어 있다. 설령 콘텐츠 시스템에 추가 내용이 들어가더라도, 그 수는 식별자의 수에 비교하면 정말 적다. 긴 목록을 작성할 때 위에서 아래로 목록을 작성하는 것이 보통인데, 이는 기록 매체인 '종이'의 특징상, 좌우 폭을 제한하고 위아래로 길이를 늘이는 것이 용이하기 때문이다. 콘텐츠 데이터도 결국 사람이 제작하고 관리하기 때문에 이런 점을 고려해 식별자들을 행으로 정리하는 것이 좋다. 그리하여 콘텐츠 데이터의 대부분은 그림 7.3의 좌측과 같은 테이블로 정리되게 된다.

이제 콘텐츠 데이터의 형식인 테이블 중에 열에 해당하는 데이터들에 대해

알아보자. 데이터의 열로 나뉘게 되는 것들은 각각의 콘텐츠 객체들의 정보들, 즉 콘텐츠의 데이터 내용에 해당한다. 콘텐츠가 갖는 정보들은 굉장히 많기 때문에 이들을 모두 데이터에 정리하게 되면 양이 너무 많아진다. 데이터의 양이란 것은 데이터의 값의 크기와도 상관이 있지만, 데이터의 전체 개수, 즉 데이터 테이블의 열^{column}의 개수가 게임의 퍼포먼스에 더 큰 영향을 미친다. 따라서 데이터 테이블에서 열의 수를 가급적 줄이는 것이 중요하다.

데이터의 양을 줄이기 위해서는, 우선 콘텐츠 적당한 수준에서 데이터가 갖는 다양한 기획 콘텐츠들 을 분리해 테이블을 구성하는 것이 필요하다. 〈LoL〉에서 '챔피언'에 대한 데이터를 '스탯'과 '스킬' 등으로 나누는 것이 이런 분리 작업이라고 볼 수 있다. 예를 들어 〈LoL〉의 챔피언 식별자 1번에 해당하는 '애니'라는 챔피언 객체는 다양한 기획 데이터를 가지고 있다. 스탯 데이터도 있고, 스킬 데이터도 있으며, 완전히 다른 성격인 배경 스토리 데이터도 있다. 여기서 챔피언의 스탯 관리를 위한 콘텐츠 시스템에는 챔피언의 어떤 정보를 포함시켜야 할까? 챔피언 스탯 관리를 위한 데이터이기 때문에 당연히 스킬 데이터나 배경 스토리 데이터는 제외되어야 할 것이다.

콘텐츠를 구성하는 정보들을 크게 분류해 테이블을 여러 개로 쪼개는 것만으로는 효율적인 데이터 관리가 힘들 수 있다. 〈LoL〉의 챔피언 스탯만 하더라도 수십 종이기 때문에 별 생각 없이 이들을 모두 스탯 데이터에 포함시키는 것은 바람직하지 않다. 다시 말해 콘텐츠 시스템이 다루는 범주에 있는 것들, 그중에서도 데이터로 다룰 만한 정보들만 선택하는 것이 추가로 필요하다. 다른 예로, 챔피언이 가질 수 있는 스탯들 중에 '강인함'[2]은 스탯 시스템에서 다루어야 할까? 강인함도 아니면 실행 중인 게임 경기 내에서만 획득하는 스탯이기 때문에 다루지 말아야 할까? 챔피언 스탯이라고 생각해서 스탯 데이터

---

2   자신에게 적용되는 군중제어(Crowd Control) 기술의 지속시간을 줄여주는 〈LoL〉의 챔피언 스탯이다.

에 포함시키면, 모든 챔피언들이 강인함 스탯을 '0'을 가지게 된다. 모든 챔피언들이 '0'이라는 뻔하고 쓸모없는 데이터들을 갖게 되는 것이다. 게임 내 장비 아이템이나 스킬 등을 통해서만 다루어지는 이 스탯은 분명히 챔피언이 갖게 되는 '스탯'이다. 하지만 챔피언에 따라 다르게 다루지는 않기 때문에 '챔피언 스탯 데이터'에 포함되는 것은 의미가 없다. 이렇듯 항상 명확하게 콘텐츠 데이터에서 다룰 정보들을 결정할 수 있는 것은 아니다. 이에 대한 결정을 하기 위해, 콘텐츠 데이터가 다루면 좋을 정보들의 성질을 살펴보자.

- 콘텐츠 시스템의 목적과 관련이 있는 데이터
- 콘텐츠 객체마다 기획 의도에 따라 값을 설정하고 변경하는 데이터

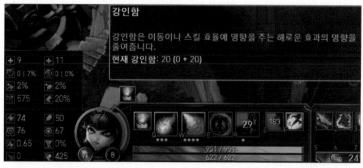

그림 7.4 강인함은 경기 중에만 챔피언이 갖는 스탯으로, 챔피언에 따라 관리할 스탯은 아니다

이 기준을 가지고 다시 '강인함'을 살펴보면, 스탯 시스템에 강인함 스탯을 포함하는 것은 좋지 않다는 것을 알 수 있다. 강인함도 챔피언의 스탯이기 때문에 스탯 시스템의 목적에는 관련이 있지만, 기획 의도에 따라 기획자가 값을 설정하고 변경할 일이 없는 내용이기 때문이다.

이렇게 성질에 따라 시스템 데이터에 편입시킬지 판단해 데이터의 양을 줄일 수도 있지만, 데이터로 저장해야 할 정보는 원한다고 계속 줄일 수 있는 것이 아니다. 다시 말해 꼭 필요한 정보들이 많아지게 되면 줄이는 데도 한계가

있다. 이럴 때는 데이터를 분석해 제약 조건을 둔 다음, 데이터가 다루는 데이터의 성질을 변경해 데이터의 양을 줄여볼 수도 있다. 다른 관점에서 데이터를 바라보고 데이터를 설계하는 것이다. 〈LoL〉의 장비 아이템들의 옵션 데이터를 예로 생각해보자. 〈LoL〉의 장비(장비 아이템)들은 공격 스탯과 방어 스탯 등의 수십 개의 옵션을 가질 수 있다. 다양한 장비 옵션들은 다양한 챔피언 조합과 맞물려서 게임의 깊이를 더해주기 때문에 장비 옵션의 개수를 마냥 줄일 수는 없다. 데이터의 양을 줄이기 위해 게임의 재미를 포기하는 것은 정말 게임 퍼포먼스에 이 데이터가 악영향을 크게 미칠 경우에나 선택할 최후의 수단이다. 그렇다면 〈LoL〉의 장비는 수십에서 수십 개의 옵션에 대한 데이터를 모두 가지고 있는 것일까?

그림 7.5를 보자. 〈LoL〉의 장비가 가질 수 있는 스탯 옵션들을 열에 모두 열거하면 위 테이블과 같은 형태의 테이블이 된다. 이렇게 테이블을 구성하면, 장비가 어떤 스탯을 어떤 값으로 갖는지 알기가 편하다. 당연히 데이터의 양을 생각하지 않으면 위와 같은 형태가 좋다고 할 수 있다. 하지만 '고유 효과'까지 포함했을 때, 실제 〈LoL〉의 장비 옵션들은 50개가 훌쩍 넘어간다. 이 경우, 스탯 관련 열의 개수가 50개가 되기 때문에 데이터의 양이 엄청나게 늘어나게 된다. 테이블에서 장비가 갖는 스탯들에 대한 정보를 한 눈에 보는 것은 거의 불가능하다. 단순하게 보는 것만 힘든 것 외에도, 거의 대부분의 스탯들이 값을 가지지 않는 것도 문제다. 한 장비에 50개가 넘는 스탯들을 설정할 수 있다고 해도 〈LoL〉에서 장비가 갖는 옵션은 많아야 5개 내외다. 따라서 대부분의 열에는 데이터 값이 없을 것이다. 그림 7.5의 위 테이블을 보면 많은 열들에 데이터가 없고 비어 있는 것을 알 수 있다. 이렇게 많은 공란이 있는 테이블은 좋지 않다.

이제 그림 7.5의 아래 테이블을 보자. 이 테이블은 사실 그림 7.5의 위 테이블과 동일한 데이터를 저장하고 있다. 단 한 장비가 갖는 옵션의 최대 개수를 3개로 제한하고 있다는 점이 다르다. 50개가 넘는 스탯 옵션을 단 6개의 스탯 옵션 데이터로 처리했다. 즉, 제약조건을 두는 대신 데이터의 양을 획기적으로 줄였다. 물론 이 방식은 테이블에서 원하는 스탯을 가진 장비를 바로 찾거나 각종 통계 등의 수치 가공을 할 수 없다는 단점이 존재한다. 데이터의 양이 줄어들면서 데이터를 설정하는 것은 편해졌지만, 데이터를 찾거나 가공하는 것은 불편해진 것이다. 이렇게 제약 조건을 두고 데이터의 열을 다르게 정의하는 방식을 사용하는 것은 데이터의 양이 많을 때 생각해 봄직하다.

제약조건
장비 아이템은 옵션을 최대 3개까지 가진다

옵션1	옵션1 값	옵션2	옵션2
마나	250	방어력	25
마저	25	이속	45
체력	500	마저	70
체력	200	주문력	25
공격력	15	흡혈	10

그림 7.5 데이터에 제약 조건을 두고 다른 관점에서 열(column)을 정의하면, 많은 데이터를 아낄 수 있다

좋은 콘텐츠 데이터를 설계하려면, 데이터의 양에 대해 생각하는 것 외에도 데이터가 대량으로 수정될 수 있음을 염두에 두는 것이 필요하다. 컴퓨터 파일인 데이터 파일의 수정은 키보드와 마우스를 통해 이루어진다. 대량의 데이터들을 수정할 때는 마우스와 키보드 움직임을 최소화하는 것이 좋다. 수정할

데이터의 값을 결정하는 것과는 달리 마우스와 키보드 조작은 물리적인 반복 작업이기 때문에 피로도가 매우 높은 작업이며 어느 정도의 작업 시간을 필요로 한다. 한 번의 마우스 클릭이나 방향키 누르기를 줄이는 것은 하나의 데이터 수정을 할 때는 크게 와닿지 않을 수도 있다. 하지만 수십에서 수백 개의 데이터들을 수정할 때는 이야기가 달라진다. 만약 밸런스 작업을 위해 몬스터 100종의 스탯을 조정해야 한다고 가정해보자. 한 몬스터의 스탯을 수정하는 데 걸리는 시간을 10초 줄일 수 있다면, 전체 수정 시간을 1000초, 약 16분 정도 줄일 수 있다. 만약 밸런스 작업이 길어져서, 몬스터 스탯을 고치는 작업을 총 5번 했다면, 80분을 줄일 수 있는 것이다. 따라서 데이터 수정에 필요한 마우스와 키보드 조작을 최소화할 수 있도록 데이터를 구성하는 것이 필요하다.

데이터 수정의 효율을 높이는 데 도움을 주는 데이터 구조 설계 방법은 다음과 같으며, 〈LoL〉의 챔피언 스탯 데이터를 수정하는 상황을 예로 들겠다.

- 수정할 때, 같이 고칠 가능성이 높은 것들을 가급적 가까이 배치한다.
- 자주 수정할 가능성이 높은 것을 식별자로부터 가깝게 배치한다.
- 하나의 데이터는 가장 단순한 형태인 '값'만을 가지도록 한다.

데이터 구조를 설계할 때, 수정할 때 같이 다룰 가능성이 높은 데이터들을 모아 놓는 것이 좋다. 그림 7.6에서 '체력'과 '레벨당 증가 체력' 스탯의 데이터 테이블에서의 열 위치를 주목하자. 위는 레벨당 증가 스탯들을 오른쪽 열에 모아 놓았고, 아래는 하나의 스탯과 그 스탯의 레벨당 증가 스탯을 모아 놓았다. 보기에는 위가 좋을지도 모르지만, 데이터를 수정할 때는 아래가 훨씬 효율이 좋다. 체력이라는 스탯을 수정할 때는 레벨당 증가 체력을 같이 수정할 가능성이 높으며, 이 상황에서 아래의 경우가 관련 스탯을 찾기도 편하고 키보드나 마우스 조작도 더 적게 한다. 위와 같이 개념적으로 데이터들을 모아 놓는 것도 장점이 있지만, 관리(수정) 측면에서 아래의 경우가 더 효율적이다.

Index	이름	체력	마나	공격력	공속	체회	마회	방어력	마저	이속	사거리	증 체력	증 마나	증 공격력
1	Annie	511.7	334	50.4	0.579	5.42	6	19.22	30	335	625	76	50	2.63
2	Olaf	597.2	315.6	60	0.694	8.51	7.47	26.04	32.1	350	125	93	42	3.5
3	Galio	577.8	369	62	0.638	8.71	6	26.88	32.1	335	125	85	47	3.38
4	Misted F	521.8	265.8	50	0.651	5.51	6	20.54	30	330	525	82	38	3.3

Index	이름	체력	증 체력	마나	증 마나	공격력	증 공격력	공속	증 공속	체회	증 체회	마회	증 마회	방어력
1	Annie	511.7	76	334	50	50.4	2.63	0.579	1.36	5.42	0.55	6	0.8	19.22
2	Olaf	597.2	93	315.6	42	60	3.5	0.694	2.7	8.51	0.9	7.47	0.58	26.04
3	Galio	577.8	85	369	47	62	3.38	0.638	1.2	8.71	0.75	6	0.8	26.88
4	Misted F	521.8	82	265.8	38	50	3.3	0.651	3.22	5.51	0.6	6	0.8	20.54

그림 7.6 같이 수정할 가능성이 높은 스탯들을 모아 놓는 것이 수정 시 더 효율적이다

콘텐츠 객체들을 구분해주는 식별자가 가장 왼쪽 열에 있는 것이 일반적인 상황에서, 자주 수정하는 데이터들을 좌측에 배치하자. 데이터 수정의 과정을 생각해보면, 원하는 콘텐츠 객체를 식별자를 통해 찾은 다음에 수정할 데이터를 찾게 된다. 따라서 눈과 키보드 커서는 왼쪽에서부터 오른쪽으로 진행하는 것이 보통[3]이다. 이때, 자주 수정하는 데이터가 왼쪽 열에 배치되어 있다면 그만큼 빨리 데이터를 찾을 수 있을 것이다. 그림 7.7을 보면, '이속'과 '사거리'의 열 위치에 차이가 있다. 〈LoL〉의 특징상 밸런스 작업을 통해 수정되는 경우가 적기 때문에 이속과 사거리 스탯을 뒤(우측)에 두는 것이 수정 시 효율이 좋다.

---

3 사람이 글을 읽는 방향과 일치한다.

Index	이름	체력	마나	공격력	공속	체회	마회	방어력	마저	이속	사거리	증 체력
1	Annie	511.7	334	50.4	0.579	5.42	6	19.22	30	335	625	76
2	Olaf	597.2	315.6	60	0.694	8.51	7.47	26.04	32.1	350	125	93
3	Galio	577.8	369	62	0.638	8.71	6	26.88	32.1	335	125	85
4	Twisted Fa	521.8	265.8	50	0.651	5.51	6	20.54	30	330	525	82

Index	이름	이속	사거리	체력	마나	공격력	공속	체회	마회	방어력	마저	증 체력
1	Annie	335	625	511.7	334	50.4	0.579	5.42	6	19.22	30	76
2	Olaf	350	125	597.2	315.6	60	0.694	8.51	7.47	26.04	32.1	93
3	Galio	335	125	577.8	369	62	0.638	8.71	6	26.88	32.1	85
4	Twisted Fa	330	525	521.8	265.8	50	0.651	5.51	6	20.54	30	82

그림 7.7 이속과 사거리는 거의 수정하지 않는 수치이므로, 가장 오른쪽 열에 배치하는 것이 좋다

마지막으로 하나의 데이터가 다루는 값이 여러 값을 복합하는 것을 피해야 한다. 그림 7.8의 아래 데이터는 체력 데이터가 체력 스탯과 레벨당 증가 체력 스탯을 '/'로 구분한 문자열을 다루고 있다. 체력 스탯들만 보면 장점이 많아 보이지만, 데이터를 수정할 때는 굉장히 불편하다. 숫자만 입력해야 하는 위와는 달리, 아래는 '/'와 같은 구분자도 추가로 입력해야 하기 때문에 이 과정에서 실수가 나올 수도 있다. 또한, 레벨당 증가 체력을 수정할 때, 아래의 경우는 우측 방향키를 여러 번 눌러 커서를 그 데이터까지 옮겨야 한다. 즉 더 많은 조작과 오류 발생 가능성을 가지고 있는 것이다. 이런 데이터는 '문자열'로 처리되기 때문에 에러 검출도 힘들다.

위의 경우에는 '숫자'가 아니면 에러를 내도 상관없지만, 아래의 경우에는 문자열을 검사해 올바른 데이터인지 따로 검사해야 한다. 더욱이 엑셀 시트로 작성되는 경우, 각종 셀Cell 함수들이 복합 데이터를 바로 다루지 못하기 때문에 셀에 하나의 수치만 담는 것이 좋다. 공격력을 오름차순으로 정렬해 가장 공격력이 높은 챔피언을 찾거나 전체 챔피언들의 공격력의 평균을 계산하기 위해 엑셀의 함수[4]를 사용할 때, 문자열의 형태로 된 데이터의 경우 바로 사용이 불가능하다.

---

4 보통 엑셀 기본 제공 함수인 AVERAGE 함수를 사용한다.

Index	이름	체력	증 체력	마나	증 마나	공격력	증 공격력	공속	증 공속	체회	증 체회	마회	증 마회
1	Annie	511.7	76	334	50	50.4	2.63	0.579	1.36	5.42	0.55	6	0.8
2	Olaf	597.2	93	315.6	42	60	3.5	0.694	2.7	8.51	0.9	7.47	0.58
3	Galio	577.8	85	369	47	62	3.38	0.638	1.2	8.71	0.75	6	0.8
4	Misted F	521.8	82	265.8	38	50	3.3	0.651	3.22	5.51	0.6	6	0.8

Index	이름	체력	마나	공격력	공속	체회	마회	방어력	
1	Annie	511.68 / 76	334 / 50	50.4 / 2.63	0.579 / 1.36	5.42 / 0.55	6 / 0.8	19.22 / 4	
2	Olaf	597.24 / 93	315.6 / 42	60 / 3.5	0.694 / 2.7	8.51 / 0.9	7.47 / 0.58	26.04 / 3	32.
3	Galio	577.8 / 85	369 / 47	62 / 3.38	0.638 / 1.2	8.71 / 0.75	6 / 0.8	26.88 / 3.5	32.
4	Misted F	521.76 / 82	265.84 / 38	50 / 3.3	0.651 / 3.22	5.51 / 0.6	6 / 0.8	20.54 / 3.15	

그림 7.8 한 데이터에 여러 값이 복합적으로 결합되는 것은 좋지 않다

데이터의 적용 방법

게임을 구성하는 다양한 리소스들을 작동하는 게임으로 만들기 위해 빌드[Build]를 하는데, 데이터들이 변경되었을 때도 마찬가지로, 이 변화를 게임에 반영하기 위해서 빌드를 해야 될 수 있다. 수정된 데이터가 올바르게 적용됐는지 확인하기 위해서는 시뮬레이터 등을 사용할 수도 있지만, 실제 게임을 실행시켜서 확인하는 것이 가장 좋다. 이는 즉, 데이터를 수정할 때마다 확인을 위해 빌드를 새로 해야 할 수도 있다는 의미다.

데이터의 적용 방법은 수정된 데이터를 게임에 반영하기 위한 절차를 말한다. 데이터 변경 작업과 그 확인 작업이 수없이 이루어지는 것을 생각하면, 적용 방법에 따라 작업의 효율이 크게 달라진다. 데이터 적용 방법은 크게는 빌드를 해야 하는지 여부, 작게는 데이터를 다루는 방법에 따라 다르며, 크게 네 종류로 나눌 수 있다. 이 방법들 중에 데이터를 다루는 사람이 최대한 편한 것을 사용하면 좋겠지만, 개발 조직이나 개발자의 사정에 의해 마음대로 선택할 수는 없다. 가급적 데이터를 다루기 쉽도록 만들어주는 방법을 적용할 수 있도록 개발자와 논의해야 하며, 이를 위해 데이터 적용 방법에 대해 알아두자.

그림 7.9 데이터를 수정하고 테스트할 때마다 빌드를 해야 된다면 매우 비효율적이다

동적 데이터 로딩

동적 데이터 로딩은 기획자가 가장 선호하는 데이터 적용 방법이다. 동적으로 데이터를 로딩한다는 것의 의미는, 빌드를 통해 나온 실행 파일이나 엔진에서 게임을 실행시킨 다음에 수정된 데이터를 게임을 끄지 않고도 게임에 반영할 수 있다는 것을 뜻한다. 〈DOTA 2〉의 '항마사'라는 캐릭터의 어빌리티(기술)에 대한 밸런스 작업을 하고 있다고 가정하자. 항마사의 어빌리티 데이터는 'npc_heroes_custom.txt'라는 데이터 파일에 명시되어 있다. 항마사의 어빌리티의 수치를 조정하고 테스트하는 데 있어, 게임을 끄지 않고 수정된 'npc_heroes_custom.txt' 파일을 적용한다면 이 적용 방법을 '동적 데이터 로딩'이라고 한다. 동적 데이터 로딩을 하면, 최종 데이터 파일을 그대로 테스트에 사용할 수 있기 때문에 테스트를 위한 별도의 데이터나 명령어를 만들 필요가 없다. 또한 게임을 끄지 않고도 데이터를 수정할 수 있기 때문에 매우 빠르게 수정된 내용을 확인할 수 있다. 게임을 켜고 테스트 환경을 다시 복원하는 데 수 분이 걸리고, 수정과 테스트가 계속 반복되는 것을 생각하면 상당한 시간을 절약할 수 있다. 동적 데이터 로딩 방법은 기획자가 매우 선호하는 수정 방법이지만, 개발자 입장에서는 해야 할 일이 가장 많고 데이터에 따라서는 동적으로 로딩이 불가능한 경우도 있기 때문에 이 적용 방법을 앞장서서 선택하지는 않는 편이다.

동적으로 수치 조정

이 방법은 동적 데이터 로딩과 비슷한 수준으로 기획자가 선호하는 방법이다. 동적 데이터 로딩과 다른 점은, 원래 사용하는 데이터 형식이 아닌 별도의 입력을 통해 데이터를 일시적으로 수정한다는 점이다. 별도의 입력은 '명령어'나 '엔진 인터페이스'를 통해 이루어진다. 패키지 게임들을 보면 '치트키'와 같은 것을 통해 게임 설정들이 쉽게 변경되는데, 이런 치트키도 동적으로 수치를 조정하는 적용 방법 중에 하나라고 보면 된다. 예를 들어 항마사의 어빌리티 테스트를 할 때 'npc_heroes_custom.txt'를 수정하는 것이 아니라, 게임 실행 도중에 'Change_Q_MANA_10'과 같은 명령어를 통해 'Q 스킬의 마나 소모량'을 수정하는 것과 같은 방법을 말한다. 이 적용 방법은 캐릭터의 체력을 최대로 채우거나, 스킬의 쿨타임을 초기화하는 등의 특정 조건을 반복해 만들어야 할 때 유용하다. 하지만 동적 데이터 로딩 방법은 데이터의 모든 내용을 수정해 테스트할 수 있는 반면에 이 방법은 제공되는 명령어에 대한 내용만 수정이 가능하다는 단점이 있다. 또한 기획자가 명령어 등을 다루기 위해 별도로 학습하고 기억하는 것이 필요하다. '치트키'가 이 적용 방법 중에 하나인 것을 생각해보면 알겠지만, 게임의 보안상 문제가 발생할 수 있다는 것은 또 다른 부담이다. 하지만 이런 단점에도 불구하고, 테스트의 특정 조건을 반복해 설정할 때, 동적 데이터 로딩 방법보다 간편하고 빠르기 때문에 널리 선호되는 적용 방법이다.

정적 데이터 로딩

기획자가 직접 데이터를 수정할 수 있다고 할 수 있는 방법 중에 가장 선호되지 않는 적용 방법이다. 데이터를 다루는 방법은 동적 데이터 로딩과 동일하지만 데이터를 적용할 때, 더 번거롭고 시간이 오래 걸린다. 앞서 예를 든 항마사의 어빌리티 테스트에서 'npc_heroes_custom.txt'의 파일을 수정하는 것은 동일하지만, 수정된 내용을 게임을 진행하는 도중에 바로 적용해 확인을 할 수 없다. 수정된 데이터를 게임에 적용하려면 게임을 다시 실행시키거나 최악의 경우에는 게임 실행 파일을 새로 빌드해야 한다. 게임만 다시 실행 시키는 경우는 그나마 나은 편으로, 실행 파일을 새로 빌드하는 경우는 수 분에서 수십 분이 소요된다. 이 방법은 기획자는 가장 선호하지 않는 방법이지만, 개발자 입장에서 가장 문제점이 적고 데이터를 동적으로 처리하기 위한 작업을 할 필요가 없기 때문에 선호되는 방법이다. 따라서 기획자와 개발자가 데이터 적용 방법에 대해 따로 협의하지 않으면 대개는 이 방법으로 구현된다.

개발자에게 데이터 수정 요청

기획자가 데이터를 직접 수정할 수 없는 상태를 말한다. 데이터의 수정과 반영을 위해서는 기획자가 데이터 수정을 개발자에게 요청하고 이를 개발자가 처리해주는 것이 필요하다. 팀 간 의사소통 비용이 굉장히 높은 이 적용 방법을 소개하는 이유는 미처 설계하지 못한 데이터가 발견되거나, 뒤늦게 조정의 필요성이 발견된 데이터들이 생길 수도 있기 때문이다. 뒤늦게 데이터 개발 요청을 해 발생하는 의사소통 비용보다, 그리 많지 않을 것으로 생각되는 데이터 수정 요청 비용이 더 싸다고 생각되면 이 방법을 사용할 수 있다. 또는 개발자와의 친분이 두텁고 개발 조직의 스트레스 수준이 매우 낮다면 데이터 수정 요청을 하는 의사소통 비용이 생각보다 비싸지 않을 수도 있다.

요약

- 게임 데이터는 게임을 조정하는 인터페이스이며, 데이터의 주된 사용자가 기획자인 것을 생각하면 시스템 기획자가 데이터 설계에 더 적합할 수 있다.

- 게임 시스템의 데이터는 크게 시스템 조정 데이터와 콘텐츠 데이터로 나뉜다.
- 시스템 조정 데이터는 의도한 대로 시스템이 동작하는지 확인하고 조정하는 데 사용되며, 기획자는 시스템 조정 데이터를 통해 테스트 또는 시스템 조정이 수월해진다.
- 시스템 조정 데이터를 설계할 때는 직관성과 편의성에 중점을 두어야 하며, 시스템의 어떤 규칙과 인지요소와 연관되어 동작하는지 정리해야 한다.
- 콘텐츠 데이터는 콘텐츠 제작과 관리를 위해 고안된 콘텐츠 시스템에서 사용되는 데이터며, 대량의 콘텐츠들을 효율적으로 다룰 수 있게 해준다.
- 콘텐츠 데이터를 설계할 때는 데이터의 형태와 크기에 신경 써야 하며, 같은 내용이라고 하더라도 다양한 정리 방법을 사용해 데이터 조작 편의성을 올릴 수 있다.
- 데이터가 게임에 적용되는 방식은 여러 가지 있고, 데이터를 적용시켜 게임에서 확인하는데 걸리는 시간은 각 방식마다 다르므로, 테스트를 자주하는 데이터라면 개발자와 논의해 최대한 기획자가 편한 방식을 선택하자.

8장

기획이 끝났다고
시스템이 개발되지는 않는다

시스템 기획을 마쳤다고 시스템이 만들어지는 것은 아니다. 게임 시스템을 구현하는 것은 개발자의 몫이지만 기획자의 업무가 끝난 것은 아니다. 이 장에서는 시스템 기획이 끝난 다음에 진행되는 절차 및 업무를 설명하겠다. 먼저 시스템 기획을 시스템 관련 작업자들에게 설명해 공유하고 최종 조율을 한 다음, 시스템 기획을 개발 명세서 삼아 개발자가 시스템을 구현한다. 기획자는 개발자가 구현하는 것에 대해 올바르게 기능 구현이 되었는지 테스트한다. 테스트가 끝나고 구현이 종료되면 시스템에 대한 품평을 해야 하며, 이를 토대로 시스템을 개선(기획)하게 된다.

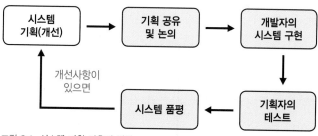

그림 8.1 시스템 기획 이후의 절차

물론 이 절차는 이상적인 경우를 말한 것이고, 현업에서 이 과정을 엄격하게 지키지는 않는다. 개발자가 시스템을 구현하는 중간에 기획자가 테스트를 하거나, 시스템 테스트 도중에 시스템을 개선하기도 한다. 이때 빠른 기획과 개발을 위해, 기획서를 작성하지 않고 간략한 구두 논의를 통해 이루어지는 경우도 많다. 이런 식으로 중간에 기획 내용이 바뀌면, 번거롭지만 개발 종료 이후에 시스템 기획 문서를 갱신해줘야 한다. 기획 업무는 게임 조직과 관련 작업자들의 성향에 따라 양상이 굉장히 다양한데, 특히 이 장에서 다루는 내용은 더욱 이런 경향이 짙다. 따라서 여기서 다루는 내용은 절대 정답이 아니며, 개발 조직의 상황에 따라서는 적절하지 않을 수 있다는 것을 염두에 두고 가볍게 보는 것을 추천한다.

기획 공유 및 논의

시스템 기획서의 작성이 끝나면, 이를 관련 작업자들과 공유하고 논의하는 것이 필요하다. 게임은 기획서만 가지고 만들어지는 것이 아니며, 반드시 개발자가 구현해줘야 한다. 개발자가 구현을 하기에 앞서 공식적인 개발 일정을 갖고 진행되기 위해 디렉터(또는 시스템 기획 결정권자)가 승인해야 한다. 다시 말해 디렉터, 개발자와 시스템 기획을 공유하고 논의하는 것이 필요하다. 앞의 시스템 기획 절차를 생각해보면, 게임 시스템에 대해 디렉터와 논의하는 것이 처음은 아니다. 시스템 기획의 과정을 생각해보면, 게임 기능을 정리하는 단계에서 디렉터, 개발자와 논의를 한 적이 있다. 꼭 기능 정리 단계뿐만 아니라 시스템 기획을 하면서 다양한 논의를 할 수 있으며, 앞서 진행한 의사소통은 기획서를 공유하는 지금 단계에 큰 영향을 미친다. 단순한 설명과 그에 대한 확인으로 끝나기도 하고, 시스템 기획을 놓고 원점부터 다시 검토하게 될 수도 있다.

그렇다면 디렉터와 개발자 중, 누구와 먼저 논의를 하는 것이 좋을까? 보통은 디렉터와 논의를 먼저 하는 것이 여러모로 좋다. 왜냐하면 기획에 대해 승인을 받아야 개발자와 논의를 할 때 자신감이나 추진력을 얻을 수 있기 때문이다. 개발자에게 기획을 전달하고 논의를 마쳤는데, 뒤늦게 디렉터가 기능을 수정하면 다시 개발자와 이야기해야 한다. 따라서 디렉터에게 먼저 시스템 기획에 대해 논의해 시스템 기획을 확정하는 것이 좋다. 만약에 개발 조직의 특성상, 디렉터와 기획을 공유하고 논의하는 것이 매우 어렵다면 개발자와 먼저 논의해 조율을 한 다음에 디렉터와 논의를 하는 것이 좋을 수도 있다. 게임 개발의 절차는 개발 조직의 상황에 따라 달라질 수 있음을 알아두자.

디렉터와의 논의가 끝나고 난 뒤, 개발자에게 기획을 설명하고 논의하는 작업을 하게 된다. 개발자에게 기획을 전달할 때는 개발자의 역량이나 성향에 맞춰 설명의 상세함을 조정한다. 기획서를 꼼꼼히 읽어보는 개발자라면 상세 명세는 기획서를 전달하는 것으로도 충분할 수 있다. 반면에 그렇지 않으면 기획서의 상세 명세까지 설명하는 것이 필요할 수 있다. 기획에 대한 공유가 제대로 되지 않아 시스템 기능이 제대로 개발되지 않는다면, 이후 발생하는 수정 작업으로 인해 개발자와 기획자 모두 힘들어지게 된다. 개발자에게 기획을 설명할 때는 기술적인 부분을 같이 검토해, 현실적으로 구현 가능한지 여부를 확인해야 한다. 구현 가능하다고 하더라도 개발자가 난색을 표하는 기능이 있다면, 이에 대해 조율을 하는 것도 필요하다. 예를 들어 '우편 시스템'에 단체 메일 기능이 있을 때, 한 번에 최대로 보낼 수 있는 메일의 수에 대해 조율을 할 수 있다. 기획자가 50명까지 되면 좋겠다고 했을 때, 개발자는 10명 정도로 제한하면 좋겠다고 하거나 단체 메일 기능이 꼭 필요한지 의문을 제기할 수 있다. 만약 개발자가 구현하기 어렵다고 난색을 표하는 기능이 있다면, 꼭 필요한 기능이기 때문에 개발이 어렵더라도 하기로 결정할지, 아니면 대안을 찾거나 수정을 할지를 결정해야 한다. 필요하다면 디렉터와 다시 논의를 할 수도 있다.

기획에 대해 논의하는 작업은 의사소통 과정이기 때문에 자신이 속한 조직이 어떤 의사소통 능력을 가졌는가에 따라 양상이 크게 달라진다. 어떻게 기획을 설명해야 좋은지는 논의를 같이 하는 사람의 성향에 따라 천차만별이기 때문에 여기서 설명하는 내용을 정답으로 생각하기보다는 자신이 처한 상황에 맞춰 참고하는 것이 좋다. 한편 대규모 개발 조직이라면, 시스템 기획에 대해 논의하는 대상이 디렉터가 아니라 기획 직군의 상급자일 가능성이 높다. 여기서 말하는 디렉터는 자신의 조직의 상황에 맞춰 생각하도록 하자. 개발자와 논의를 할 때도 마찬가지로, 기획자가 직접 하지 않고 팀 간 지정 의사소통 창구를 사용하는 등 개발 조직의 의사소통 절차에 따라 논의 양상이 다르다는 것을 알아두자.

디렉터와의 논의

디렉터와 시스템에 대해 논의를 하는 것이 이번이 처음은 아닐 것이다. 시스템의 기능을 결정하는 단계에서 디렉터와 논의를 했을 것이다. 앞서 논의를 한 적이 없다면, 기획한 시스템을 공유하고 승인을 받는 지금 단계에 디렉터가 기획안을 거부할 수 있다. 사전에 시스템에 대한 권한을 위임받았더라도 미리 논의를 하는 것이 바람직하며, 자주 디렉터와 시스템에 대해 논의를 하는 것은 시스템 기획에 안정성을 더해준다. 지금 이야기 하는 내용은, 이와 같은 논의를 통해 디렉터가 시스템에 대해 처음 듣는 상황이 아닌 것을 전제로 한다.

기획이 끝난 시스템을 디렉터에게 설명하고 논의할 때, 다음과 같은 내용을 다루면 좋다.

1. 예전에 시스템에 대해 합의했던 내용을 상기시킨다.
2. 디테일한 내용보다는 시스템의 방향성과 핵심 기능에 대해 설명한다.
3. 벤치마킹한 타 게임 시스템들에 대한 비교 우위에 대해 설명한다.

1. 예전에 시스템에 대해 합의했던 내용을 상기시킨다

시스템 기획자는 시스템 기획을 할 때 그 시스템만을 고민하지만, 더 많은 것을 결정하는 자리에 있는 디렉터(상급자)는 다른 것들에 대해서도 생각을 하고 있다. 시스템 기능에 대해 사전에 협의를 한 시점이 오래될수록 디렉터가 이 시스템에 대해 잊어버린 것이 많다고 봐야 한다. 따라서 기획한 시스템을 공유하기에 앞서, 시스템에 대해 일전에 협의한 내용을 상기시키는 것이 필요하다. 시스템 기획에 대해 시시콜콜 설명하는 것보다 과거의 논의에 대한 기억을 되살리는 것이 더 효율적일 수 있다. 내용 공유와 논의에 앞서 공감대를 형성하는 작업이라고 할 수 있다.

가끔 디렉터가 과거 합의에 대해 의문을 제기하거나 부정하는 경우도 있는데, 이때는 이후 시스템 기획을 공유하고 논의하는 작업이 굉장히 험난하다는 것을 의미한다. 디렉터가 그런 반응을 보이는 이유는 두 가지다. 디렉터가 기억을 잘못했거나, 아니면 시스템 기획자가 당시 합의를 오해하고 정리했을 것이다. 디렉터가 당시 합의에 대해 인정하지 못하고 부정한다면, 시스템 기획을 공유하는 작업은 큰 의미가 없다. 때로는 디렉터가 일단 한 번 들어보겠다는 식으로 진행되기도 하지만, 좋은 결과를 기대하기란 쉽지 않다. 그렇기 때문에 어쩔 수 없이 시스템 기획을 수정하는 작업[1]을 한 뒤, 다시 기획을 설명하는 자리를 만들어야 한다.

---

1 그렇기 때문에 중요한 합의를 하게 되면, 회의록 등의 기록을 남겨 두는 것이 필요하다.

2. 디테일한 내용보다는 시스템의 방향성과 핵심 기능에 대해 설명한다

대부분의 디렉터들은 시스템의 디테일한 부분에 대해 관심이 없거나 들여다볼 여유가 없다. 따라서 시스템 기획을 공유하는 자리에서도 디테일한 내용을 하나씩 설명할 필요는 없다. 만약에 디렉터가 디테일한 내용에 대해 관심을 보이더라도 모든 세부 내용을 설명하지는 말자. 대신 질문을 받거나 따로 관심이 있는 부분이 있는지 물어본 다음, 그 부분에 대해서만 세부 내용을 설명하도록 하자. 물론 시스템 자체가 간단하다면 세부 내용까지 설명해도 무방하기에, 상황에 맞춰 판단하도록 한다. 다만, 세부 내용이 알고 싶으면 기획서를 참고하라는 식으로 설명을 한 번에 디렉터에게 떠넘기지 말자. 디렉터가 디테일한 것까지 챙기는 성향이라면, 논의를 하기 전에 시스템 기획서를 전달해 디렉터가 읽어볼 수 있도록 하는 것도 좋은 방법이다.

세부 내용에 대한 설명 대신에, 시스템의 방향성이나 목적에 대해 설명하는 것이 좋다. 먼저 시스템의 방향성, 즉 해당 시스템이 게임에 필요한 이유에 대해 설명한다. 그리고 방향성 달성을 위해 필요한 시스템의 핵심 기능들을 설명한다. 핵심 기능들에 대한 설명도, 디테일한 기술적인 내용보다는 개념을 잡는 데 주력하도록 한다. 만약에 수치와 밀접한 관련이 있는 시스템인 경우에는 그래프와 같은 시각적 자료를 준비하는 것도 도움을 준다. 그 외에 타 게임에 있는 비슷한 개념들을 예시로 소개하는 것도 좋다. 핵심 기능들에 대한 설명이 끝나면, 정말 그 기능들이 방향성에 부합하는 것인지 디렉터와 논의를 하자.

3. 벤치마킹한 타 게임 시스템들에 대한 비교 우위에 대해 설명한다

시스템 기획을 공유하는 것을 위해서라면, 방향성과 핵심 기능 설명만 해도 충분할 수 있다. 하지만 기획된 시스템이 최선인지 여부에 대해 논의를 하기 위해서는 정보가 부족하다. 자신의 시스템 기획에 대해 자신감이 떨어질수록 벤치마킹한 타 게임 시스템을 소개하는 데 인색해질 수 있다. 벤치마킹은 냉정하게 했어야 하며, 중립적인 입장에서 이를 디렉터에게 소개해야 한다. '이런저런 시스템도 있는데 어떤 점이 별로라서 좋지 않습니다'와 같이 자신의 평가만 소개하지 않도록 한다. 벤치마킹한 타 게임 시스템들의 핵심 기능들의 유사점이나 차이점을 소개하고, 평가를 하면서 그 근거를 보이자. 디렉터도 타 시스템들에 대해 올바른 평가를 할 수 있어야 하며, 이 평가를 토대로 기획된 시스템을 올바르게 바라볼 수 있다.

벤치마킹과 경쟁력 분석

〈퍼즐 앤 드래곤〉

- 성장 요소: 레벨, 스킬, 스탯, 진화
- 선형 구조의 성장 구조를 갖고 있어 단순한 편
- 스탯 강화의 경우 강화된 몬스터를 포기할 경우 자유롭게 이전이 가능
- 모든 성장 요소의 성장을 위해서 다른 몬스터를 자원으로 사용한다.
- 스킬을 성장 시키는데 확률 요소 적용, 나머지는 확정적으로 성장

〈도탑전기〉

- 성장 요소: 승급, 진화, 레벨, 스킬, 장비, 장비 강화, 장비 조합
- 장비 중심의 성장 시스템. 장비로 인해 복잡한 성장 구조를 가짐
- 장비가 몬스터의 승급에 영향을 미쳐서 실질적인 몬스터 성장의 허들로 작용
- 장비 강화에 다른 장비들이 자원으로 사용되고, 장비 조합은 지정한 장비들을 자원으로 사용한다.
- 몬스터별로 장착할 수 있는 장비가 다르게 지정되어, 장비가 몬스터에 대한 선호도에 큰 영향을 미침
- 확률 요소 없이 확정적으로 성장

〈세븐나이츠〉

- 성장 요소: 진화, 강화, 레벨, 장비, 장비 강화
- 장비와 몬스터가 분리되어 있음
- 몬스터의 레벨은 실질적인 의미가 크지 않고, 강화(초월)가 중요

- 강화에 다른 몬스터들을 재료로 사용
- 장비의 강화에 다른 장비들을 재료로 사용
- 높은 등급의 몬스터나 장비를 재료로 사용하면 확률이 증가하는 구조

기획된 시스템
- 성장 요소: 진화, 레벨, 장비, 장비 강화
- 세븐나이츠처럼 장비와 캐릭터를 분리
- 장비는 강화 시스템 적용
- 캐릭터는 강화 없이 진화만 적용
- 캐릭터의 레벨을 유의미하게 부여하고 레벨링을 오래 하도록 유도

벤치마킹한 타 시스템과 기획된 시스템들을 비교할 때 중요하게 봐야 하는 것은 그 시스템들에 대해 디렉터와 비슷한 평가를 하고 있느냐는 점이다. 만약 어떤 기능에 대해 기획자는 긍정적으로 바라보더라도 디렉터는 부정적으로 볼 수도 있다. 예를 들어 '장비 강화'에 대해, 기획자는 유저들의 콘텐츠 소모를 늦추는 장치로 긍정적으로 평가할 수 있다. 반면에 디렉터는 서구 문화권의 RPG에서는 장비 강화 요소가 환영을 받지 못한다면서 부정적으로 바라볼 수 있다. 하지만 이런 의견 충돌은 나쁜 것이 아니라, 더 나은 결과를 내기 위한 과정이다. 벤치마킹한 타 시스템과 기획된 시스템을 같이 놓고 냉정하게 분석해 더 나은 시스템을 만들어낼 수 있다. 감정적이고 기호에 의존한 사고를 통해 도출한 결과보다는 이성적이고 논리적인 사고를 통해 도출한 결과에 대해 디렉터가 동의할 가능성이 높다.

그렇기 때문에 이 논의에 있어 가장 힘든 때는 최종 결정된 시스템의 기능들이 좋은 이유를 설명하기 어려운 경우를 만났을 때다. 앞의 예시에서 몬스터의 강화가 있는 것이 게임에 좋을까? 아니면 없는 것이 좋을까? 몬스터에게 레벨이 있는 상황에서 강화까지 있는 것은 부적절하다고 판단해 배제했다

고 해도, 이게 옳은 판단인지는 알 수가 없다. 이런 기능들은 자연스러운 개념이 아니라 성장 요소 도입을 위한 인위적인 개념이기 때문이다. 따라서 최종 결정에는 자신의 판단과 기호가 작용할 수밖에 없으며, 이런 내용을 설명하고 합의를 하는 것이 가장 고통스럽다.

그림 8.2 장비 강화 시스템은 다양한 모바일 RPG에 등장한다

논의에 따라서 시스템 기획을 수정해야 하기도 한다. 크게는 시스템의 방향성을, 작게는 시스템 기능의 세부 내용을 수정한다. 디렉터와의 충분한 논의를 통해 의미 있는 합의를 했다면, 이러한 수정은 시스템의 완성도를 올리는 데 큰 도움을 준다. 아니 애초에 필요한 수정할 내용이 있는지, 더 나은 것들은 없는지 찾는 것이 논의의 목적이다. 따라서 수정 작업이 발생하더라도 게임의 완성도를 올리기 위해, 시스템 기획자가 추가 작업을 감수해야 한다. 어느 디렉터가 게임에 좋지 않은 시스템을 도입하려고 하겠는가? 디렉터의 변심은 더 나은 시스템을 위한 것임을 생각해보면, 이러한 수정에 대해 너무 부정적으로 생각하지는 말도록 하자.

디렉터의 성향
시스템 기획 내용과는 상관없이, 논의의 양상은 디렉터의 성향에 따라 많이 다르다. 개인의 성향은 천차만별이고 미세하게나마 전부 다르기 때문에 이를 일반화해서 다루는 것은 적절하지 않을 수 있다. 하지만 디렉터의 성향이 논의에 미치는 영향이 크기 때문에, 나의 경험을 토대로 정리한 내용도 도움이 될 수 있으리라 본다. 논의가 순탄치 않게 진행되는 상황을 대비하기 위함이기에, 부정적인 상황을 다룰 수밖에 없음을 밝힌다. 또한 사람의 성향을 칼로 자르듯 정의를 내릴 수는 없기 때문에, 정형화된 절차로 여기기보다는 의사소통과 관련된 참고자료라고 보는 것이 옳겠다.

먼저 디렉터가 보수적인 성향을 가진 경우, 시스템의 방향성이 게임의 방향성과 잘 부합하는지 보고, 시스템의 기능들이 충실한지 따져볼 것이다. 따라서 디렉터와 시스템에 대해 본격적으로 논의하기에 앞서, 기존에 합의됐던 시스템의 방향성을 확인하는 것이 좋다. 기존 시스템의 방향성이 문제없다는 것을 디렉터와 같이 확인하면, 이제 시스템의 기능들에 대해 논의하자. 게임의 방향성이 급격히 바뀌지 않았다면 시스템의 방향성이 크게 문제되지 않을 것이다.

시스템 기능에 대한 논의에 있어, 보수적인 성향의 디렉터라면 기능의 단점이나 부족한 점 위주로 지적할 가능성이 높다. 벤치마킹 결과 같은 자료를 가지고 다른 게임의 유사 시스템과 비교해, 부족한 점을 채워 그 이상의 완성도를 갖추기를 기대할 것이다. 특히 상업적으로 성공한 게임이 가지고 있는 시스템을 자신들의 게임도 가지길 원할 가능성이 높다. 시스템이 우수하든 그렇지 않든 상관없이 성공한 타 게임 시스템을 도입해야 한다고 주장을 하는 경우도 더러 있다. 이런 주장에 대해 억지를 부린다고 생각할 수도 있지만, 어느 정도 일리 있는 주장이다. 상업적으로 성공한 게임들은 많은 유저들에 의해 검증을 받았다고도 볼 수 있고, 게임 유저들은 자신이 익숙한 시스템에 대해 긍정적으로 평가를 할 가능성이 높기 때문이다. 따라서 비슷한 장르의 성공한 게임과 다르게 시스템을 기획했다면, 확실한 경쟁력이 있음을 설명할 수 있어야 한다. 이때 절대적인 경쟁력보다는 다른 성공한 게임 시스템보다 더 낫다는 상대적 경쟁력이 더 중요하다.

많은 시스템 기획자들이 유명한 게임의 시스템과 비슷한 시스템을 기획하기를 싫어한다. 시스템 기획이 끝난 시점에 타 게임 시스템과 비교되어 그와 비슷하게 수정될 것이 염려될 수도 있다. 하지만 그렇다고 해 타 게임 시스템과 기획한 시스템을 냉정하게 비교 분석하는 것을 꺼려서는 안 된다. 디렉터가 내릴 결정을 염려해 선의로 다른 게임 시스템을 설명하지 않을 수도 있고, 그 덕분에 더 좋은 시스템이 될 수도 있다. 또는 시스템 기획자에게 참신한 시스템을 기획할 정도의 권한도 없냐고 볼멘소리를 할 수도 있다. 하지만 게임은 혼자 만드는 것이 아니며, 자신의 상위 결정권자가 있는 상황에 독단으로 결정하는 것은 굉장히 위험하다. 시스템 개발까지 끝난 상황에서 디렉터가 시스템을 변경하라고 요구하면 어떻게 할 것인가? 이미 개발된 것이니 그냥 이대로 가자고 우길 것인가? 좋은 개발 조직이라면, 여러 사람이 논의해 더 나은 결론을 내기 마련이다. 고집을 부리기보다는 같이 논의해서 더 나은 결과를 찾도록 하자.

벤치마킹과 같은 자료를 가지고 타 게임 시스템과 비교하다 보면, 의외로 세부 사항까지 다루게 되는 경우가 많다. 이때 지나치게 세세한 것을 두고 언쟁이 벌어지기도 하니 주의하자. 예를 들어 '무기 강화 시스템'의 최대 강화 수치가 5냐 10이냐를 두고 설전이 벌어지기도 한다. 강화의 수치는 중요한 것이 아니며 테스트를 통해서도 얼마든지 조정될 가능성이 있는 세부 내용이다. 따라서 그런 수치에 대해 이야기하기보다는 강화를 통해 얻고자 하는 가치와 그로 인해 포기하는 가치를 논의하는 것이 중요하다. 더군다나 이런 세세한 내용을 다루다 보면 자칫 감정 싸움으로 번질 수도 있다.

디렉터가 진보적[2]이거나 기분파라면, 논의를 할 때 재미나 참신함을 중점적

---

2 보수적인 것보다 진보적이라는 것은 개인의 성향을 이야기한 것일뿐, 어느 쪽이 더 낫다는 것은 아니다.

으로 검토할 수 있다. 기획된 시스템이 논리적으로 문제없고 완성도가 높다고 하더라도, 재미가 없다고 생각하거나 참신하지 않다고 생각하면 부정적인 의견을 낼 것이다. 심지어 합의했었던 기능에 대해서도 부정적인 의견을 내거나 자신의 최근 경험을 토대로 기능을 수정하자고 할 수도 있다.

이런 성향의 디렉터와 기획된 시스템에 대해 논의를 할 때, 게임의 방향성을 계속 상기하면서 시스템을 검토하는 것이 필요하다. 아무리 좋은 기능이라고 하더라도 방향성에 맞지 않으면 소용이 없다. 애니메이션 캔슬 시스템이 〈슈퍼 마리오 브라더스〉 같은 게임에 적용할 수 없듯이, 논의되는 새로운 기능들이 게임에 부합하는지를 따져보자.

진보적인 디렉터들은 타 게임 시스템과 비교해 자신의 게임은 눈에 띄게 다른 점이 있어야 한다고 생각할 수도 있다. 자신의 게임에 대해 자부심이 충만할 경우, '우리 게임은 뭐가 되든 (좋은 쪽으로) 달라야 한다'와 같은 생각을 가질 수 있다. 이런 경우 타 게임의 시스템과 비슷한 기능들에 대해 부정적인 의견을 낼 가능성이 높다. 물론 게임에 적합한 시스템이 참신하기까지 하면 최고겠지만, 차별성을 위한 핵심 기능이 아닌 것들은 타 게임과 유사한 부분이 분명히 있다. 예를 들어 MMORPG의 '인스턴스 던전'을 기존 게임들과 다르고 참신하게 만들기란 굉장히 어렵다.

타 게임과 유사한 점이 있다는 것에 대해 디렉터가 부정적인 의견을 내는 것은 크게 이상하지 않다. 여기서 중요한 것은 '대안'을 찾는 것이다. 디렉터가 수정안을 제안하면 그 내용이 대안으로서 적합한지 따져보자. 그냥 디렉터가 하자는 대로 수정하게 될 경우, 뒤에 다시 수정해야 될 가능성이 높아진다. 디렉터가 수정안 제안없이 부정적인 의견만 제시하고 대안을 찾기가 어렵더라도, 그 자리에서 대안을 찾고 수정안을 결정해야 한다. 최악의 경우에는 시스템 개발을 보류하고 다시 원점부터 시스템에 대해 생각해야 할 수도 있다.

논의를 통해 시스템 방향성이 수정된다면, '그냥 저게 더 좋은 것 같다'라는 식[3]으로 시스템의 방향성을 변경하지 않도록 하자. 타 게임의 시스템들과 비교해 장단점을 확실히 분석해야 한다. 장단점이 서로 엇비슷할 경우에는 디렉터와 협의해 결정하고, 장단점이 명확해 수정할 시스템이 더 낫다면 시스템 방향성을 바꾸도록 하자. 방향성을 바꾸기로 결정했다면 어떤 점 때문에 방향성을 바꾸는지, 즉 그 원인에 대해 디렉터와 명확히 해둘 필요가 있다. 그렇게 하지 않으면 방향성이 계속 변경될 수 있으며, 심지어 다시 원래 방향성으로 돌아오게 될지도 모른다. 이런 식으로 시스템의 방향성이 갈피를 잡지 못하면 시스템 개발을 진행하기가 어렵다. 회의록 등으로 이를 기록하는 것도 도움이 된다. 이런 기록은 절대 디렉터들을 비난하고자 작성하는 것이 아니라, 이후 올바른 결정을 할 때 참고하기 위해 작성하는 것임을 명심하자. 그렇기 때문에 변경된 방향성을 회의록 등에 기록하면, 이를 디렉터와 공유해 서로 같은 내용을 알고 있도록 해야 한다.

개발자와의 논의

기획된 시스템이 게임에 적용되기 위해서는 개발자가 구현해주어야 하기 때문에, 개발자를 위한 개발 명세[4]를 작성하는 것이 중요하다. 따라서 시스템 기획을 마무리하고 나면 이를 개발자에게 전달해야 하며, 개발자와 시스템 기획을 공유하면 시스템 개발과 관련된 작업은 일단 기획자의 손을 떠나게 된다. 그렇기 때문에 개발자와 시스템 기획을 공유하고 이에 대해 논의하는 것은 시스템 기획의 마침표를 찍는 작업이라고 할 수 있다.

　개발자와 기획을 공유하는 것은 기획서를 전달하고 알아서 읽도록 하는 그런 단순한 공유를 뜻하지 않는다. 기획서를 전달하는 것은 물론이고, 시스템

3 　이렇게 감정적인 주장하는 사람과도 논리적으로 이야기할 필요가 있다.
4 　2장의 개발 명세에 대한 내용을 참고한다.

에 대한 생각의 수준이 기획자와 똑같은 수준이 될 정도로 이해시키는 것이 필요하다. 하지만 자기 생각을 남에게 주입하는 것은 상당히 어려우며, 시스템 기획과 같이 다소 딱딱한 내용을 공유할 때는 더욱 그렇다. 개발자와 시스템 기획을 공유하고 논의를 할 때는 다음을 고려하자.

1. 시스템의 필요성을 먼저 납득시켜라.
2. 인지요소들은 모두 다 설명할 필요가 없다.
3. 규칙은 빠짐없이 설명한다.
4. 기술적인 내용은 개발자의 의견을 최대한 존중한다.

1. 시스템의 필요성을 먼저 납득시켜라

시스템 개발에 있어, 기획자와 개발자는 처한 입장이 다르다. 게임에 필요한 기능들로부터 차근차근 시스템을 기획해온 기획자와는 달리, 개발자는 기획된 시스템에 대해 잘 모르고 알더라도 중간에 기술적인 검토 정도만 해준 입장이다. 시스템 기획을 요구사항 명세로 삼아 구현하는 개발자 입장에서는 개발 의뢰를 받는다고 생각할지도 모르겠다. 이런 입장 차이로 인해, 상대적으로 개발자는 기획된 시스템에 대해 수동적인 태도를 가진다. 다시 말해 '이 시스템은 정말 개발해야겠군요!'라고 적극적으로 말하는 개발자는 많지 않다. 문제는 이런 온도 차이가 있는 상황에서는 기획자가 일방적으로 열심히 기획을 설명하더라도 효과가 적을 수밖에 없다.

그렇기 때문에 시스템 기획을 설명하고 논의하기에 앞서, 시스템이 게임에 필요한 이유를 개발자에게 납득시켜야 한다. 시스템 개발에 있어서 기획자와 개발자는 갑과 을의 관계가 아니다. 중요하니까 개발해 달라는 식으로 던지기보다는 같이 시스템을 만들어나가는 입장에서 동기부여를 해줄 필요가 있다. 개발자가 시스템의 필요성에 공감하면 좀 더 의욕적으로 개발에 임할 가능성이 높다. 시스템에 대한 논의를 하는 도중에 개발자가 시스템 개선안을 제안하거나 문제점을 발견할 가능성도 있고, 개발 단계에서도 개발 완성도가 높아질 수 있다.

2. 인지요소들은 모두 다 설명할 필요가 없다

시스템 세부 명세 중, 인지요소 명세는 양이 많고 따분한 내용으로 구성되어 있다. 이런 인지요소 명세를 모두 설명하는 것은 지루하기도 하거니와 불필요하다. 시스템 기획서는 개발 명세와 같기 때문에 개발자들은 필히 기획서를 읽게 된다. 따라서 개발자와 둘러앉아 모든 인지요소들을 검토할 필요가 없다. 그렇다면 인지요소 명세는 어떻게 공유하는 것이 좋을까?

인지요소들의 양이 많은 경우에는 카테고리로 묶어서 설명하는 것이 필요하다. 유사한 성질의 인지요소들을 카테고리로 묶어서 설명할 경우, 많은 세부 설명들은 기획서를 읽는 것으로 대체할 수 있다. 다음의 캐릭터 스탯 시스템을 예시로, '힘', '지능', '민첩'과 같은 인지요소들은 '주^主스탯'이라는 카테고리로 묶어서 설명하는 것이 좋다. 각각의 스탯들과 관련한 공식들은 개발자가 구현할 때 참고하면 되는 내용이며, 공식을 설명하는 것은 단순히 같이 읽어보는 것 이상의 의미는 없다고 할 수 있다.

주스탯
• 힘, 지능, 민첩이라는 3가지의 스탯을 지칭한다.
• 캐릭터는 반드시 3개의 주스탯 중 하나를 자신의 주스탯으로 지정한다.
• 캐릭터의 주스탯 수치는 그 캐릭터의 공격력을 계산할 때 참조된다.

힘	• 캐릭터의 최대 HP 수치에 영향을 미친다. • 힘이 주스탯인 캐릭터의 공격력에 영향을 미친다.
지능	• 캐릭터의 최대 MP 수치에 영향을 친다. • 지능이 주스탯인 캐릭터의 공격력에 영향을 미친다.

(이어짐)

주스탯	
민첩	• 캐릭터의 방어력 수치와 공격 속도에 영향을 미친다. • 민첩이 주스탯인 캐릭터의 공격력에 영향을 미친다.

※ 힘, 지능, 민첩을 포괄하는 주스탯을 설명하면, 힘이나 지능에 대해 설명할 필요가 없다

인지요소의 양이 많지 않으면 카테고리로 나눌 필요는 없지만, 그렇다고 모든 인지요소들에 대해 설명을 해야 하거나 설명을 생략해도 된다는 의미는 아니다. 이때는 인지요소들 중에 강조하고 싶은 것들이나 동작원리가 복잡한 것들만 따로 설명하는 것이 좋다. 예를 들어, 다음 표는 RPG 게임의 상태 이상 효과 처리를 위한 시스템의 인지요소들을 보이고 있다. 여기에서 'IconID'나 'AniID'와 같은 인지요소들은 동작원리가 간단하지만, 'Restriction' 항목은 동작원리가 복잡하다. 따라서 다른 인지요소들에 대한 설명은 생략하더라도, 'Restriction'에 대한 설명은 하는 것이 좋다.

상태 이상		
구분자	상태 이상 이름	상태 이상의 구분자로, 문자열의 이름
데이터	Restriction	• 캐릭터의 행동에 제약이 있는지를 설정하는 값 • 여러 행동 제약이 동시에 적용될 수 있기 때문에 콤마로 구분해 값을 여러 개 넣을 수 있다.
	IconID	• 상태 이상이 적용된 대상의 버프/디버프 창에 출력할 아이콘 ID
	AniID	• 상태 이상이 적용된 대상이 출력할 애니메이션 ID
	ShaderID	• 상태 이상이 적용된 대상에 출력할 셰이더 ID
	EffectID	• 상태 이상이 적용된 대상에 출력할 이펙트 ID

※ 개발자는 명세를 전부 다 보고 구현하기 때문에 기획을 공유할 때는 복잡한 것만 설명해도 충분하다

3. 규칙은 빠짐없이 설명한다

인지요소에 대한 설명과는 반대로, 인지요소의 동작원리를 제외한 규칙의 설명은 빠짐없이 하는 것이 좋다. 규칙은 논리의 흐름을 이해하는 것과 예외를 설명하는 것이 중요하다. 많은 유저 시나리오 규칙들은 인과 관계의 연속이며, 이를 이해하기 위해서는 인과 관계를 잘 따져봐야 한다. 하지만 논리의 흐름에는 모순이 있을 수도 있고, 논리의 흐름을 오해할 수도 있다. 이에 대한 예시로, 〈슈퍼 마리오 브라더스〉의 규칙들을 보자.

1. 마리오가 몬스터를 밟으면 위로 튀어 오르며, 밟는 순간에 점프키를 누르면 더 높이 튀어 오른다.
2. 마리오가 몬스터를 밟으면 점수를 획득하며, 마리오가 한번 하늘에 떴다가 땅에 닿기 전까지 밟은 몬스터의 수의 비례해 획득하는 점수가 늘어난다.

이 규칙은 마리오가 몬스터를 밟는 것과 관련이 있는 규칙들이다. 1번 규칙은 순수하게 몬스터를 밟는 것과 관련 있는 액션 규칙이고, 2번 규칙은 점수 획득 규칙이라고 볼 수 있다. 하지만 2번 규칙만 봐시는 적용 가능한 규칙인지 의심스럽다. 이는 1번의 규칙을 활용한 조작을 했을 때 2번의 규칙에 도달할 가능성이 높기 때문이다. 하지만 저 두 규칙을 각각 액션 규칙과 점수 획득 규칙으로 나누어 작성했을 때, 개발자가 두 규칙을 연관짓기는 쉽지 않다. 따라서 기획자가 유저 시나리오와 함께 규칙들을 설명하는 것이 개발자에게 큰 도움이 된다.

규칙이 자연어로 작성되는 경우에는 중의적인 표현이 있거나 비문일 수도 있기 때문에, 확실한 공유를 위해서는 기획자가 직접 설명하는 것이 좋다. 다음 규칙을 살펴보자.

- 손상된 상자에 든 장비는 일정 시간이 지나면 없어진다.

이 규칙은 '장비'가 손상된 상태인 건지, '상자'가 손상된 것인지 정확[5]하게 알 수가 없다. 저렇게 작성된 규칙을 설명 없이 개발자가 보게 된다면 어떻게 개발하게 될까? 그나마 개발자가 물어본 다음에 개발하면 다행이다. 하지만 개발자가 알아서 해석한 다음에 개발하면 어떻게 구현될지 알 수 없으며, 개발이 끝난 다음에 테스트하면서 기획자가 그 결과를 확인해봐야 한다. 의도대로 개발되지 않았다면 수정 요청을 하게 되는 것은 당연하다.

작성된 규칙 중에 예외 규칙들은 특별히 따로 설명할 필요가 있다. 예외 규칙들은 일반적이지 않은 경우를 처리하는 규칙이기도 하지만 논리적 허점을 처리하기 위한 수단이 되기도 한다. 예외 규칙들은 보통의 규칙들과는 다른 인과 관계 처리를 하기 때문에 설명을 따로 하는 것이 좋다. 특히, 비정상적인 상황을 처리하는 예외 규칙[6]들의 경우에는 반드시 개발자에게 설명해야 한다.

4. 기술적인 내용은 개발자의 의견을 최대한 존중한다

개발자와 시스템 기획을 공유할 때 어려운 점 중 하나는, 기술적으로 어느 수준까지 다루어야 하는지 알 수 없다는 것이다. 기획자는 프로그래밍이나 DB와 같은 개발자의 전문 지식들이 부족하기 때문에 깊이 있는 내용을 다룰 수 없다. 그렇기 때문에 시스템 구현에 있어 기술적인 내용, 즉 프로그래밍과 관련이 많은 부분은 최대한 개발자의 의견을 존중하도록 하자. 일단 기획자는 프로그래밍 영역에 대해서는 비전문가이고, 개발자는 전문가라는 점을 명심하자. 해야 할 작업이 늘어난다고 여겨 고의로 딴지를 걸지 않는 이상, 시스템 기획에 대해 크게 부정적으로 반응하는 경우는 많지 않을 것이다. 일정상의

---

5   따라서 좋은 규칙이라고 볼 수 없지만, 저런 규칙을 작성하는 실수를 할 수도 있다.

6   6장에서 예로 들었던 레벨(맵) 시스템의 예외 규칙을 참고하자.

문제를 제외하고, 만약 개발자들이 부정적으로 반응하는 부분이 있다면 정말 기술적으로 구현하기 힘들기 때문인 경우가 많다. 특히 기획 내용은 단순한데 기술적인 구현 난이도가 높은 경우, 조율이 어려운 의견 충돌로 이어지곤 한다. 예를 들어 모바일 게임에서 PVP를 실시간으로 하는 것과 비동기^{Asynchronous} 방식으로 하는 것에 대해 생각해보자. 기획자 입장에서는 둘 사이에 큰 차이가 없으며, 오히려 실시간일 경우가 작업이 더 쉬울 수도 있다. 반면에 개발자 입장에서는 개발 환경에 따라서 구현이 불가능할 정도로 실시간 PVP는 어려운 기능이다.

타 게임에 이미 구현된 사례가 있다면, 기획자 입장에서는 게임의 경쟁력을 고려해 해당 기능을 포기하기가 쉽지 않다. 하지만 '다른 게임에 구현된 사례가 있으니 우리 게임에도 적용해야 한다'는 맥락의 개발 요청은 개발자의 상황을 고려하지 않는다고 여겨 개발자들이 매우 싫어한다. 실제로 개발 환경 차이 또는 개발 조직의 역량 차이로 인해 구현이 힘들 수도 있다. 이 경우 논쟁을 넘어 직군간 감정 싸움으로까지 번질 수 있다. 조율이 되지 않으면 어쩔 수 없이 디렉터, 개발자, 기획자가 모두 모여 해결책을 찾아야 한다.

그림 8.3 모바일 환경의 실시간 PVP에 대해, 기획자는 어려운 점이 없지만 개발자는 그렇지 않다

감정 싸움으로 가거나 의견 조율이 되지 않는 상황으로 치닫기 전에, 구현이 어려운 기능들을 축소하면서 기획적 목적을 달성할 수 있는 수준을 찾아봐야 한다. '실시간 PvP'의 경우, 약간의 지연 시간이 있거나 공격 판정이 좀 엄밀하지 않을 수 있다는 것과 같은 제한을 두어 개발자가 가능하다고 판단하는 수준을 찾을 수 있다. 불행히도 기능을 너무 축소해 원래 의도했던 것과 많이 달라지게 되면, 해당 기능을 원점부터 검토해야 할 수도 있다. 어찌됐든 개발자가 구현해야 기획이 적용되기 때문에, 개발자의 의견을 존중해 가능한 방법을 찾도록 하자.

인지요소의 구조나 데이터 설계에 대해 개발자가 부정적인 의견을 내는 경우가 가끔 있는데, 이때 개발자가 제안하는 구조나 설계를 잘 살펴보자. 개발자가 더 좋은 대안을 제시하는 경우에는 바로 수정하면 되고, 그렇지 않더라도 기획자가 사용하는 데 큰 불편이 없다면 수정을 하는 것으로 조율할 수 있다. 하지만 시스템 기능의 내용이 달라지게 되거나 데이터 사용이 불편해지게 되면 선을 긋고 기존 기획을 지킬 필요가 있다. 데이터를 주로 다루는 사람은 기획자이기 때문에, 기획자가 데이터를 다루기 불편하다면 데이터 설계의 의미가 퇴색하게 된다. 더군다나 프로그래밍 비전문가인 기획자가 설계하는 데이터는 개발자가 거부할 정도로 복잡하지 않은 수준인 경우가 대부분이다.

시스템 구현 및 테스트

논의가 끝나고 나면 개발자가 해당 시스템을 구현하게 되며, 그동안 기획자는 다른 시스템을 기획하는 등의 다른 업무를 하면서 개발자의 구현에 도움을 주면 된다. 개발자가 부담스러워하지 않는 한도 내에서 자주 의견을 주고받고 진행을 확인하게 되면, 개발자가 구현하면서 궁금했던 것이나 확인이 필요한 것들에 대해 빠르게 피드백을 전달할 수 있다. 다만 개발자의 성향이 내성적이거나 기획자가 자신의 작업을 확인하는 것을 부담스러워한다면, 특정 주기로 찾아가거나 구현이 완료된 다음에 찾아가도록 하자.

기능이나 시스템의 구현이 끝나면 이를 테스트해야 한다. 개발자가 구현하면서 테스트를 어느 정도 했겠지만, 아주 기초적인 테스트에 불과하다. QA 작업자가 따로 있더라도 기획 의도를 가장 잘 아는 기획자가 기능 확인을 하는 것이 좋으며, QA 작업자가 따로 없다면 기획자가 최종 테스트까지 해야 한다. 참고로 이러한 테스트를 효율적으로 하기 위해 '시스템 조정 데이터'의 설계를 했다는 것을 기억하자. 기능 테스트를 위한 데이터가 있다면, 해당 데이터를 조정해 테스트를 진행하자. 데이터를 조작하면서 테스트할 때, 다음의 두 가지를 신경 쓰면서 진행하는 것이 좋다.

- 데이터 값을 설정하고 올바른 결과가 나오는지 확인한다.
- 유효하지 않은 데이터 값을 설정하고 이에 대한 처리가 되어 있는지 확인한다.

가장 먼저 데이터의 값을 설정한 다음에 올바른 결과가 나오는지 확인해보자. 확인 작업을 할 때는 데이터의 값을 바꿔 가면서 여러 번 테스트하도록 하자. 이 확인이 끝나면 우선 기능 자체에는 큰 문제가 없다고 생각해도 된다. 그 다음으로, 오류 상황에 대한 검사를 한다. 유효하지 않은 데이터 값을 설정한 다음에 어떤 결과가 나오는지 확인하자. 예를 들어 상대방과 거래를 할 때 지급하는 화폐의 양을 '-100'과 같이 음수로 적용했을 때 어떤 처리가 되어 있는지 살펴보자. 상대방의 화폐량이 감소하고 자신의 화폐량이 증가한다면, 음수 처리와 같은 유효성 검사를 제대로 하지 않은 것이다. 이런 상황을 그냥 놔두면 부당하게 화폐를 획득할 수 있는 등의 심각한 오류가 발생할 수 있다.

오류를 확인할 때는 해당 데이터의 최대값이나 최소값[7] 근처에서 테스트하는 것이 효과적이다.

모든 테스트를 데이터 조정으로 할 수는 없기 때문에, 실제 게임을 진행하면서 테스트하는 것이 필요하다. 이때도 즉흥적으로 테스트하지 말고, 체계적인 테스트를 위해 테스트 케이스 또는 테스트 시나리오를 작성하거나 생각하도록 하자. 즉 기능을 확인할 수 있는 게임 상황은 어떤 것이고, 그 상황을 어떻게 만들 것인지 생각하자. 가령 〈슈퍼 마리오〉에서 동전을 먹는 것과 관련한 테스트를 해야 한다고 가정해보자. 게임을 실제로 하면서 동전을 하나씩 획득하는 것보다는, 다음 그림과 같은 지역에 가서 동전을 획득하는 것이 효율적이다. 기능 테스트를 할 때는 테스트하기에 가장 좋은 게임 상황을 생각해 그 상황을 연출하는 것이 좋다.

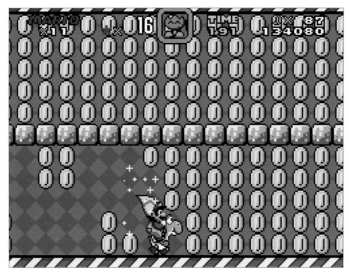

그림 8.4 동전 획득 테스트 시, 게임을 진행해 가면서 동전을 찾는 것보다 위와 같은 상황을 만들거나 찾는 것이 효율적이다

---

7 프로그래밍에서도 사용하는 테스트 기법으로, 경계 값 분석(Boundary Value Analysis)이라고 부른다.

만약 중요 기능이기 때문에 테스트를 굉장히 많이 반복적으로 해야 한다면, 테스트를 위한 환경을 따로 만들어달라고 할 수 있다. 앞에서 예를 든 '동전 획득' 테스트에서도 명령어로 동전을 눈앞에 만들어내고 이를 하나씩 먹을 수 있다면, 그림 8.4의 상황을 찾아가는 것보다도 효율적일 것이다. 즉 치트키 같은 것이 있으면 테스트를 할 때 효율적이다. 또는 특별한 모드를 개발 요청해 이를 테스트 환경으로 활용할 수도 있다. 이런 테스트 환경은 '연습 모드'나 '유저 생산 콘텐츠 기능'과 같이 활용될 여지도 있다. 이런 테스트 모드는 굉장히 많은 중요 기능들이 함축되기 때문에, 이 모드를 위한 별도의 시스템 기획이 따로 필요하다는 것을 알아두자.

테스트가 끝나면, 그 결과를 개발자에게 알려주자. 발견된 문제점들을 개발자에게 전달한 뒤, 수정되기를 기다렸다가 재차 테스트를 하자. 문제점을 전달할 때는 개발자가 해당 문제를 재현할 수 있도록 문제의 상황을 상세하게 설명하도록 한다. 오류를 수정할 때 오류를 재현하는 방법을 알려주면 굉장히 효과적이기 때문에, 데이터 조정을 통해 테스트하다 문제를 발견했다면 문제를 일으킨 데이터 값을 전달하자. 테스트를 통해 문제를 발견하지 못했고 더 이상 테스트할 것이 없다고 생각되면, 이 사실을 개발자에게 전달하면서 구현을 종료하도록 한다.

시스템 평가

드디어 시스템 기획과 관련된 모든 작업이 끝났다. 일단 시스템이 게임에 적용된 모습을 보면서 뿌듯해 하고 박수를 쳐도 좋지만 이제 냉정한 평가의 시간이 남았다. 시스템에 대한 평가는 스스로 할 수도 있고 디렉터가 할 수도 있으며, 심지어 CBT나 OBT[8] 등에 참여한 일반 유저들도 할 수 있다. 누구의 평

---

8 'Closed Beta Test'와 'Open Beta Test'의 줄임말이다.

가 결과가 더 중요하다고 말할 수는 없지만, 어떤 평가 결과라도 시스템의 운명에 큰 영향을 미치는 것은 동일하다. 큰 테스트를 거친 다음에 게임의 많은 부분이 변경되는 것은 이런 평가 결과가 반영됐기 때문이다.

시스템 평가 결과, 개선해야 한다는 이야기가 나오지 않고 만족스럽다는 결과가 나오는 것이 최고다. 하지만 개선이 필요하다는 평가가 나온다면 다시 시스템을 살펴봐야 한다. 시스템을 다시 검토해 개선하는 작업은 정도에 차이가 있을 뿐, 시스템 기획의 전 과정을 다시 하는 것과 유사하다. 따라서 이에 대한 내용은 생략하는 대신, 품평과 관련한 기획자의 자세에 대해 이야기하고자 한다.

시스템 구현이 끝난 지금 개발자도 기획자도 모두 지쳤을지 모른다. 평가 결과가 괜찮아 구현된 현재 시스템이 마음에 들 수도 있다. 하지만 시스템에 대해 적당히 타협하거나 쉽게 만족해서는 안 된다. 누가 평가를 했는지는 큰 상관이 없다. 중요한 것은 평가 결과, 미흡한 점이나 개선점이 발견되었는지 여부다. 만약 그런 것을 찾아냈다면 다시 시스템을 들여다 봐야 한다. 낮은 퀄리티의 시스템이 적용되면, 그 시스템을 사용하는 콘텐츠들도 마찬가지로 낮은 수준이 된다. 그에 따라 최종적으로 게임의 퀄리티 또한 낮아지는 것은 당연하다. 당장의 일정이 빠듯하고 작업이 힘들어서 시스템에 안주해서는 안 된다. 문제점이 발견되면 적극적으로 개선하고, 어느 정도 만족하더라도 끊임없이 시스템이 더 좋아질 수 있는 방법에 대해 생각해야 한다.

시스템의 구현이 끝나기까지 수많은 작업자들이 관여를 했겠지만, 가장 능동적으로 시스템을 다루어야 하는 사람은 기획자다. 평가 결과가 좋지 않았을 때, 개발자가 알아서 문제점을 찾아 고치겠는가, 아니면 디렉터가 대안을 기획하겠는가? 기획자가 시스템에 대해 아무런 목소리를 내지 않는다면 시스템이 개선되는 일은 거의 없다고 봐도 된다. 기획자는 시스템 개선에 가장 적극적이어야 한다.

액션 게임들이 사용하는 기능 중에, 특정 입력 구간에 정확히 커맨드를 입력하면 공격이나 방어에 이득을 주는 '저스트 입력' 기능이 있다. 정확한 입력을 했을 때 유저에게 보상을 주는 기능으로, 조작감과 타격감을 올리기 위해 많은 액션 게임들이 사용한다. 철권 시리즈에서도 '저스트 프레임'이라는 개념을 〈철권 4〉부터 도입했다. 처음에는 저스트 프레임 입력을 통한 보상으로 추가 공격을 할 수 있게 하는 정도였는데, 이 조작이 호평을 받자 피해량을 더 많이 입히도록 하는 등 더 적극적으로 사용했다. 이러한 기능 도입이나 변경은 계속적인 기능 개선의 노력의 결과다.

그림 8.5 철권 시리즈의 저스트 프레임 기능은 콤보나 캔슬 시스템을 개선하려는 노력의 결과로 추가되어 계속 발전했다

시스템에 대해 쉽게 만족하지 말라는 앞의 이야기는, 그래도 평가 결과가 대체로 괜찮았을 때의 이야기이다. 하지만 항상 시스템의 평가 결과가 좋을 수는 없다. 또는 지금은 괜찮은 기능으로 평가되었지만, 게임의 방향성이 바뀌면서 게임에 어울리지 않는 기능이 될 수도 있다. 다시 말해 시스템에 대한 전면적인 검토가 필요한 상황이 발생할 수 있다. 하지만 머리로는 '아니다'라고 생각하는 데도 불구하고, 기획자들은 구현된 시스템에 대한 미련을 쉽게 버리지 못한다. 구현을 마친 시스템을 게임에 적용하지 않겠다고 결정하는 것

은 매우 힘든 일이다. 기획부터 구현까지 들어간 시간과 노력을 생각하면 더 그렇다. 단점을 개선하면 괜찮은 시스템이 될 것 같기도 하고, 실제로 개선하는 노력을 통해 더 나아질 수도 있다. 물론 개선을 통해 회생시킬 수도 있지만, 때로는 게임에 시스템을 적용하지 않고 빼는 결정도 내릴 줄 알아야 한다. 부정적인 평가를 받은 시스템을 전면적으로 교체하거나 재검토할 수 있어야 하는 이유는, 기존 시스템을 남겨둔 상태로 수정하면 많은 변화를 가져올 수 없기 때문이다. 특히 방향성과 부합하지 않는 경우는, 원래 시스템을 개선하기 보다는 아예 다른 시스템을 찾아보는 것이 더 효과적이다.

유사한 사례로, 내가 횡스크롤 액션 게임을 만들 때 있었던 일을 소개하겠다. 내가 만들던 게임의 많은 스킬들은 사용 시 필요한 자원(MP나 쿨타임)이 많이 필요했다. 이로 인해 사람들은 게임을 할 때 스킬 사용을 자제하고 기본 공격 위주로 공격을 하게 되었으며, 게임 조작이 단조롭게 되었다. 이를 개선하고자 '강공격'이라는 새로운 조작 기능을 기획하고 구현하게 되었다. 하지만 구현을 마쳤을 때 이 기능에 대한 평가는 대체로 부정적이었다. 조작이 어렵고 활용도가 애매한 것이 문제였다. 큰 액션을 취하면서 공격 시간이 긴 대신에 강력하게 공격했지만, 대전 격투 게임과 비슷한 전투 양상이 일어나지 않아 명중시키는 것이 거의 불가능했다. 그렇다고 사용 시 자원을 사용하는 다른 스킬들보다 더 나은 성능을 주기도 애매했다. 강공격에 보상을 많이 주면 스킬들이 사장되고, 이를 해결하기 위해 스킬의 능력을 강화하면 게임 밸런스를 잡기가 어려웠다. 조작을 손 보면 좀 더 나아질 것 같기도 하고, 밸런싱을 잘 하면 해결될 것 같기도 했다. 하지만 결국 해당 기능을 사용하지 않고 다른 대안을 찾기로 했다. 그리하여 보통의 스킬들보다 쿨타임이 짧고, 기능은 거의 없는 공격 스킬인 '주 스킬'이라는 것으로 대체했다. '강공격'과 같은 별도의 조작이 아니라 그냥 캐릭터마다 스킬을 하나씩 더 만들기로 한 것이다. 시스템적으로는 밋밋해졌지만, 게임 방향성에는 좀 더 부합하게 되었다.

'강공격'이 끝까지 개선되었으면 어떤 모습이었을지는 모르겠지만, 많은 사람의 평가, 특히 나 자신도 만족스럽지 않았던 기능이기에 과감하게 포기했고 이는 효과적이었다고 생각한다.

요약

- 시스템 기획서의 작성이 끝나면, 이를 관련 작업자들과 공유하고 논의하는 것이 필요하다.
- 기획의 공유와 논의는 시스템 개발에 대한 결정권을 가진 디렉터와 먼저 하는 것이 좋으며, 그 논의를 바탕으로 결정된 기획을 다시 개발자에게 공유하는 것이 좋다.
- 디렉터에게 시스템 기획을 공유할 때는 과거에 시스템에 대해 합의했었던 내용을 상기한 뒤에 요점을 추려서 설명하는 것이 좋다.
- 디렉터와의 논의는 디렉터의 성향에 따라 양상이 천차만별이므로, 디렉터의 성향에 맞춰 회의를 준비하고 진행하도록 한다.
- 개발자에게 시스템 기획을 공유할 때는 바로 시스템 설명을 하지 말고 시스템의 필요성을 먼저 납득시키는 것이 좋다.
- 시스템의 인지요소는 복잡하거나 중요한 것만 설명해도 충분하지만 게임 규칙은 모두 다 설명하는 것이 좋다.
- 시스템 구현에 있어 기술적인 내용이 이슈가 되면 최대한 개발자의 의견을 존중한다.
- 구현된 시스템에 대해 기획자가 테스트를 해 확인하는 것이 필요하며, 테스트 외에도 개발자와 시스템에 대해 자주 이야기하는 등의 도움을 주자.
- 시스템 구현이 종료된 이후에는 다양한 사람들로부터 시스템 평가를 받고 시스템을 개선하자.

4부

경험 사례 소개

9장

라이브 개발 조직에서 기획한 첫 시스템: 디렉션 모드

흔히 콘텐츠 기획자, 그것도 서비스되고 있는 라이브 게임의 콘텐츠 기획자라면 시스템 기획과는 무관한 작업만 할 것으로 생각하기 쉽다. 하지만 실제 현업에서 일해보면, 콘텐츠 기획자라고 해서 콘텐츠만 다루는 것은 아니라는 것을 알 수 있다. 물론 대다수의 작업들이 원래 있던 시스템을 기반으로 해서 콘텐츠를 만들어나가는 것이지만, 동일한 시스템 하에서 제작되는 콘텐츠들은 언제가 되든 유저들에게 식상하게 느껴지게 마련이다. 이를 타파하기 위한 참신하거나 심도 있는 콘텐츠를 만들기 위해서는 기존의 시스템을 개량하거나 새로운 시스템을 만들어내야 한다. 즉 라이브 개발 조직에서의 콘텐츠 기획자도 시스템과 관련된 작업을 해야 한다.

여기에 대해 '라이브 개발 조직에는 시스템 기획자가 없나요?'라는 질문을 할지도 모르겠다. 라이브로 운영되고 있는 게임들은 이미 전체 개발이 완료된 이후에 관리되고 있는 것들이기 때문에 시스템 기획자를 따로 두지 않는 경우[1]가 많다. 라이브 게임이 필요로 하는 콘텐츠 업데이트의 양이 워낙 많기 때문

---

1   기획 팀장이나 기획 파트장과 같은 중간 관리자가 시스템 기획 업무를 겸해서 하는 경우가 많다.

에, 어쩔 수 없이 대부분의 기획자들은 콘텐츠 기획 업무를 하기 마련이다. 라이브 개발 조직에서 하는 대규모 업데이트라고 해도 신규 직업이나 신규 던전 등의 콘텐츠의 양이 많은 것이지, 시스템이라고 부를 만한 규모의 신규 시스템이 들어가는 경우는 그리 많지 않다. 이런 상황에 시스템 기획만 전담하는 기획자가 있다면, 그 기획자의 업무는 콘텐츠 기획자에 비해 상대적으로 양이 적을 수밖에 없다. 그렇기 때문에 시스템 기획만 하는 기획자를 따로 두지 않고, 시스템 기획이 필요해지면 '잘' 하는 기획자에게 이를 맡기거나 TF 형태를 통해 이를 처리한다. 어떤 라이브 개발 조직은 각종 콘텐츠의 밸런스 작업을 하는 기획자를 시스템 기획자라고 부르기도 한다. 하지만 밸런스 작업은 시스템 기획 업무가 아니라 시스템 기획자가 잘 할 수 있는 '그 외 주된 업무'일 뿐이다.

이 장에서는 라이브 개발 조직에서의 시스템 기획은 어떤 특징이 있는지 설명하고, 내가 〈메이플스토리〉 라이브 개발 조직에서 작업했던 시스템 기획에 대해 소개한다. 라이브 개발 조직에서 시스템 기획이 진행되는 방식은 개발 조직에 따라 많이 다르지만, 나의 경험담이 라이브 개발 조직에서의 시스템 기획을 이해하는 데 도움이 될 것으로 생각한다. 나는 〈메이플스토리〉 개발 조직에서 2년여를 일하면서 크고 작은 시스템들을 개발했는데, 그중 시스템 기획으로는 첫 작업이었던 '디렉션 모드'에 대해 이야기하고자 한다. 디렉션 모드 기획을 선택한 이유는 당시 기획 초보자로서 어설펐던 경험이 어떤 면에서는 여러분들에게 더 도움이 될지도 모르겠다는 생각이 들었기 때문이다.

● 라이브 개발 조직과 시스템 기획

서비스 중인 온라인 게임을 관리하고 추가 개발하는 조직에서는 어떤 시스템 기획 작업이 필요할까? 이미 서비스되고 있는 게임이기 때문에 게임의 방향성도 결정되어 있고, 핵심 기능들도 모두 구현되어 있다. 따라서 시스템 기획은 게임의 부족한 부분을 보완하기 위해 이루어지며, 이 보완 작업을 보통 '업데이트'라고 부른다.

업데이트 작업 중 하나인 시스템 기획은, 게임 전체의 큰 관점에서 이루어지는 것이 아니라 기능이나 시스템 단위로 기획된다는 특징이 있다. 핵심 기능들은 구현이 끝난 상태이기 때문에 전체 게임의 관점에서 필요한 기능이나 시스템들을 기획할 필요가 없으며, 업데이트에서 보완하기로 한 내용들에 관련된 기능들에 초점을 맞추면 된다. 예를 들어 MMORPG를 처음부터 만든다고 하면 수많은 시스템과 기능들을 도출해야 한다. 하지만 서비스 중인 MMORPG의 업데이트를 준비한다면 '경매장'과 같이 업데이트에서 보완하기로 한 기능에 집중하면 된다. 따라서 '시스템 기능 정리' 단계는 건너뛰고 바로 시스템을 결정해 세부 기능들을 결정하는 '시스템 명세 준비' 단계부터 하게 된다.

라이브 개발 조직은 계속적으로 크고 작은 업데이트를 하며, 이 업데이트 주기에 따라 시스템 개발 시간에 제약이 존재한다. 대규모 업데이트의 경우에는 유저들에게 미리 내용을 공개해 기대감을 높이곤 한다. 이렇게 유저들에게 공개한 대규모 업데이트는 내용과 기한이 어느 정도 정해져 있다. 대규모 업데이트 소개에 '다음 여름 대규모 업데이트에 경매장을 도입한다'라고 했다면, 경매장을 개발해야 하는 완료 시기는 늦어도 다음 가을이 된다. 라이브 개발 조직은 항상 이런 마감의 압박을 받으며, 이런 마감의 압박은 비단 시스템 기획만 해당되지는 않는다. 따라서 라이브 개발 조직에서 시스템 기획을 할 때는 '완벽'보다는 '효율'을 따져 작업하게 된다. 다시 말해 완벽한 기능을 개발하기 위해 노력하기 보다는, 주어진 일정에 가장 많은 이득을 볼 수 있는 기능을 개발한다. 구현 결과가 다소 불만족스럽더라도 완벽하게 다듬기 위해 업데이트를 미루지 않고 일단 게임에 적용한 뒤에 고쳐나가는 경우도 있다.

그림 9.1 라이브 개발 조직은 업데이트 시기가
결정되어 있기 때문에 항상 마감 시간에 쫓긴다

마감의 압박으로 인해 필요하다고 판단되는 모든 기능들을 구현할 수는 없으므로, 기획과 구현을 하게 될 기능들을 선택하는 것이 필요하다. 다시 말해 구현할 기능들 사이에 트레이드오프가 발생한다. 이런 트레이드오프는 하나의 시스템의 기능들에 대해서도 발생한다. 경매장 시스템을 도입해야 하는데, 현실적으로 부차 기능들을 모두 구현할 수 없는 상황[2]을 가정해보자. 부차 기능을 개발하는 데 개발팀이 쓸 수 있는 시간은 6일이다. 경매 활동이 끝났을 때 이를 알려주는 '알림' 기능을 개발하는 데 드는 시간은 3일이고, 경매장에 동일 품목의 아이템을 여러 묶음 동시에 등록할 수 있는 '복수 등록' 기능을 개발하는 데는 5일이 걸린다고 하자. 두 기능을 모두 개발하려면 8일이 걸리기 때문에 모두 구현할 여유는 없다. 그렇다면 개발 기간이 짧은 알림 기능을 개발하는 것이 좋을까? 아니면 주어진 개발 시간에 맞춰 복수 묶음 등록 기능을 개발해야 할까? 단순히 개발 기간 및 공수만 가지고 판단하면 안되고, 어떤 기능이 게임에 더 필요한지를 따져볼 필요가 있다. 그러나 전체 묶음 가격

---

2 핵심 기능을 구현하지 않는 일은 있을 수 없기 때문에 이들은 따로 구현한다고 가정한다.

이 아니라 낱개 가격을 등록하면 알아서 묶음 가격을 계산해주는 '낱개 가격 등록'도 같이 생각해야 한다면 어떻게 될까? '낱개 가격 등록' 기능은 개발하는 데 2일이 걸린다고 하자. '알림' 기능과 '낱개 가격 등록' 기능을 같이 구현하는 데 필요한 시간은 5일이기 때문에, 이제 이 두 기능들을 개발하는 것과 '복수 묶음 등록' 기능을 개발하는 것을 비교해봐야 한다. 두 개/ 한 개의 기능 중에 두 개의 기능 모두 구현하는 것이 좋아 보이지만, 꼭 그런 것은 아니므로 어떤 선택이 더 효율적일지 따져보자. 라이브 개발 조직에서는 개발 시간 제약으로 인한 기능 간 트레이드오프가 발생하기 때문에 이런 선택이 요구된다.

기획자나 개발자는 하나의 시스템만 붙잡고 있는 것이 아니기 때문에, 개발할 기능 선택의 트레이드오프가 여러 시스템 간에 발생하기도 한다. 업데이트의 규모가 클수록 추가되는 시스템도 늘어난다. 업데이트 일정은 정해져 있기 때문에 전체 업데이트의 관점에서 최대 효율을 내는 것이 필요하다. 따라서 시스템별로 개발해야 할 핵심 기능을 잘 추려내 부차 기능들을 개발할 수 있는 일정을 최대한으로 확보해야 한다. 그리고 그 일정 안에 가장 높은 효율을 볼 수 있도록 개발할 부차 기능들을 선택한다. 기획 작업보다는 개발 및 테스트 일정이 훨씬 길기 때문에, 기획 일정보다는 개발 일정을 중요하게 고려하도록 하자. 시스템의 기능을 선택할 때 반드시 개발자를 참석시켜 개발에 필요한 시간을 듣고 같이 고민해 결정하자.

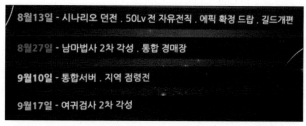

그림 9.2 대규모 업데이트의 경우, 한정된 자원을 가지고 최대 효율을 낼 수 있도록 개발할 기능들을 골라야 한다

● 디렉션 모드 시스템의 시작

당시 나는 넥슨 공채를 통해 입사한 초년병이었고, 시스템 기획자나 콘텐츠 기획자와 같은 구분 없는 기획자로서 〈메이플스토리〉 개발실[3]에 배속되었다. 입사하였을 때는 언제 어떻게 시스템 기획을 하게 될지 전혀 몰랐고, 시스템 기획을 하게 되더라도 꽤 경력을 쌓고 난 다음에 하게 될 것으로 알았다. 하지만 불과 3개월만에 시스템 기획을 하고 관련된 콘텐츠 제작까지 하게 되었다.

2011년 1월에 입사한 이후에 기본 교육을 받고, 수습 기간을 거친 이후에 내가 배속 받은 팀은 성수기 업데이트팀('콘텐츠팀'이라고 불렸다)이었다. 당시 콘텐츠팀에서 했던 일은 2011년 여름 업데이트를 준비하는 것이었다. 2011년 여름에 '레전드'라는 이름 아래 3번의 큰 업데이트를 하기로 결정했고, 각 업데이트마다 신규 직업을 출시하기로 했다. 나는 이 중에 세 번째 업데이트인 '데몬슬레이어'라는 캐릭터의 컨셉과 스토리를 담당했다. 갓 입사한 햇병아리였던 나는 시나리오 작업에 필요한 시스템을 추가할 생각은 하지 못했으며, 기존의 스토리텔링 기능을 활용한 시나리오를 구상하고 있었다. 그러던 어느 날, 팀 회의에서 팀장이 더 임팩트 있는 업데이트를 위한 새로운 방향성을 제시했다. 팀장이 제시한 방향성은 다음과 같다.

팀장이 새롭게 제시한 콘텐츠 업데이트 방향성

새로운 스토리텔링 기법 도입

- 〈언차티드 2〉라는 게임에 사용된 컷신이나 시네마틱 연출을 〈메이플스토리〉에도 도입한다.

왜?

- 스토리 몰입도가 좋은 이런 내러티브 장치는 최근 유행하고 있기에 도입하고 싶다.
- 대사만 주고 받는 〈메이플스토리〉 스토리 전달 장치가 상대적으로 너무 구식이다.

---

3   당시의 조직은 '라이브 1본부 〈메이플스토리〉 국내 개발실'이었다.

그림 9.3 단순 비교가 가능하지는 아니지만, 〈언차티드 2〉(좌)와 〈메이플스토리〉(우)의 스토리 전달 능력 차이는 엄청나게 크다

〈메이플스토리〉에 〈언차티드 2〉의 내러티브 장치들을 도입한다? 엉뚱하고 황당한 주장이지만, 현업에서 일해보면 이런 식으로 특정 시스템이나 콘텐츠를 넣자고 얘기가 나와 도입하게 되는 경우가 드문 일은 아니다. 비단 의사결정권자뿐만 아니라 실무 작업자들까지도 이런 식의 의견을 내서 일이 진행되곤 한다. '그런데 그 게임의 이런저런 시스템이 정말 좋더라. 이걸 우리 게임에 가져오면 좋을 것 같다'와 같이 주장하기는 쉽지만 도입이 불가능한 경우도 있고 도입을 하더라도 의도한 효과가 있을지는 미지수다. 엄연히 게임마다 다른 점이 있는데 기능만 쏙 빼오는 것이 쉬울 리가 없다.

이런 의사결정 과정을 보고 있는 여러분들은 안타까움에 혀를 끌끌 차고 있을지도 모르겠다. 하지만 이런 식으로 시스템 기획을 시작하는 것이 그렇게 잘못된 것만은 아니란 것을 먼저 이야기하고 싶다. 앞서 설명한 기능 정리의 3가지 방법들을 생각해보면 주관에 따른 기능 정리 방법과 유사하다는 것을 알 수 있다. 이런 직관이나 주관에 따라 기능을 개발하는 경우는 비일비재하며, 앞서 설명한 바와 같이 장단점이 있다. 따라서 이 방법이 잘못됐다기보다는 그 주장을 하는 사람이 올바른 판단을 하지 못했을 때, 또는 그 주장을 뒷

받침하는 근거가 빈약하고 설득력이 떨어질 때가 문제인 것이다.

참고로 잘못된 판단이었다는 것이 밝혀졌을 때, 신규 게임 개발 조직에 비해 라이브 개발 조직이 더 큰 타격을 받게 된다. 라이브 개발 조직에서는 시스템 개발에 투입할 수 있는 시간이 적지만 일단 공개된 업데이트 일정은 취소하거나 축소하기가 쉽지 않다. 시간이 부족한 만큼 시스템의 질이 떨어지거나 결함이 많을 가능성이 높다. 하지만 업데이트 내용을 지키는 것 또한 중요하기 때문에, 새로운 시스템이 불만족스럽더라도 업데이트해 도입하기도 한다. 신규 개발 조직에서는 시스템 개발을 한 다음에 적합하지 않다면 해당 시스템을 빼도 큰 상관은 없다. 하지만 라이브 개발 조직에서는 도입된 시스템을 롤백^{Roll Back}해 빼거나 수정하는 것은 굉장히 힘들다. 다시 말해 라이브 개발 조직에서는 시간이 부족한데 반해 시스템 도입으로 인한 책임 또는 부작용은 훨씬 크다고 할 수 있다.

그림 9.4 〈언차티드 2〉와 〈메이플스토리〉는 장르, 뷰 등 많은 부분이 달랐다

다시 돌아와서, 당시 나와 담당 개발자 역시 당황스럽기는 마찬가지였으나, 취지 자체에는 공감했고 당시 의욕충만했던 신입이었기 때문에 해보겠다고 말했다. 하지만 게임의 뷰[4]가 너무 달랐기 때문에 〈언차티드 2〉의 내러티브 장치들을 도입한다는 것이 단순하지 않아 그대

---

4 〈메이플스토리〉는 2D 횡스크롤 액션 게임이고, 〈언차티드 2〉는 TPS 액션 게임이다.

로 가져올 수 없었다. 결국 방향성을 살리는 데 주력하기로 결정하고 〈언차티드 2〉의 내러티브 장치들을 〈메이플스토리〉에 맞게 조정하기로 했다. 이 조정 작업은 〈언차티드 2〉의 컷신이나 액티브 시네마틱에 사용된 기능들의 일부 특성들을 따와 〈메이플스토리〉만의 기능을 구성하는 것으로 진행되었다. 이렇게 조정된 내용은 다음과 같다.

방향성 달성을 위한 세부 내용

- 인위적인 연출 장소로 이동하지 않고 자연스럽고 연속적으로 스토리를 전달한다.
- 스토리 전달을 단순히 텍스트만 전달하는 것이 아니라 액션이나 효과 등도 사용한다.
- 캐릭터 중심이 아닌 다른 카메라 워킹을 통해 새로운 연출을 한다.
- 디렉션 모드 중간에 유저의 조작을 통해 진행하는 부분을 넣는다.

이 내용들은 단순히 기능의 특징만 떼온 것이기 때문에 〈메이플스토리〉에 얼마나 잘 적용돼 효과적인 내러티브 장치가 될지는 알 수가 없었다. 하지만 기존의 내러티브 장치가 텍스트로 대사만 서로 주고받는 식이었던 것을 감안하면, 어떤 형태로 구현되든 더 나아질 것이라는 확신은 있었다.

디렉션 모드 기능 정리

방향성과 그 세부 내용을 결정한 뒤, 본격적으로 구체적인 기능들을 선정했다. 나와 개발 파트장이 각자 필요하다고 생각하는 기능들을 정리한 다음에 이를 쭉 열거하고 하나씩 논의했다. 처음부터 가능성을 좁힐 필요는 없었기 때문에 최대한의 기능들을 도입하기로 했지만, 몇 가지는 개발자가 그 자리에서 구현이 불가능하다고 피드백을 주었다. 참고로 좋은 개발자일수록 피드백이 빠르고 정확한데, 개발자가 게임 시스템에 대해 많이 알수록 확실한 대답을 빨리 할 수 있기 때문이다. 이런 피드백과 논의를 통해 디렉션 모드에 필요한 핵심 기능들을 결정했으며, 이는 다음과 같다.

디렉션 모드의 필요 기능

연출 기능
- 연출 지점 설정
- 연출 순서 설정

세부 연출 기능
- 캐릭터의 이동
- 캐릭터의 행동
- 카메라 워킹
- 대사 처리
- 이펙트 출력
- 사운드 출력
- 유저 입력 처리

몰입도 기능
- 상하 좌우의 스크린을 좁히는 시네마틱 연출
- 다른 유저들의 개입을 막음

연출의 제어
- 스크립트

이렇게 정리하니 깔끔하지만, 실제 작업할 당시에는 위와 같이 체계적으로 잘 정리되지 않았다. 나는 '세부 연출'과 관련된 부분만 신경 썼으며, 다른 기능들에 대해서는 담당 개발자에게 간단한 요구사항만을 전달했다. 즉 연출 시작과 같은 기능은 '디렉션 모드 시작은 PC$^{playable\ character}$가 어느 지점으로 들어가면 트리거로 발동돼야 해요.'와 같이 단순 요구사항만 전달하고 개발자에게 일임했다. 당시의 나는 시스템 기획을 해본 적이 없었고, 무엇보다 〈메이플스토리〉의 시스템에 대해 잘 알지 못했기 때문에 시스템의 뼈대에 대해서는 생각할 능력이 없었다. 하지만 트리거를 구현하는 것도 개발자고, 이런 개발 내적인 부분까지 기획자가 간섭할 이유는 없어서 결과적으로는 잘 한 일이었다.

디렉션 모드의 기능들은 스크립트로 제어하기로 하였는데, 이를 결정하는 데는 다음과 같은 상황이나 조건이 작용했다.

- 담당 기획자인 내가 프로그래밍을 할 줄 알았다.
- 연출 기획을 위한 기획자용 툴(도구)을 만들 시간이 없었다.

일단 연출을 오로지 스크립트를 통해 제어하려면 상당히 스크립트 작성을 잘 해야 하는데, 이 부분은 내가 컴퓨터 공학 출신이었기 때문에 문제가 없었다. 또한 촉박한 개발 일정으로 인해 연출을 위한 기획자용 툴을 만들 시간이 없었다. 그리고 스크립트를 사용하면, 필요한 데이터들을 스크립트에 바로 작성할 수 있었기 때문에 별도의 데이터 파일을 만들 필요가 없었다. 이에 데이터를 설계할 필요가 없어져 기획과 개발 둘 다 작업을 간소화할 수 있었다. 이런 점들을 고려해, 연출 제어를 스크립트로 하는 것이 문제가 없다고 판단했다. 또한 디렉션 모드가 얼마나 완성도 높게 구현될지 알 수 없는 상황이었기 때문에, 어쩌면 폐기될 시스템이 유발할 문제점에 신경 쓸 겨를이 없었다. 아니 신경 쓰지 않았다고 하는 편이 맞겠다.

디렉션 모드 세부 명세

디렉션 모드는 스크립트로 제어되기 때문에, 세부 기능들의 기획은 마치 컴퓨터 프로그래밍의 함수^{function} 개발과 비슷한 형태로 이루어졌다. 다음은 '캐릭터의 이동'이라는 세부 연출 기능에 대한 명세이며 다른 기능들의 명세도 비슷하게 작성되었다. 보안상의 이유로, 명세 내용이 당시 작성되었던 실제 명세와 같지 않다는 것을 밝히며, 다음과 같은 형식으로 작성되었다.

캐릭터 이동 기능 명세

directionMove

설명

- 실제 키 입력 조작과 유사하게 PC를 조종하는 기능
- 화살표 방향키 4개와 점프키 조작이 가능해야 한다.
- 중립(0) 입력이 있거나 다음 연출 지점에 도달할 때까지 키를 계속 누른 상태로 유지한다.
- 단, 점프의 경우는 1번만 입력한 것으로 취급한다.
- 이동 속도를 설정할 수 있어야 한다.

함수 인자

directionMove(input, speed)

input	• Integer
	• 유저 키 입력 계속 받는 상태
	• 0: 없음, 1: 좌, 2: 우, 3: 상, 4: 하, 5: 좌점프, 6: 우점프, 7: 점프, 8: 하강점프
speed	• Integer
	• 이동 속도
	• 0 이상의 값

반환값

1	• 문제 없음
0	• 알 수 없는 오류
−1	• 유효하지 않은 input 값 설정

예시

directionMove(2, 500)
- PC는 500의 속력으로 우측으로 계속 이동한다.

directionMove(0, 0)
- PC는 아무런 입력 없이 서 있는다.

directionMove(6, 300)
- PC는 300의 속력으로 우측 점프를 한 번 한다.

마치 명세를 프로그래머가 작성한 것 같은 이유는, 내용이 스크립트 함수에 대한 것이기도 했고 내가 프로그래밍 지식이 있었기 때문이다. 중요한 것은 형식이 아니라 내용이므로, 형식은 크게 신경 쓰지 말고 내용을 살펴보자. 먼저 필요하다고 정리한 '캐릭터 이동' 기능이 구체적으로 어떤 것인지에 대해 설명했다. 그리고 그 기능을 어떤 식으로 제어하고 싶고, 제어를 위한 데이터는 어떤 것이 있는지 정리했다. 이 명세가 스크립트 함수에 대한 것이기에, 데이터에 관한 내용은 함수의 인자를 정의하는 것으로 대체되었다. 당시에 미처 생각하지 못한 것들이나 개발자와 미리 이야기를 한 적이 있는 것 중 일부는 기획서에 명세되지 않았다. 이로 인해 설명이 부실한 부분이 있었고, 명세했어야 하는 제약 조건들도 일부 누락되었다. 가령 장애물이 있을 때의 처리 방법과 같은 것들도 정리했어야 됐다. 하지만 일부는 개발자에게 구두로 설명했기 때문에 작성하지 않았고, 어떤 것들은 미처 생각하지 못했기 때문에 작성하지 못했다.

이 명세 예시는 스크립트 함수 명세와 비슷한 형식이기 때문에, 앞에서 설명한 시스템 기획 세부 명세 방법을 적용해 바꿔보도록 하겠다.

다시 작성된 캐릭터 이동 기능 명세

캐릭터 이동 기능
개념

- 디렉션 모드에서 PC를 강제로 제어해 이동시키는 기능
- 실제 키 입력 조작과 동일한 효과로 PC를 조종한다.
- 화살표 방향키 4개와 점프키 조작이 가능해야 한다.
- 이동 속도를 설정할 수 있어야 한다.

(이어짐)

- 방향키 지속 입력
  - 4개의 방향키(→↑←↓) 중에 하나를 계속 누르고 있는 것과 동일한 효과를 낸다.
  - 점프키 입력과 중첩될 수 있다.
- 점프키 1회 입력
  - 점프키를 1회 누른 것과 동일한 효과를 낸다.
  - 방향키 입력과 중첩될 수 있다.
- 방향 키 중립
  - 방향키 지속 입력을 해제한다.
  - 점프키 입력과 중첩될 수 있다.
- 속도 설정
  - 방향키 지속 입력에 따른 이동을 할 때의 속도를 설정한다.
  - 속도 단위는 캐릭터 스탯 속도를 그대로 사용한다.

규칙(동작원리)

- 입력 규칙
  - 방향키 지속 입력은 유저가 방향키를 계속 누른 것과 동일한 효과를 낸다.
  - 점프키 1회 입력은 유저가 점프키를 한 번 누른 것과 동일한 효과를 낸다.
  - 키 입력을 통해 스킬 등이 사용되지 않는다. 예를 들어 허공에서 점프키를 눌러도 2단 점프가 되지 않는다.
  - 맵의 미끄러움과 같은 환경 영향은 그대로 적용한다.
- 이동 중지 규칙
  - 중립(0) 입력이 있으면 이동 중지
  - 디렉션 모드가 종료되면 이동 중지
  - 다른 연출 지점에 도달하면 이동 중지
  - 이동 중지와 동시에 이동 속도를 원래 캐릭터 속도로 조정

스크립트 함수(데이터)

move	• (Integer, Integer) = (방향키, 속도)
	• 0: 키 중립, 1: 좌, 2: 우, 3: 상, 4: 하
jump	• 유저 키 1회 입력

(이어짐)

- 오른쪽으로 500의 속도로 가려면
  - move(2, 500)
- 왼쪽으로 300의 속력으로 가다가 점프하려면
  - move(1, 300)
  - jump()

앞서 설명한 시스템 세부 명세 방법을 생각하면서 재 작성한 캐릭터 이동 기능 명세를 살펴보자. '캐릭터 이동' 기능에 대한 간략한 개념 설명을 한 뒤, 이 기능을 위해 필요한 하위 기능들을 도출했다. 각 기능들에 대한 설명 및 동작원리를 작성하였으며, 마지막으로 데이터 설계의 일환으로 스크립트 함수를 제안했다. 처음 작성한 명세와 비교해보면, 기능들을 좀 더 잘 세분화했고 규칙들을 좀 더 엄밀하게 작성했다. 그리하여 기획 명세가 된 것 같은데, 이 말은 프로그래머가 아닌 사람들이 봐도 이해하기 쉽다는 의미이며, 당시 이렇게 명세를 했으면 더 좋았을 것이라는 생각이 든다.

디렉션 모드 구현

작성한 세부 기능 명세를 개발자가 구현하는 동안, 나는 데몬슬레이어 스토리를 작성했다. 이전에는 신규 직업을 출시할 때 퀘스트를 통해서만 스토리 진행을 하였지만, 이번에는 디렉션 모드라는 신규 시스템을 만들면서 했기 때문에 작성 내용이 많이 달랐다. 즉 이전에는 대사 위주의 텍스트만 작성하면 되었지만, 데몬슬레이어의 시나리오 작성에는 PC의 강제 행동이나 카메라 연출, 각종 이펙트 및 사운드 출력 등도 포함되었다.

그림 9.5 예전과 비교할 수 없는 풍성한 연출이 디렉션 모드를 통해 가능해졌다

디렉션 연출 기획을 하는 도중, 추가로 필요하다고 판단되는 신기능들이 발견되었다. 'PC가 NPC를 향해 공격하면, 그 NPC는 순간이동으로 PC 뒤로 피한다'와 같은 연출을 하고 싶었다. 하지만 지금까지 작성된 디렉션 모드의 기능에는 NPC에 대한 제어 기능은 없었다. 담당 개발자에게 NPC를 제어할 수 있는 기능을 만들 수 있는지 물어보았지만, 담당 개발자는 부정적인 답변을 했다. 몬스터가 아닌 NPC를 제어한 적이 없기 때문에 어떤 문제가 발생할지 알 수 없다는 것이 이유였다. 하지만 PC만 제어해서는 멋진 연출을 할 수가 없었고, 반드시 PC의 행동에 상호작용하는 NPC가 필요한 상황이었다. 개발자에게 등장과 퇴장만이라도 어떻게 처리할 수 없겠냐고 재차 부탁했고, 개발자는 검토 후에 그 정도는 가능[5]하다는 답변을 했다. NPC 등장/퇴장 기능에 대한 추가 기획을 해 개발자에게 전달했고 해당 기능은 뒤에 구현을 마치고 적용되었다. 이와 같이 콘텐츠를 제작하는 도중에 추가로 필요한 기능을 발견해 추가 기획을 하는 경우는 꽤 빈번하게 일어난다. 다시 말해 시스템 기획을 할 때 콘텐츠에 필요한 기능을 모두 예측하기란 쉽지 않기 때문에 이런 식의 추가 기능 기획/구현이 발생하게 된다.

연출 기획을 계속 하는 동안, 디렉션 모드 기능들의 구현도 하나씩 끝났고

---

5 여담이지만, 개발자가 NPC의 등장/퇴장 기능을 구현한 뒤에 이동 기능까지 구현해주었다.

개발자는 각 기능들의 구현이 끝날 때마다 그 사실을 나에게 알렸다. 구현이 끝난 기능들에 대해서는 빠르게 테스트하고 피드백을 전달하는 것이 좋지만, 당시 나는 구현된 기능들에 대해 개별적으로 테스트를 하지는 못했고 실제 연출 작업을 하면서 테스트했다. 즉 기능 테스트를 한 것이 아니라 실전에 기능을 바로 사용했다. 결과는 어땠을까? 당연히 문제가 발생했고, 기획된 기능들도 불충분하다는 것이 밝혀졌다. 기획된 시스템 기능을 가지고 처리하지 못하는 연출이 발견된 것이다. 또한 구현된 기능들에 버그도 있었고, 랙^{Lag}과 같은 예상치 못한 상황으로 인해 연출이 의도된 대로 진행되지 않기도 했다. 기능 테스트를 하나씩 했으면 빠르게 문제점을 찾아냈을 수 있었겠지만, 제작된 디렉션 모드 연출들을 가지고 테스트하니 문제점을 찾아내는 것이 오래 걸렸다. 또한 실제 연출을 보면서 테스트했기 때문에, 테스트를 한 번 할 때마다 긴 연출을 다 봐야 하는 문제가 있었다. 이로 인해 테스트 자체도 비효율적으로 진행되었다.

디렉션 모드의 기능들은 대체로 다 구현되었지만, 〈메이플스토리〉의 다른 시스템의 기능들과 충돌되면서 구현되지 못한 것들도 있었다. 예를 들어 캐릭터를 강제로 이동시킬 때 이동 속도를 설정하는 기능은 PC 이동속도를 설정하는 것으로 인해 여러 보안 이슈가 발생해 삭제되었다. PC의 이동속도를 디렉션 모드에서 자유롭게 바꾸는 것은, 각종 핵^{Hack}들의 PC 제어를 감지할 때 문제를 일으켰다. PC가 자신이 할 수 있는 것 이상의 빠른 이동을 하면 문제를 일으키는 것이었다. 이동속도를 낮춰 쓰는 것은 어떻겠냐는 제안도 해봤지만 담당 개발자는 난색을 표했고, 이에 구현하지 않기로 결정했다. PC들의 이동속도는 장비나 스킬 등의 영향으로 인해 달라질 수 있는데, 이로 인해 균일한 연출을 보여주는데 실패했다. 또한 기존에는 유저가 NPC 등을 클릭해야만 대화창이 팝업됐기 때문에 대화창에 표시되는 NPC 초상화는 클릭 대상으로 결정할 수 있었다. 하지만 디렉션 모드에서는 그렇게 특정 오브젝트를 지칭하지 않기 때문에 대화창을 팝업했을 때 게임이 멈춰 버리는 문제가 생겼다. 대화창을 출력하는 것은 디렉션 모드의 기능이 아니었고, 기존에 있었던 기능을 사용한 것인데 충돌을 일으킨 것이다. 이에 다음 대화창에 출력되는 NPC 초상화를 강제로 설정하는 기능을 부랴부랴 개발해 이를 해결했다. 하지만 급하게 처리하다 보니 버그[6]가 있었고, 이는 지금까지도 문제가 되고 있는 것으로 보인다.

🔵 디렉션 모드에 대한 평가

지금부터 디렉션 모드의 기획과 구현에 대한 당시의 평가를 소개하고, 지금 와서 다른 시각으로 품평해보도록 하겠다. 디렉션 모드의 구현이 끝나고 이를 활용해 데몬슬레이어의 인트로[Intro]의 일부를 시연했을 때, 당시 내가 속했던 팀의 반응은 굉장히 긍정적이었다. 총 세 번의 큰 업데이트 중, 내가 맡은 데몬슬레이어는 가장 마지막에 업데이트되는 일정이었기 때문에 구현이 끝났을 때는 첫 번째 업데이트의 CBT가 멀지 않은 시점이었다. 하지만 디렉션 모드의 연출을 본 다른 기획자들은 곧바로 자신들의 스토리텔링에 이 기능을 사용했다. 첫 번째 그리고 두 번째 업데이트의 신규 직업인 '캐논슈터'와 '메르세데스'의 인트로에 바로 사용된 것이다. 그 정도로 〈메이플스토리〉의 콘텐츠 기획자들은 기존의 스토리텔링 기능에 불만이 많았고, 디렉션 모드는 〈메이플스토리〉에 있어 정말 혁신적인 기능이었다.

하지만 캐논슈터와 메르세데스의 인트로는 디렉션 모드 기능을 사용할 것으로 기대하고 기획된 것이 아니었다. 디렉션 모드가 구현된 다음에 급하게 이 기능을 사용한 연출을 도입했기 때문에 많이 활용되지는 못했고, 쉽게 활

---

6 기존의 시스템과 충돌난 문제점을 급하게 처리하다 보니, '이전' 버튼을 눌렀을 때 NPC 초상화가 제대로 갱신이 되지 않는 버그가 발생했다.

용할 수 있을 만한 부분에만 사용되었다. 게다가 시스템 기획자가 아닌 다른 콘텐츠 기획자가 디렉션 모드를 사용하는 것은 쉽지 않은 일이었기 때문에 매우 조심스럽게 다루어졌다. 연출을 하다가 여의치 않다 싶으면 해당 연출을 줄이는 등의 방법으로 대처했다. 이는 디렉션 모드의 세부 명세가 기획자가 보기 좋지 않은 형태로 작성된 것도 한몫 했다. 이런저런 버그들도 꽤 있었지만, 혁신성 때문에 묻혔다.

어쨌든 나로서는 데몬슬레이어의 업데이트 이전에 디렉션 모드의 테스트를 실전으로 치른 셈이 됐다. 랙과 같은 상황이 발생하면 PC가 원하는 시점에 도달하지 못하는 문제점도 발견했고, 알 수 없는 이유로 디렉션 모드에서 빠져나가지 못하는 상황도 발견되었다. 자잘한 버그들은 바로 수정되었고 미흡한 기능들은 보완되었다. 나는 처음부터 디렉션 모드를 사용할 것으로 생각하고 연출 기획을 했기 때문에 디렉션 모드를 굉장히 많이 사용할 수 있었다. 덕분에 데몬슬레이어는 당시 기준으로 혁신적인 인트로를 가졌다는 평가를 받을 수 있었다.

혁신성과 그로 인한 훌륭한 결과로 인해 전체적인 평가는 굉장히 긍정적이었지만, 디렉션 모드 기획 과정에 개선해야 할 것들도 분명히 있었다. 지나치게 개발 명세 위주로만 작성되고 인터페이스 명세가 부실했다는 점은 이후에 많은 문제를 야기했다. 많은 기획자들이 기획서를 보고 시스템을 이해하지 못해 결국 내가 작성한 스크립트를 예시로 삼아 기능을 사용했다. 기능에 대한 이해도가 떨어지니 새로운 연출을 만들지 못하고, 내가 작성한 것과 비슷하거나 단순한 기능만을 사용한 연출들이 만들어지게 되었다. 기획자들이 시스템 기획서를 잘 이해하지 못한 이유는, 기능 명세를 프로그래밍 함수 명세와 같이 작성하였기 때문에 기획자가 보기에 매우 적절치 않았기 때문이다. 프로그래밍 지식이 없는 기획자가 '함수 인자'나 '반환값'과 같은 개념을 이해하기란 쉽지 않은 일이었다. 또한 몇몇 인지요소와 규칙들의 명세가 생략되었던 것도 문제다. 미처 생각하지 못해 놓친 것들은 어쩔 수 없지만, 나와 담당 개발자는 아는 내용들이라고 해서 명세를 생략한 것은 잘못이었다. 즉 개발 명세에만 치중해 개발자에게 알려야 하는 내용 위주로 작성했고, 이후에 시스템을 활용할 다른 기획자가 필요한 내용을 기술하지 않은 것이다. 뒤에 다시 정리한 명세처럼만 작성되었어도 다른 기획자가 기능을 이해하기 한결 쉬웠을 것이다.

기능 위주로 개발해 콘텐츠 제작 및 관리 비용이 증가한 것도 문제다. 약 1분 정도의 연출을 위해 수백 줄의 스크립트를 작성해야 했으며, 이는 다른 콘텐츠 기획자들이 디렉션 모드 사용을 부담스럽게 생각하는 데 한몫했다. NPC와 상호작용하는 연출을 제대로 하기 위해서는 수없이 많은 테스트를 해야 했다. 어떤 캐릭터 행동의 타이밍이 마음에 들지 않으면 이를 0.1초 단위로 조정하고 테스트하는 것을 수십 번 반복해야 했다. 참고로 당시 나는 10분 남짓한 데몬슬레이어의 인트로 작업을 하기 위해 약 열흘을 밤낮 없이 작업했다.

그림 9.6 PC가 공격하고 NPC가 회피하는 이런 연출 하나를 만들기 위해서는 수많은 반복 테스트를 해야 했다

10분의 인트로 중 디렉션 모드의 기능을 많이 사용한 부분은 5분도 되지

않는다는 것을 생각하면, 디렉션 모드를 제대로 다루기 위한 단순 반복 작업의 강도를 알 수 있다. 다른 기획자는 새로운 연출을 해볼 엄두를 내지 못했으며, 결국 단순한 PC 이동과 NPC 처리만을 사용하게 되었다. 그럼에도 불구하고 과거 연출과 비교하면 훨씬 좋아진 것은 맞지만, 연출 테스트를 위한 환경을 만들지 않았다는 아쉬움이 남는다.

기능을 도출할 때 제작될 콘텐츠, 즉 연출에 대해 깊이 고민하지 않았던 것도 문제였다. 〈언차티드 2〉의 컷신과 액티브 시네마틱으로부터 기능을 도출할 때, 정작 〈메이플스토리〉에 어떤 연출을 할 것인지는 생각하지 않은 것이다. 〈언차티드 2〉와 〈메이플스토리〉가 각기 다른 카메라 시점을 가지고 있는 것에만 집중한 나머지, 액션 게임과 MMORPG의 차이점에 대해서는 생각하지 못했다. 대화창을 그대로 사용하면서 문제가 발생하거나 디렉션 모드에 다른 유저들이 간섭해 몰입감을 해치는 것 등의 문제도 발생했다. 연출을 실제로 해보고 나서야 화면의 특정 위치나 NPC를 기준으로 삼는 이펙트 출력 기능이 필요하다는 것을 인지하고 뒤늦게 개발하기도 했다. 제작될 콘텐츠들을 완벽하게 예측하는 것은 불가능하다. 하지만 장르 차이와 게임 특성을 좀 더 고려했으면, 필요한 기능들을 더 잘 예측해 기획할 수 있었을 것이다.

마지막으로 기능이 완벽할 것이라고 과신했던 것도 고쳐야 할 점 중의 하나다. 디렉션 모드 도중에 알 수 없는 이유로 인해 더 이상 진행이 되지 않는 현상이 일어나기도 했고, 캐릭터의 이동 중에 지면 아래로 추락하면서 진행 불가 상태가 되기도 했다. 상용 서비스에까지 걸러지지 못한 진행 불가 상태가 된 유저들 중에 일부는 QA 팀에서 PC를 강제 이동시켜 오류를 고치기도 했다. 게임을 강제 종료했다가 다시 시작했을 때 탈출할 수 있도록 하는 스크립트 등을 뒤에 마련하였는데, 처음부터 이런 진행 불가 상태를 해결할 수 있는 장치에 대해 생각을 했으면 좋았을 것이다. 실제 게임을 서비스하다 보면 원인을 알 수 없는 오류가 일어나기도 하는데, 그 오류가 재현이 되지 않아 수정하지 못하는 경우도 있다. 디렉션 모드에 들어간 유저들도 가끔 원인불명의 오류가 발생했는데, 디렉션 모드의 시작과 종료에 대해 예외 규칙을 좀 더 엄밀하게 작성했으면 오류로 인한 문제가 줄어들었을지도 모르겠다.

요약

- 라이브 개발 조직인 〈메이플스토리〉 개발 조직에서 새로운 스토리텔링 시스템을 도입한 경험을 통해, 라이브 개발 조직에서 일어나는 시스템 기획에 대해 살펴본다.
- 라이브 개발 조직은 항상 개발 시간과 인력 부족이 부족하기 때문에 한정된 자원을 가지고 최대 효율을 낼 수 있도록 개발할 기능들을 골라야 한다.
- 라이브 개발 조직의 많은 시스템 기획은 전체 게임 수준의 큰 범주가 아니라 크고 작은 기능 위주의 작은 범주로 이루어진다.
- 디렉터가 다른 게임의 기능들을 라이브 게임에 도입하려는 시도를 하는 경우는 빈번히 일어난다.
- 게임의 특성이 많이 다르다면 가져오려는 기능을 자신의 게임에 맞게 조정해야 하며, 디렉터와 개발자와 함께 이를 결정해야 한다.
- 라이브 게임에서는 다른 기획자가 시스템을 사용하기 쉽도록 인터페이스를 잘 만드는 것이 중요하다.
- 처음부터 완벽한 시스템을 기획하기에는 시간이 부족하기 때문에 시스템을 구현하면서 개선하는 것도 좋은 방법이다.

10장

신규 개발 조직에서 기획한 괜찮은 시스템: 액션캔슬

신규 게임을 만드는 개발 조직의 시스템 기획은 라이브 개발 조직의 시스템 기획과는 작업 규모나 성질이 많이 다르다. 시스템 기획을 건물 설계에 비유하자면, 신규 개발 조직의 시스템 기획은 전체 건물을 설계하는 것이고, 라이브 개발 조직의 시스템 기획은 건물을 증축하거나 내부 인테리어 공사를 할 때 필요한 설계를 하는 것이라고 할 수 있다. 신규 개발 조직에서는 맨 밑바닥부터 시스템을 쌓아 올리고 방향성을 결정하면서 기획 작업을 하기 때문에 자율성이 높다. 반면 라이브 개발 조직에서는 기존 게임에 얽매여 시스템 기획을 할 수밖에 없기 때문에 자율성이 낮다. 이런 점 때문에 많은 기획자들이 신규 게임을 만들고 싶어 한다.

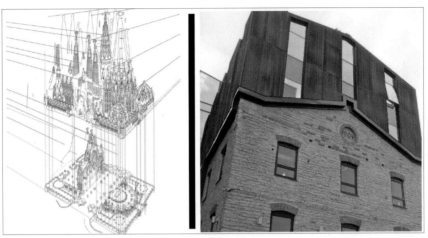

그림 10.1 신규 개발 조직과 라이브 개발 조직의 시스템 기획을 건물 설계에 비유하면 전체 설계(좌)와 증축 설계(우)라고 볼 수 있다

신규 개발 조직에서의 기획 작업이 장밋빛으로 보일 수도 있겠지만, 아무것도 없는 상태에서 처음부터 게임을 만드는 것은 녹록하지 않다. 시스템 기획은 게임의 기반을 기획하는 작업이기 때문에 제대로 하지 못한다면 그 후의 개발 과정들이 흔들리게 된다. 더 많은 권한을 가지고 작업할 수 있지만 그만큼 더 막중한 책임[1]이 부여된다.

지금부터 신규 개발 조직에서의 시스템 기획은 어떤 특징이 있는지 살펴본 뒤, 〈하이퍼유니버스〉를 만들면서 겪었던 나의 경험을 소개하겠다. 〈하이퍼유니버스〉 개발은 처음 개발팀이 만들어질 때부터 같이 했으며, 약 2년 정도 메인 시스템 기획자로 일하면서 많은 게임 시스템들을 쌓아 올렸다. 많은 시스템들을 기획했지만, 소개할 경험 사례로 '액션캔슬 시스템'을 골라 이야기하고자 한다. 캔슬(액션캔슬) 시스템은 초기 기획과 구현, 그리고 이후 개선 작업을 거쳐 완성되었고, 그 과정과 결과가 뚜렷하고 상당히 만족스러웠기 때문에 소개하기로 결정했다.

---

1 신규 개발 조직에서 시스템 기획자를 채용할 때 경력자 위주로 채용하는 것은 그만큼 책임과 권한이 크기 때문이다.

신규 개발 조직과 시스템 기획

신규 개발 조직에서의 시스템 기획은 앞에서 설명한 시스템 기획의 모든 것이 총동원된다. 하지만 아무것도 없는 상태에서 무언가를 시작하는 처음이 가장 막막하다. 다행스럽게도 아무런 비전 없이 개발 조직부터 꾸리는 경우는 거의 없고 보통 어느 정도 게임의 방향성은 결정되어 있다. 이제 이 방향성을 토대로 게임의 형태를 만들어 나가야 한다. 게임에 필요한 기능들을 도출하고, 그중에 시스템 기획을 할 대상들을 선정한다. 게임 시스템들을 결정한 다음에는 하나씩 시스템 기획을 하고 개발자에게 전달하며, 개발자가 구현하는 동안에 남은 시스템 기획을 한다. 구현이 끝나는 시스템들을 테스트해 검토하며, 기능 구현이 일단락되면 디렉터 및 다른 개발 조직 구성원들과 시스템에 대해 평가하고 이를 반영한다. 이런 방식으로 시스템 기획 및 구현 과정들을 순차적 또는 병렬적으로 진행하면, 게임 시스템들이 하나하나 완성되고 게임도 전체적인 모습을 갖추게 된다.

하지만 신규 개발 조직에서의 시스템 기획만큼 변덕스러운 것도 없다. 신규 개발 조직에서는 구현까지 끝난 시스템을 수정하거나 버리고 다시 기획해야 하는 일이 비일비재하게 일어난다. 효율성을 추구하는 라이브 개발 조직과는 달리, 신규 개발 조직은 완벽함을 추구하는 것이 보통이다. 즉 주어진 시간 안에 적당한 게임(시스템)을 만드는 것이 아니라, 시간을 충분히 들이더라도 최고의 게임을 만드는 것을 목표로 삼는다. 따라서 신규 개발 조직에서는 기능을 구현하더라도 평가 결과가 원하는 수준에 미달하면 작업을 다시 하곤 한다. 설상가상으로 게임 시장의 트렌드나 타 경쟁 게임의 기능들이 시스템 기획의 재작업에 영향을 미치기도 한다. 탑 뷰의 게임을 만들고 있는데 쿼터 뷰의 게임들이 인기를 끌면서 뷰가 변경되기도 하고, 타 경쟁 게임의 길드전[戰]에 대한 유저들의 반응이 좋으면, 원래 길드전이 없었더라도 도입되기도 한다. 이렇듯 시간적 여유를 두고 가장 괜찮은 기능을 추구하기 때문에, 신규 개발 조직에서의 시스템 기획은 계속 변경되고 갈아엎어질 가능성을 내포하고 있다.

화이트데이	붐비치(Boom…	주사위의신	하스스톤
갓오브하이스쿨	클래시 오브 클랜	드래곤라자	프렌즈팝 for K…
퀴즈RPG 마법…	클래시로얄(Cl…	서머너즈 워	사커스피리츠
크루세이더퀘…	히트(HIT)	언리쉬드	하얀고양이 프…
Clash of Kings	영웅의군단	러브라이브	낭코대전쟁
포켓메이플스…	캔디크러쉬젤리	뮤오리진	로스트킹덤
야생의땅: 듀랑고	건담 어크로스…	슈퍼판타지워	월드오브탱크…
하스스톤	소울앤스톤	큐라레: 마법도…	백발백중 for K…
프렌즈팝 for K…	낚시의신	퍼즐앤드래곤	세븐나이츠
사커스피리츠	아이모	괴리성 밀리언…	길드오브아너
하얀고양이 프…	매직러쉬:히어…	디지몬소울체…	몬스터길들이기
낭코대전쟁	포켓몬셔플	체인크로니클	모두의마블
로스트킹덤	원더택틱스	쿠키런	레이븐
월드오브탱크…	구음진경	삼국지맹장전	이데아

그림 10.2 현재 어느 정도 자리잡은 모바일 게임들. 이제 수많은 게임들과 경쟁할 수 있는 높은 완성도가 신규 게임에 요구된다

신규 개발 조직의 시스템 기획이 시행착오가 많은 이유는, 방향성이 수립되거나 기능을 확정하기 전까지 프로토타이핑 과정을 거치기 때문이다. 핵심 기능이라고 결론을 내린 것들에 대해서는 바로 최종 구현을 위한 시스템 기획을 하기도 하지만, 프로토타이핑을 위한 시스템 기획을 하고 괜찮은 결과가 나오면 구체적인 기획을 하는 경우도 많다. 기획하고 구현한 시스템들을 검증해보고 만족할 만한 결과가 나오지 않으면 통째로 버리고 다른 시스템을 기획하기도 하기 때문에, 시행착오를 겪을 것으로 예상되면 완벽한 시스템 기획을 하기보다는 프로토타이핑을 위한 간단한 시스템 기획을 하고 검증을 빠르게 하는 것이 좋다. 프로토타이핑을 위한 시스템 기획이라고 특별히 시스템 기획 기법이 다른 것은 아니다. 다만 각 시스템 기획 과정들을 굉장히 빠르고 가볍게 처리하게 된다. 시스템 기능 정리, 인지요소 정리, 규칙 정리 등을 약식으로 명세

해 개발자에게 전달하고, 구현이 끝나면 이를 빠르게 검증해본다. 확정된 시스템이 아니기 때문에 데이터 설계와 같이 유지관리를 위한 내용은 필요 없다.

프로토타이핑을 위한 시스템 기획을 함에 있어 시스템 기획자가 범하는 가장 큰 잘못 중의 하나는 프로토타이핑이 끝난 이후에 기획 명세를 허술하게 한다는 것이다. 프로토타이핑을 위한 시스템 기획을 약식으로 하는 것은, 프로토타입이 만족스럽지 않을 때 그 기획 작업이 버려지기 때문이다. 이런 점 때문에 시스템 기획자는 프로토타이핑을 할 때 개발자가 필요한 정보들만 정리하며, 구두로 전달한 내용들이 기획서에서 생략되기도 한다.

프로토타이핑이 실패로 끝나면 추가 기획을 할 필요 없지만, 프로토타이핑의 결과가 만족스럽다면 본격적인 시스템 개발을 위한 기획을 해야 한다. 프로토타이핑의 완성도에 따라 추가 작업을 얼마나 할지 결정되는데, 어떤 상황이든 기획서는 수정되거나 재작성돼야 한다. 규칙들이 논리적으로 엉성할 수 있고, 프로토타입이기 때문에 보완이 필요할 수도 있다. 부실한 내용을 보충하는 것도 중요하지만, 시스템을 조정하거나 활용하기 위한 인터페이스[2]명세를 잊지 말고 하자. 이 부분을 많은 시스템 기획자들이 귀찮아하거나 놓치곤 하는데, 이는 굉장히 잘못된 태도다. 콘텐츠를 제작하는 사람은 시스템 기획자가 아닐 가능성이 높기 때문에, 이에 대한 내용이 부실하면 콘텐츠 기획자들이 고생[3]하게 된다. 또한 부실한 시스템 기획의 명세가 시스템 기획자나 개발자의 퇴사와 맞물리면 개발 조직에 큰 손실을 끼치게 된다. 자신의 일이 아니라는 식이거나 퇴사하면 회사와 상관없다는 식으로 무책임하게 일해서는 안 된다. 프로토타이핑이 실제 시스템 개발로 이어지게 되면 반드시 시스템 기획을 정비하자.

신규 개발 조직에서 시스템 기획자는 시스템 기획만 할 것으로 생각되지만,

---

2 거의 대부분 데이터를 시스템의 인터페이스로 사용한다.

3 결과적으로 콘텐츠 기획자들이 시스템 기획자에게 문의하는 일이 일어나, 서로 고생하게 된다.

게임 시스템과 관련된 콘텐츠 기획이나 밸런스 작업과 같은 기획 업무들도 해야 한다. 구현된 시스템을 검증할 때 시스템만 가지고는 아무것도 할 수 없으며, 결국 눈으로 보고 조작할 수 있는 콘텐츠가 필요하다. 단순한 기능 확인만 할 때는 개발자 마음대로 아무렇게 만든 콘텐츠⁴를 사용해도 상관없다. 하지만 시스템의 완성 테스트를 할 때는 실제 게임에 최종적으로 적용될 수준의 것들을 사용해야 한다. 이런 최종 검수용 콘텐츠들의 제작에는 실제 콘텐츠를 제작하는 만큼의 노력이 든다. 그렇기 때문에 아무렇게나 제작하지 않고, 이에 대한 콘텐츠 기획을 통해 체계적으로 제작하게 된다. 예를 들어 〈LoL〉에서 챔피언 시스템의 구현이 끝나면 이를 최종 테스트하기 위한 챔피언이 필요하며, '애니'라는 챔피언의 ID가 '1'인 것을 감안하면 아마 이런 목적으로 선행되어 기획되었을 가능성이 높다. 이펙트 시스템을 테스트할 때 '애니'의 스킬 이펙트들을 사용하고, 스킬 시스템을 테스트할 때도 '애니'를 사용한다. 이런 '애니'와 같은 테스트용 콘텐츠의 제작은 시스템 기획자가 하는 경우가 많다. 달리 말하면 콘텐츠들의 프로토타입들을 기획하는 작업이라고 볼 수 있다. 참고로 이런 콘텐츠 프로토타입은 시스템이 개선되고 수정되는 과정에 폐기되기도 한다.

캔슬 시스템의 시작

캔슬 시스템의 기획 내용을 다루기 앞서, 캔슬 시스템이 어떻게 만들어졌는지, 즉 캔슬 기능을 도출하는 과정을 잠깐 소개하겠다. 〈하이퍼유니버스〉는 횡스크롤 액션 AOS라는 다소 생소한 장르의 게임이다. 디렉터로부터 처음 이 게임의 설명을 들었을 때 게임의 방향성은 이미 상당히 구체적으로 정해져 있었고, 이는 핵심 기능들의 구현이 끝날 때까지 꽤 잘 지켜졌다. 게임의 방향

---

4 검증만 하고 뒤에 폐기할 목적으로 제작되는 것을 보통 더미(dummy)라고 부른다.

성은 게임의 각 부분들에 대해 수립되었는데, 여기서는 캔슬 시스템과 관련 있는 '액션'에 대한 내용을 소개하겠다. 횡스크롤 액션 게임인 〈하이퍼유니버스〉는 액션성에 대한 방향성을 다음과 같이 가지고 있었다.

〈하이퍼유니버스〉의 액션 방향성

- 콘솔 대전 게임 수준의 탈 온라인 급 액션
- 과감하고 역동적인 동세 속 명확한 타이밍을 살린 액션
- 3DMAX의 뷰포트가 아닌 실제 게임뷰를 위한 액션
- 각 캐릭터의 컨셉이나 신체적 특성을 잘 살린 액션

디렉터와 나는 이 방향성을 토대로 여러 가지 기능들을 도출해냈으며, 이 과정에 디렉터의 조언이 큰 도움이 되었다. 애니메이션들의 기본 동작 기능은 유니티 엔진을 사용하기 때문에 굳이 기획할 내용은 없었다. 나는 애니메이션의 특별한 처리들에 대한 내용만 기획하면 됐는데, 캔슬 기능은 그중 하나다.

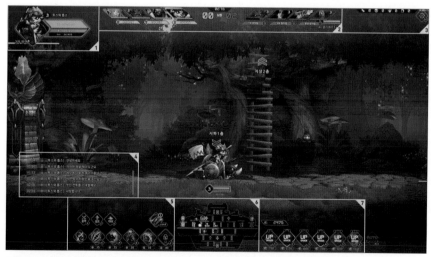

그림 10.3 횡스크롤 액션 AOS 게임인 〈하이퍼유니버스〉의 액션성 방향성은 대전 격투 게임에 맞춰졌다

캐슬 기능은 〈하이퍼유니버스〉에서 처음 고안된 것이 아니고, 액션 게임들이 많이 사용하는 기능이기 때문에 참고할 만한 자료들이 굉장히 많았다. 여기서 '콘솔 대전 게임 수준의 탈 온라인 급 액션'이라는 방향성에 맞춰 콘솔 대전 게임들을 많이 참고했으며, 그중에 특히 〈스트리트 파이터 4〉를 많이 참고했다. 이런 참고 자료를 선택하는 데는 시스템 기획자나 디렉터의 기호가 반영되곤 하는데, 이런 기호를 통해 방향성이 좀 더 구체화될 수 있다.

캐슬 기능이 필요하다고 판단한 이후에, 다른 게임에 구현된 기능들을 벤치마킹하면서 기능의 복잡성을 따져보았다. 캐슬 기능이란 단순히 애니메이션을 캐슬하는 것이 아니라 어떤 규칙이나 동작원리가 있었으며, 그와 관련한 여러 구성요소들도 존재했다. 이에 캐슬 기능에 대해 체계적인 시스템 기획을 하기로 결정했다.

캐슬 시스템 명세 준비

캐슬 시스템의 명세에 앞서 캐슬 시스템의 개념을 정리하고 방향성을 결정했다. 캐슬 기능은 다른 게임에서도 많이 사용하기 때문에 캐슬 시스템의 개념을 정리하는 것은 그리 어려운 일은 아니었다. 개념 정리를 할 때 〈하이퍼유니버스〉의 조작 방식이나 게임 뷰와 같은 특징들도 같이 고려해야 하는데, 특별한 내용은 없었기 때문에 쉽게 작성할 수 있었다. 시스템 기획자가 기획서를 작성할 때, 다 아는 내용이라고 생각해 가장 기초적인 개념 정리를 소홀히 하는 경우가 있다. 하지만 실제 어떤 지식과 경험을 가진 사람이 기획서를 볼지 알 수 없기 때문에 기획서는 누가 보더라도 이해할 수 있도록 작성하는 것이 옳다. 이에 캐슬 기능을 모르는 개발자나 기획자가 보더라도 이해할 수 있도록 '캐슬'의 개념을 설명했다.

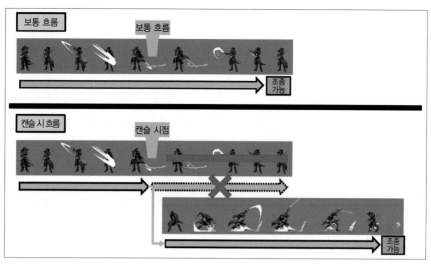

그림 10.4 어떤 사람이 기획서를 볼지 알 수 없으므로 구체적이고 빠짐없이 설명하는 것이 좋다

기본 개념을 정리한 다음에는 방향성을 명시했다. 〈하이퍼유니버스〉의 액션 방향성을 좀 더 구체화하는 것으로 캔슬 시스템의 방향성을 작성했다. 시스템의 방향성 명시는 별로 중요하지 않아 보일 수 있지만, 명세를 할 때 기준이 되기도 하고 시스템 구현이 끝난 이후 평가를 할 때 중요한 평가 기준으로 작용한다. 실제로 캔슬 시스템의 구현 이후에 이 방향성을 가지고 시스템을 개선하는 작업을 계속 했다.

캔슬 시스템의 방향성

- 전투의 속도감 및 반응성 향상
- 타격감, 손맛 향상

개념 및 방향성을 정리한 이후에는 하위 기능들을 정리했다. 캔슬 시스템에 필요한 것들, 즉 인지요소나 규칙들을 모두 열거했다. 그렇게 열거한 다음에 이들을 체계적으로 정리했으며, 정리된 하위 기능들은 다음과 같다.

1차 정리
선先입력
타격 시점
캔슬 시점
캔슬 연출

2차 정리

- 캔슬 관련 중요 시점
  - 선입력 시작 시점, 선입력 종료 시점, 타격 시점, 캔슬 시점
- 캔슬 처리
  - 애니메이션 연결, 애니메이션 포즈, 캔슬 셰이더, 캔슬 이펙트, 캔슬 사운드
- 캔슬 규칙
  - 시점들 간의 규칙, 애니메이션 연결 규칙, 애니메이션 포즈 규칙

이렇게 시스템의 기능들을 하위 기능으로 쪼개고 정리하는 작업을 하면 시스템을 좀 더 체계적으로 바라볼 수 있게 된다. 그로 인해 세부 명세를 할 때 빠뜨리는 것을 줄이고 명세의 완성도를 올릴 수 있다. 앞서 1차 정리한 기능과 2차 정리한 기능들을 생각해보자. 선입력은 선입력대로 명세하고 타격 시점이나 캔슬 시점은 각각 명세하는 것이 좋을까? 아니면 '시점'이라는 관점에서 이들을 묶어 같이 정리하는 것이 좋을까? 당연히 시점이라는 공통점을 가진 이들을 묶어 정리하는 것이 체계적인 기획을 하는 데 좀 더 유리하다. 체계적인 기획이라는 것은 거창한 것이 아니다. 어떤 것들이 서로 관련 있거나 유사한 점이 많으면 이들을 묶어 공통점을 정리하고, 서로 다른 점을 개별적으로 정리하는 것을 말한다. 공통점을 묶음으로서 중복되는 내용을 줄이고 규칙 작성도 원활해진다.

캔슬 시스템 세부 명세

시스템에 대한 큰 그림을 그렸으니, 이제 세부 명세를 할 차례다. 세부 명세 중, 인지요소의 명세 방법은 특별한 것이 없다. 앞서 시스템의 큰 그림을 그리면서 인지요소들을 충분히 열거해두었기 때문에 차근차근 순서대로 인지요소들을 정리했다. 만약 인지요소의 열거가 충분하지 않다면, 인지요소 명세를 하면서 인지요소들을 다시 구조화하거나 빠뜨린 인지요소를 찾는 것이 필요하다. 다만 규칙 작성을 하면서 발견되는 인지요소들도 있기 때문에 인지요소를 한 번에 작성한다고 생각하지 말자.

캔슬 시스템의 각종 시점들에 대한 인지요소 명세

인지요소	설명 및 데이터	
선입력 시작 시점	다음 공격을 결정하는 입력을 받는 구간의 시작 프레임	
	PreInputStart	Integer
선입력 종료 시점	다음 공격을 결정하는 입력을 받는 구간의 마지막 프레임	
	PreInputEnd	Integer
타격 시점	공격이 명중하는 프레임(복수 개 가능)	
	Hit	Integer(복수 개인 경우 ','로 구분)
캔슬 시점	캔슬 연출을 해 다음 애니메이션으로 연결되는 프레임	
	Cancel	Integer
캔슬 정지시간	캔슬 연출을 위해 애니메이션이 정지하는 시간(sec)	
	CancelPause	Float

앞서 인지요소 명세를 설명한 5장에서 다이어그램과 글을 비교한 것을 기억하는가? 인지요소들 간의 관계나 구조화된 모습을 보이는 데 다이어그램이 글보다 낫다고 한 적이 있다. 그림이나 다이어그램 등을 가능한 많이 사용해 설명을 보조하면 기획서를 이해하는 데 큰 도움이 된다. 꼭 도형이나 기호를

사용한 다이어그램을 사용할 필요는 없고, 시각적으로 구조나 관계를 잘 보여주면 된다. 앞에서 정리한 '시점'에 관한 인지요소 명세들에 대해 다음과 같은 그림을 첨부하면 좋다. 이런 그림을 통해 개념적으로 이들이 어떤 관계가 있고, 어떻게 애니메이션과 매칭되는지 알 수 있다.

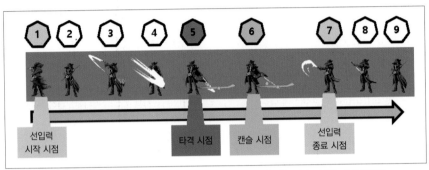

그림 10.5 인지요소들의 관계나 구조를 보일 때, 그림이나 다이어그램 같은 시각 모델이 더 유리하다

인지요소 명세를 하는 도중에 동작원리도 같이 정리되곤 하는데, 규칙 작성 단계에 하려고 미룰 필요 없이 같이 정리하면 된다. 앞서 규칙 명세를 설명할 때도 말했지만, 동작원리와 규칙은 본질적으로 같다. 각 인지요소의 동작원리를 정리하다가 이들을 통합한 규칙을 작성할 수도 있고, 처음부터 인지요소들 간의 관계를 생각해 규칙을 따로 작성할 수도 있다. 형식에 얽매이기보다는 중복된 내용을 작성하거나 누락되는 것이 없는지 살펴야 한다.

시스템 규칙은 인지요소 명세를 어느 정도 끝낸 뒤에 작성했으며, 미리 시스템의 규칙들을 열거해두었기 때문에 하나씩 선택해 규칙을 작성했다. 다른 시스템의 기능을 사용하는 규칙들이 있었는데, 이들의 명세를 할 때 그 기능에 대한 설명은 간략하게 하고 관련 시스템을 참조할 수 있게 표시했다. '애니메이션 연결 규칙'은 '애니메이션 블렌딩과 믹싱'이라는 다른 시스템(기능)을 사용하고, '애니메이션 포즈 규칙'은 '애니메이션 포즈'라는 타 시스템을 이용하였기 때문에 관련 시스템의 설명은 생략하고 참조할 수 있게 짧은 설명만

했다. 따라서 작성된 대부분의 규칙은 '시점들 간의 규칙'이었으며, 일차적으로 큰 규칙을 작성한 다음에 세부 규칙과 예외 규칙을 작성했다.

1차 규칙

- 첫 스킬의 캔슬 시점 이전에 다음 스킬 키를 입력하면, 캔슬 시점 이후의 애니메이션이 생략되고 그 다음 스킬이 발동된다.
- 캔슬 입력은 유효하더라도, 선행 스킬이 적중하지 않으면 캔슬이 이루어지지 않는다.
- 캔슬 시점 이전의 선입력 구간에 들어온 스킬 키 입력이 여러 개라면, 가장 마지막에 들어온 스킬 키 입력을 유효한 입력으로 처리한다.

세부 규칙 및 예외 규칙

- 첫 스킬의 캔슬 시점 이전에 다음 스킬 키를 입력하면, 캔슬 시점 이후의 애니메이션이 생략되고 그 다음 스킬이 발동된다.
  - 스킬 키 입력은 선입력 구간 안에 이루어져야 유효하다.
  - 선입력 시작 시점 이전에 들어온 스킬 키 입력은 무시된다.
- 캔슬 입력이 유효하더라도, 선행 스킬이 적중하지 않으면 캔슬은 수행되지 않는다.
- 캔슬 시점 이전의 선입력 구간에 들어온 스킬 키 입력이 여러 개라면, 가장 마지막에 들어온 스킬 키 입력을 유효한 입력으로 처리한다.
- 보통의 경우 선입력 종료 시점은 캔슬 시점보다 뒤에 배치된다.

규칙을 작성할 때도, 예시를 사용해 이해를 돕는 것이 좋으며, 그림과 같은 시각 모델을 동반하면 더 효과적이다. 또한 세부 규칙이나 예외 규칙의 경우에는 특정 '상황'에 대한 내용을 다루고 있기 때문에 그 '상황'에 대한 구체적인 예를 보여주는 것이 매우 효과적이다. 규칙은 어떤 게임의 상황에 대한 내용을 담고 있기 때문에 그 상황을 시각적으로 보여주면 규칙을 이해하기가 쉬워진다. 다음 그림은 유저의 입력의 여러 가지 경우 중 하나를 가정하고, 이 상황에 규칙이 어떻게 적용되는지를 보이고 있다. 그림과 같이 유저가 'A, B, C, A, B, C' 입력을 한 경우에 규칙을 적용해보면, 두 번째 'B'를 유효한 입력으로 하는 캔슬이 수행[5]된다.

---

5 여러분들도 그림을 보면서 규칙을 따져 보면 재미있을 것이다.

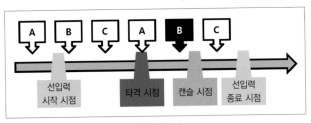

그림 10.6 캔슬 규칙의 이해를 돕기 위한 예시

캔슬 시스템의 데이터

그렇다면 캔슬 시스템의 데이터(캔슬 데이터)는 어떻게 설정할 수 있었을까? 캔슬 시스템이 독립된 시스템이었다면 따로 데이터 설계를 했을지도 모르겠지만, 캔슬 시스템은 스킬 시스템의 하위 시스템이었다. 스킬 시스템은 캔슬 시스템 말고도 판정, 애니메이션, 효과음, 이펙트, 등 다양한 하위 시스템들을 가지고 있는 복합 시스템이다. 스킬 시스템의 데이터는 이미 개발되어 있었기 때문에 캔슬 데이터를 스킬 데이터에 편입했다. 스킬 데이터는 소비자원, 애니메이션, 판정, 효과 등 다양한 데이터를 가지고 있었는데, 그중 애니메이션 데이터에 포함했다.

캔슬 데이터를 애니메이션 데이터에 편입한 이유는 캔슬 데이터가 애니메이션 데이터에 완벽하게 종속적이었기 때문이다. 애니메이션이 없는 스킬은 캔슬할 애니메이션이 없기 때문에 당연히 캔슬 데이터도 없다. 반대로 애니메이션이 있더라도 캔슬 기능을 사용하지 않을 수는 있다. 또한 타격감을 좋게 하기 위해서 애니메이션이 재생될 때, 특정 동작의 형태를 보고 캔슬 기능의 여러 시점을 결정하게 된다. 애니메이션이 있어야 캔슬 기능을 사용할 수 있었으며, 이는 캔슬 데이터는 애니메이션 데이터에 편입하는 것이 낫다는 의미다. 스킬 데이터와 애니메이션 데이터, 캔슬 데이터의 모습은 다음 그림과 같다.

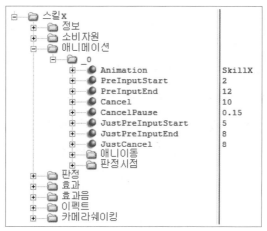

```
白─📁 스킬x
  ⊞─📁 정보
  ⊞─📁 소비자원
  白─📁 애니메이션
    白─📁 _0
      ⊞─🔵 Animation              SkillX
      ⊞─🔵 PreInputStart          2
      ⊞─🔵 PreInputEnd            12
      ⊞─🔵 Cancel                 10
      ⊞─🔵 CancelPause            0.15
      ⊞─🔵 JustPreInputStart      5
      ⊞─🔵 JustPreInputEnd        8
      ⊞─🔵 JustCancel             8
      ⊞─📁 애니이동
      ⊞─📁 판정시점
  ⊞─📁 판정
  ⊞─📁 효과
  ⊞─📁 효과음
  ⊞─📁 이펙트
  ⊞─📁 카메라쉐이킹
```

그림 10.7 스킬 데이터와 캔슬 데이터의 모습

캔슬 데이터를 어떻게 설정할 수 있었을까? 게임을 실제 하면서 데이터의 값을 확인하는 것은 엄청나게 비효율적이다. 캔슬 시점을 1프레임 당기고 이를 확인하기 위해 게임을 빌드하고 실행한 다음 그 영웅을 골라 스킬을 사용해야 한다고 상상해보자. 더욱이 대상을 타격해야 캔슬을 할 수 있기 때문에 공격할 대상도 바로 앞에 있어야 한다. 당연히 이런 터무니없는 과정을 거치지 않았다. 유니티[6] 엔진이 제공하는 애니메이션 미리보기[Preview] 기능을 이용해 애니메이션을 재생해볼 수 있었고, 이를 통해 캔슬 시점을 쉽게 찾을 수 있었다. 물론 최종 데이터에 대해서는 캔슬 시스템 구현이 끝난 다음에 실제 게임을 하면서 테스트되었다.

6   유니티 테크놀로지(Unity Technologies) 사에서 만든 멀티 플랫폼 게임 개발 엔진

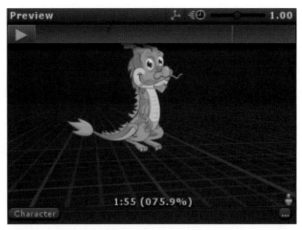

그림 10.8 캔슬 데이터 값을 설정하기 위해, 유니티 엔진의 애니메이션 미리
보기(preview) 기능을 이용했다

캔슬 시스템 구현

명세가 끝난 뒤 곧바로 담당 개발자와 기획서를 공유할 수 있었으면 좋았겠지
만 그러지 못했다. 개발팀의 사정상 먼저 개발해야 하는 게임 시스템들이 존
재했기 때문에 당장 기획서를 공유하더라도 캔슬 시스템을 구현할 수 없는 상
황이었기 때문이다. 물론 일단 기획서를 공유할 수는 있다. 하지만 그렇게 하
더라도 정작 개발자가 구현을 하는 시점이 되면 기획서를 다시 설명해야 하
기 때문에 서로 번거롭기만 하다. 따라서 개발자가 구현을 시작할 수 있을 때
기획을 공유하는 것이 가장 효율적이다. 개발자의 준비를 기다리는 동안 다른
시스템을 기획하거나, 테스트하고 개선하는 작업을 했다.

　이윽고 개발팀이 기본적인 영웅 시스템 구현을 마치고 캔슬 시스템을 개발
할 수 있을 때가 되어 담당 개발자와 캔슬 시스템의 기획을 공유[7]하게 되었다.

7　참고로 시간이 흐르면 자신이 작성한 기획서라고 하더라도 잘 기억이 나지 않는 경우가 발생한다. 따라서 시간이 흐
　른 뒤 개발자에게 기획을 설명한다면, 개발자와 만나기 전에 반드시 기획 내용을 다시 상기하도록 하자.

담당 개발자와 기획을 공유함에 있어, 다른 게임 영상을 보면서 캔슬 기능에 대한 개념을 잡은 것이 크게 도움됐다. 참고 영상은 인지요소나 규칙을 설명할 때도 계속 활용되었으며, 캔슬 시스템을 개발자가 이해하도록 설명하는 것은 크게 어렵지 않았다. 기획 공유가 끝나자 개발자는 구현 작업에 착수했다.

개발자가 구현을 하는 동안, 내가 해야 할 일은 테스트에 필요한 리소스들을 마련하는 것이었다. 다행히 먼저 기획된 시스템들을 개발할 때 제작된 리소스들이 상당히 많이 있었다. 덕분에 영웅의 모델링과 애니메이션들은 추가 제작할 필요 없이 확보할 수 있었다. 남은 것은 캔슬 시스템만을 위한 리소스인, 캔슬용 이펙트와 셰이더뿐이었다. 이것들은 아트팀에서 제작해야 하기 때문에 캔슬 시스템의 기획을 아트팀에 공유했는데, 아트팀에 캔슬 시스템을 설명하는 것은 더 간단했다. 아트팀에 요청하는 것이 시각적 리소스였기 때문에 세부 기능을 설명할 필요는 없었으며, 앞서 개발자에게 기획을 설명할 때 참고했던 영상을 통해 기획 내용을 쉽게 전달할 수 있었다. 기능의 동작원리나 데이터와 같은 것은 아트팀이 꼭 알아야 하는 정보가 아니었기 때문에 전체를 설명하기 보다는 아트팀이 궁금해하는 것들 위주로 설명했다.

리소스 요청까지 끝나고 나니 당분간 캔슬 시스템 개발에 대해 할 일이 없었다. 아트팀이 제작한 리소스들도 구현이 끝나고 테스트할 때 확인되기 때문에 제작된 리소스들에 대해서도 특별히 해야 할 일은 없었다. 개발자의 구현 완료를 기다리면 되는 상황이었기에 앞서 시간이 빌 때와 마찬가지로 다른 시스템 기획 업무를 했다.

시간이 흘러 개발자가 캔슬 시스템의 구현이 끝났음을 알려왔다. 이제 캔슬 시스템이 기획 내용대로 구현되었는지, 구현된 시스템 기능은 괜찮은지 테스트해야 한다. 먼저 기획 내용대로 구현되었는지 확인하는 테스트는 나 혼자 해도 되는 작업이었기 때문에, 준비했던 리소스들을 결합하고 캔슬 관련 데이터들을 조정하면서 시스템의 각 기능들을 테스트했다. 데이터를 수정했을 때 항상 기대했던 캔슬 결과가 수행됐기 때문에 구현된 시스템의 기능에는 문제가 없다는 것을 확인할 수 있었다. 시스템의 기능에 큰 문제가 없다는 것이 확인되면, 구현된 시스템이 괜찮은지 평가해야 한다.

시스템 평가와 빠른 피드백을 위해 디렉터, 담당 개발자, 리소스 제작 담당 아티스트가 모두 테스트를 지켜봤다. 다같이 모여 시스템 평가를 할 때, 각 작업자들은 자신이 작업한 것들을 중점적으로 보게 된다. 아티스트들은 이펙트와 셰이더가 괜찮은지 살펴보고, 기획자들은 캔슬했을 때의 손맛이 좋은지 본다. 개발자들은 캔슬 시스템에 어떤 문제가 발생하는지 살펴본다. 테스트를 참관한 사람들이 저마다 피드백을 주면, 기획자는 그것을 정리해야 한다. 이 피드백을 토대로 기능 개선을 하고, 개선이 끝나면 다시 그것들을 확인해야 하기 때문이다. 캔슬 시스템에 대한 테스트 결과, 캔슬 이펙트는 적용하지 않기로 하였고 캔슬 셰이더의 강도를 조절해 좀 더 보기 좋게 수정하기로 했다. 캔슬 기능에는 문제가 없었기 때문에 캔슬 시의 손맛은 좀 더 두고 보기로 했다. 이렇게 테스트가 끝남과 동시에 시스템 개발도 일단락됐다.

그림 10.9 빠른 피드백과 개선을 위해, 가능한 많은 관련자들이 테스트에 참석하는 것이 좋다

캔슬 시스템의 사후 평가와 수정 1

개발이 마무리된 캔슬 시스템은 게임에 적용되어 작동했으며, 기능적인 부분에서는 문제가 없었기 때문에 꽤 오랜 시간 그대로 유지되었다. 하지만 원거리 공격을 하는 영웅이 추가되면서 미처 생각하지 못했던 문제점이 발견되었다. 원거리 공격은 타점이 존재하지 않아 캔슬 시스템의 여러 시점들을 설정할 수 없었던 것이다. 처음 데이터를 설정할 때는 별 생각 없이 원거리 공격에 캔슬되지 않도록 했다. 〈스트리트 파이터〉만 보더라도, 슈퍼 캔슬[8]과 같은 특별 캔슬 방법을 제외하면 원거리 공격을 캔슬하는 경우는 거의 없었다. 그렇게 타 대전 격투 게임의 양상을 그대로 가져와놓고 보니, 〈하이퍼유니버스〉에는 어울리지 않는 상태가 되었다. 대전 격투 게임의 원거리 공격은 모두 '장풍'과 같은 필살기였고, 필살기를 캔슬할 수 없었기 때문에 장풍류의 필살기는 캔슬되지 않았던 것이다. 반면에 AOS 게임에는 기본 공격까지 원거리에서 공격하는 영웅이 존재하는데, 이런 영웅들은 기본 공격부터 스킬 공격까지 모두 캔슬을 못하는 상황이 된 것이다. 오히려 근접 공격하는 영웅들은 스킬 공격이 근접 공격인 경우에는 스킬 공격마저 캔슬 효과를 받고 있었다. 말 그대로 원거리 영웅은 캔슬 시스템을 사용하지 못해 일방적으로 손해를 보고, 이로 인해 답답한 공격 연출을 갖게 되었다. 이런 문제점으로 인해 캔슬 시스템이 손맛과 조작감을 제대로 올려주지 못하고 있다는 판단이 들었다.

캔슬 시스템에서 원거리 영웅들을 다루는 방법을 수정해야겠다는 생각이 들어, 다른 기획자와 이에 대해 논의했다. 다른 기획자도 비슷한 의견을 보였기에 확신을 얻은 나는 디렉터에게 찾아가 이 문제점을 설명하고 수정 방향을 제안했다. 수정안은 원거리 투사체를 발사한 이후의 특정 시점에 캔슬 시점을 지정하고 타격 여부와는 무관하게 캔슬을 할 수 있도록 하는 방법이었다. 문

---

8 〈스트리트 파이터 EX〉에서 등장한 캔슬 방법으로, 필살기를 캔슬을 해 다른 필살기를 이어나갈 수 있다. 파동권과 같은 원거리 필살기도 캔슬이 가능하다.

제점을 들은 디렉터는 수정하는 것이 좋겠다고 하면서, 수정안을 일단 적용해 테스트해본 다음에 다시 이야기하자고 했다.

이제 개발자에게 수정 요청을 할 내용, 즉 수정안을 작성할 차례다. 캔슬 시스템의 기능을 바꾸는 것은 아니었기 때문에, 세부 규칙을 작성하고 이를 구현하는 것으로 수정안을 마무리할 수 있었다. 그렇게 추가된 세부 규칙은 다음과 같다.

세부 규칙이 추가된 규칙들

- 캔슬 입력이 유효하더라도, 선행 스킬이 적중하지 않으면 캔슬은 수행되지 않는다.
  - 원거리 공격의 경우, 선행 스킬의 적중 여부와는 상관없이 캔슬 입력이 유효하면 캔슬을 수행한다.
- 보통의 경우 선입력 종료 시점은 캔슬 시점보다 뒤에 배치된다.
  - 원거리 공격의 경우, 캔슬 시점은 투사체를 발사한 시점 다음에 배치하며 선입력 종료 시점은 그 캔슬 시점보다도 뒤에 배치한다.

개발자에게 규칙을 수정하게 된 이유(문제점)를 설명하고 수정된 규칙을 전달한 다음에 구현을 요청했다. 설명한 문제점에 대해 납득한 개발자는 흔쾌히 수정 사항을 구현해주었으며, 이후에는 원거리 영웅도 캔슬 시스템을 적용받아 근접 영웅들에 준하는 손맛과 조작감을 가지게 되었다.

캔슬 시스템의 사후 평가와 수정 2

원거리 영웅을 위한 수정 작업을 마치고 만족한 상태에서 게임 테스트를 이어 나가던 중, 캔슬 시스템에 대해 불만족스러운 부분을 느꼈다. 캔슬 시스템의 손맛이나 조작감이 마음에 들지 않았던 것이다. 분명히 캔슬 시스템의 기능에는 문제가 없었는데, 조작할 때 굉장히 밋밋했다. 손맛이나 타격감을 향상시키기 위해서는 정확한 입력과 합당한 보상을 주는 것이 필요했다. 하지만 캔슬을 가능하게 하는 다음 입력을 받는 구간인, 선입력 구간이 대전 격투 게임과는 다르게 굉장히 넓게 설정되어 있었다. 따라서 대충 공격 키들을 연타해도 어지간하면 캔슬되었다. 상황이 이렇다 보니, 타격 시점이나 투사체 발사 시점을 잘 모르는 영웅, 즉 익숙하지 않은 영웅을 조종할 때 스킬 키를 마구 연타하는 경향이 생겨났다. 이는 나만의 문제는 아니었고 비기획자들의 경우에는 더 심한 경향을 보였다. 대전 격투 게임에서는 공격의 캔슬을 위해 정확한 타이밍에 다음 입력을 요구하고, 이를 통해 손맛이나 조작감을 상향시키고 있다. 하지만 〈하이퍼유니버스〉는 대충 눌러도 캔슬이 성공했기 때문에, 최대한 입력을 늦게 하다가 캔슬에 실패할 위험을 무릅쓰고 정확히 입력을 할 이유가 없었다. 그렇다면 〈하이퍼유니버스〉는 왜 대전 격투 게임처럼 그렇게 선입력 구간을 두지 못했을까?

이 질문에 대한 답을 하자면, 게임의 전체 방향성을 언급하지 않을 수 없다. 디렉터와 프로듀서(CEO)에 의해 세워진 게임 방향성은 대중적인 게임을 표방하는 '캐쥬얼'한 방향이었다. 이런 점들 때문에 공격의 판정이나 조작에 대한 수준을 다소 평준화하는 방향으로 작업되었다. 선입력 구간도 이런 방향성에 영향을 받아 굉장히 넓게 설정되어 있었다. 선입력 구간을 좁히는 문제는 게임 방향성과도 이어지는 문제여서 쉽게 선택할 수 있는 방법은 아니었다. 이런 상황에 캔슬 시스템이 손맛이나 조작감을 올려줄리 만무했다.

선입력 구간을 넓게 설정한 것은 게임 방향성에는 부합했지만, 캔슬 시스템이 당초 기획될 때의 방향성을 달성하지 못하고 있다는 사실은 나에게 큰 정신적 고통을 주었다. 선입력 구간을 일괄적으로 좁히는 방법을 택하기는 어려운 상태인데, 기능에 문제가 없는 캔슬 시스템을 더 연마한다고 해서 획기적으로 더 나아질 것 같지도 않았다. 고민이 깊어가던 도중에, 문득 철권 시리즈의 '저스트 프레임'이 떠올랐다. 정확한 입력구간에 커맨드를 입력하면 캔슬 연출을 달리 하면서 추가 보상을 주는 '저스트 프레임'이 문제를 해결해줄 특효약이 될 수 있을 것 같았다.

이번에는 디렉터를 바로 찾아가지 않고, 그 전에 캔슬 시스템을 개발했던 담당 개발자를 먼저 찾아가 일정을 확인했다. 캔슬 시스템에 하자가 있어 수정하는 것도 아니었고, 캔슬 시스템의 개발이 종료된지 한참 지난 시점이기 때문에 수정 작업을 마냥 요청할 수 없는 상황이었기 때문이다. 아니나 다를까 담당 개발자는 다른 작업을 하고 있는 중이었다. 기능 추가를 하려면 담당 개발자의 일정을 조정해야 하는 상황까지 겹치게 되었다. 최종 결정권을 가지고 있는 디렉터에게 나의 문제 인식과 수정 방향, 그리고 개발자의 상황까지 모두 설명했다. 디렉터와의 논의에서 나는 기능 자체에 대한 것보다는 기능 추가의 취지를 열심히 설명했다. 대중적인 게임이 되기 위해 조작이나 판정이 쉬운 게임이어야 한다는 방향성을 해치지 않으면서도, 고급 유저들이 파고들 만한 요소가 별로 없는 현재 전투 시스템에 변화가 필요하다는 것을 역설했다. 저스트 프레임 기능은 추가되는 요소고, 기존 캔슬 시스템을 변경하지 않아도 된다는 장점도 설명했다. 즉 저스트 프레임을 구현한 결과가 좋지 않다고 판단되었을 때 큰 부담 없이 원래 캔슬 시스템으로 돌아올 수 있었다. 내 주장과 설명을 들은 디렉터는 나의 생각에 공감을 표하면서 개발팀장과 일정을 논의해 진행하라고 지시했다.

이제 본격적으로 저스트 프레임 기능을 하이퍼 유니버스에 적용하기 위한 기획을 할 차례다. 나는 〈철권〉 시리즈를 즐겨본 적이 있었기 때문에 그리 어렵지 않게 이 기능을 파악할 수 있었다. 여러 영상을 보고 시스템 참고 자료들을 읽은 다음, 이를 〈하이퍼유니버스〉에 적용한 '저스트 캔슬 기능'의 인지요소와 규칙들을 작성했다. 언뜻 생각하면 캔슬 기능이 하나 추가된 정도라 간단해 보이지만, 일반 캔슬 규칙과 얽히면서 캔슬 시점들의 관계와 처리가 굉장히 복잡[9]해졌다. 저스트 캔슬의 기본 기능 외에 콘텐츠적인 관점에서도 생

---

9 지금 생각해보면, 그 이전의 캔슬 시스템 전체를 기획하는 것보다 저스트 캔슬의 추가 기획이 더 오래 걸렸던 것 같다.

각해야 할 것이 있었다. 보통 액션 게임에서 유저가 캔슬에 성공했을 때 얻을 수 있는 장점은 이후의 딜레이를 줄이면서 시간적 이득을 보는 것이다. 하지만 캔슬과 저스트 캔슬은 그 차이가 미미하기 때문에, 좀 더 정확한 입력을 한 저스트 캔슬에 대해 추가 보상을 줄 필요가 있었다. 철권 시리즈에서는 약간 더 많은 피해를 주거나 추가 공격이 가능하도록 하는 이득을 주고 있었으며, 이 중에 추가 공격을 하는 것은 조작 양상을 완전히 바꾸기 때문에 배제하고 피해량을 증가시키는 이득을 선택했다. 마지막으로 피해량과 같은 직접적인 이득 외에, 저스트 캔슬 연출과 같이 유저의 기분을 좋게 하면서 타격감을 올려주는 장치도 기획했다.

저스트 캔슬 규칙

- 저스트 캔슬 구간은 선입력 구간 안에 존재한다.
- 유저의 첫 입력이 저스트 캔슬 구간 안에 들어왔다면 저스트 캔슬이 이루어지게 된다.
  - 저스트 캔슬 구간에 들어온 스킬 키 입력이 여러 개라면, 가장 마지막에 들어온 스킬 키 입력을 유효한 입력으로 처리한다.
  - 저스트 캔슬이 실패하면 일반 캔슬 규칙을 따르게 된다.
- 저스트 캔슬이 이루어지면, 일반 캔슬과는 다른 연출이 일어나며 다음 연결 스킬의 효과도 달라진다.
  - 일반 캔슬 연출용 셰이더가 아닌 저스트 캔슬 연출용 셰이더를 출력한다.
  - 입히는 최종 피해량, 회복량 증가(20%)

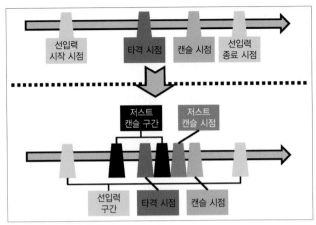

그림 10.10　저스트 캔슬의 도입은 단순히 캔슬 기능 하나가 추가된 것 이상의 복잡성을 유발했다

　저스트 캔슬에 대한 명세가 끝나고 개발자의 일정에 맞춰 구현이 이루어졌다. 구현이 끝나고 다시 관련자들이 모여 테스트를 했다. 저스트 캔슬 시점이 다른 시점들과 겹쳤을 때에 대한 처리가 미흡한 것을 제외하고는 대부분의 기능이 정상 구현됐었다. 이러한 오류들을 바로 잡고 나니 테스트와 구현이 모두 종료되었다. 저스트 캔슬 기능을 추가해 구현하고 나니 고급 유저들은 이 기능을 사용하기 위해 정확한 입력을 하려고 했고, 초보 유저들은 편하게 입력해도 적당한 시점에 캔슬이 되어 애니메이션 연출의 답답함을 막았다. 캔슬 시스템의 방향성을 달성했다고 평가 내리면서 캔슬 시스템의 주요 작업은 종료되었다.

　여담이지만 이후 저스트 캔슬의 이득이 수정됐는데, 피해량만 증가시키는 것으로는 유저가 이득을 잘 체감하지 못했기 때문이다. 〈하이퍼유니버스〉는 철권 시리즈보다 카메라가 더 멀리 있고, 4:4 경기이기 때문에 더 정신 없는 전투가 일어난다. 저스트 캔슬을 했을 때 피해량을 굉장히 많이 늘려주지 않으면 유저가 늘어난 피해량을 체감하기가 쉽지 않았던 것이다. 추가 보상을 고민하다 캔슬 다음에 나가는 공격의 마나 소비량을 감소시켜주는 이득을 추가했다. 캔슬 시스템은 그 이후에 거의 손대는 일 없이 계속 유지되었다. 물론 저스트 캔슬의 이득은 계속적으로 조정이 이루어졌지만 미세 조정 수준이었으며, 많은 사람들이 좋은 평가를 내리는 시스템이 되었다.

● 요약

- 〈하이퍼유니버스〉란 게임을 처음부터 기획하면서 했던 많은 시스템 기획 중 액션캔슬 시스템 기획 경험을 소개하고, 신규 개발 조직에서의 시스템 기획에 대해서도 알아본다.
- 신규 개발 조직에서의 시스템 기획은 효율성보다는 완벽함이 많이 강조되며, 이를 위한 수많은 프로토타이핑과 시행착오가 발생한다.
- 게임의 방향성을 달성하기 위한 다양한 기능들을 검토하고 타당해 보이는 기능을 선택해 프로토타이핑을 하게 된다.
- 개발자가 모든 기능이나 내용을 알지 못하기 때문에 가급적 구체적이면서 빠짐없이 설명하는 것이 좋다.
- 세부 명세를 할 때, 특히 규칙을 작성할 때는 그림 등의 시각 모델을 적극 활용하며, 예시도 많이 들수록 좋다.
- 데이터는 개발 조직 내에 표준을 만들어서 유사한 포맷으로 작업하는 것이 좋으며, 게임 엔진에서 제공하는 기능도 적극 활용한다.
- 구현이 끝나면 관련 작업자들로부터 빠르게 피드백을 받고 개선작업을 하도록 하며, 결함을 수정하는 것 외에도 품질을 올리기 위해 노력해야 한다.

5부

레벨업!

11장

시스템 기획자의
다른 업무들

시스템 기획자의 본연의 업무는 시스템을 기획하는 것이라 할 수 있다. 하지만 자신이 속한 개발 조직에 따라 정도의 차이는 있지만, 시스템 기획자는 이 작업 외에 다른 작업들도 많이 한다. 지금까지 '시스템 기획'에 대해 알아봤다고 하면, 이 장에서는 그 외에 시스템 기획자들이 많이 하는 작업은 어떤 것이 있는지 살펴보고자 한다.

그렇다면 시스템 기획자는 왜 시스템 기획 작업 외에 다른 업무를 하는 것일까? 어떤 게임 개발 조직이든 새로운 시스템을 기획하는 일은 필요하다. 그렇지만 게임 개발이 일단 완료되거나 추가하고자 하는 기능 도입이 끝나면 시스템 기획 작업이 없는 시기가 오며, 이럴 때 시스템 기획자는 시스템 기획 외의 작업들을 하게 된다. 물론 가급적 시스템 기획자이기 때문에 더 잘 하는 일을 맡게 되며, 이런 작업들이 정형화되면서 시스템 기획자들의 주된 업무처럼 여겨지게 되었다.

콘텐츠 기획자와 비교해 시스템 기획자에게 더 요구되는 능력을 꼽자면, 논리적인 사고 능력이나 수치를 다루는 능력을 들 수 있다. 이런 점 때문에 각종 콘텐츠들의 수치를 조정하는 밸런스[1] 작업은 시스템 기획자가 하기에 적합한 영역이다. 그리고 각종 시스템 기능들을 연결해 사용하는 UI의 설계 작업도 시스템 기획자가 하는 것이 효율적인 작업으로 여겨지고 있다. 그 외에 구조가 복잡하거나 체계적으로 기획해야 할 콘텐츠들의 기획 업무도 시스템 기획자가 담당하기에 적합한 업무라고 할 수 있다. 각각의 업무를 깊이 설명하려면 끝도 없고, 이 책의 방향성과도 맞지 않다. 따라서 시스템 기획자의 업무로서 어떤 것들이 있는지 간략하게 소개하는 정도로 정리하겠다.

밸런스 작업

많은 사람들은 수치를 잘 다루는 능력이 시스템 기획자에게 중요한 자질이라고 생각하며, 그와 관련된 작업으로 밸런스 작업을 떠올린다. 밸런스 작업을 하는 수치들은 콘텐츠들의 데이터며, 이것들은 구현이 끝난 이후 콘텐츠를 제작할 때 만들어지므로, 시스템 기획 업무와 밸런스 작업은 사실 직접적인 관계는 없다고 할 수 있다. 그럼에도 불구하고 밸런스 작업과 공식 작성 작업은 수치를 다룬다는 공통점이 있기 때문에 시스템 기획자로 채용된 사람이 대체로 잘 할 수 있으리라 기대된다. 또한 밸런스 대상 수치들은 주로 콘텐츠 데이터로 다루어지는데, 콘텐츠 데이터들은 시스템과 관련된 부분이 많다. 시스템 기획자가 콘텐츠 데이터를 이해하는 데 좀 더 유리하다고 볼 수 있으며, 데이터 설계를 시스템 기획자가 했다면 특히 더 밸런스 작업을 수월하게 할 수 있다.

그렇다면 밸런스 작업은 어떤 것을 말하는지 살펴보자. 밸런스 작업은 어떤 목적을 달성하기 위해 각종 수치들을 조정하는 것을 뜻한다. 이를 위해 데이터 파일로부터 원하는 수치들을 모아서 목적에 맞게 가공해야 한다. 밸런스

---

1 최근에는 밸런스 기획자를 따로 채용하는 경우도 많다.

작업을 하기 위해서는 먼저 데이터 파일을 조작해 수치들을 뽑아내는 것이 필요하다.

데이터 파일이 엑셀 파일 서식 등으로 작성되어 가공하기 좋은 형태라면 수월할 것이다. 하지만 엑셀 파일 등은 서식과 같은 것들로 인해 파일 용량이 크고, 시스템이 활용하기에 적합한 형태[2]가 아니기 때문에, 많은 경우 최종 콘텐츠 데이터들은 XML이나 독자 형식의 데이터 파일로 작성된다. 이런 텍스트 기반의 데이터 파일들은 수치들을 가공하기에 좋지 않다. 만약에 기획자가 다루는 콘텐츠 데이터가 엑셀 파일이라고 하면, 뒤에 엑셀 파일로부터 최종 데이터 파일을 추출하는 작업이 이루어질 가능성이 높다. 아무튼 데이터의 가공을 위해서는 엑셀 파일과 같은 형태로 데이터를 취합하는 것이 필요하다.

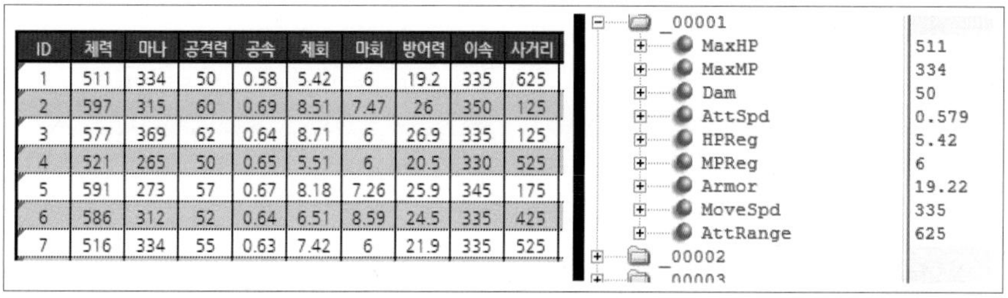

ID	체력	마나	공격력	공속	체회	마회	방어력	이속	사거리
1	511	334	50	0.58	5.42	6	19.2	335	625
2	597	315	60	0.69	8.51	7.47	26	350	125
3	577	369	62	0.64	8.71	6	26.9	335	125
4	521	265	50	0.65	5.51	6	20.5	330	525
5	591	273	57	0.67	8.18	7.26	25.9	345	175
6	586	312	52	0.64	6.51	8.59	24.5	335	425
7	516	334	55	0.63	7.42	6	21.9	335	525

그림 11.1 데이터 파일의 형태는 엑셀 파일(왼쪽)과 같은 형태가 아니라 XML(우측)과 같은 형태일 경우가 많다

데이터를 가공하기 좋게 엑셀 파일 등에 잘 취합했다면, 이제 데이터를 가공해야 할 차례다. 밸런스 작업의 목적과 콘텐츠 데이터의 내용에 따라 가공 방법이 달라진다. 예를 들어 〈LoL〉의 챔피언 밸런스[3] 작업을 한다고 가정해보자. 전반적인 스탯들의 밸런스를 살펴보기 위해서는 각 스탯들의 평균값을 내는 것이 필요할 수 있다. 평균값을 토대로, 평균값과 차이가 심하게 나는 수치를 가진 챔피언이 있는지 살펴볼 수 있다. 그림 11.2에서 3번 ID를 갖는 '갈리

2 텍스트 기반으로 작성되어야 파싱(parsing) 등을 통해 수치들을 취합하기가 쉬워진다.

3 챔피언의 강한 정도를 결정하는 것은 스킬, 스탯, 장비 아이템 등 다양하게 있는데, 지금은 스탯 데이터만 살펴보겠다.

오'의 마나 수치는 369다. 이 수치가 다른 챔피언들에 비해 크면서 평균값에 비해 많이 높은 것을 알 수 있다. 이 수치가 의도된 것인지 아니면 실수인지를 살펴보자. 의도를 했더라도 지나치게 높은 수준인지 아닌지도 살펴보자. 이런 식으로 따져보고 수치들을 조절하게 된다. 필요하다면 물리 공격력 챔피언과 마법 공격력 챔피언을 분리해서 따져볼 수 있다. 각종 통계 수식들을 사용해서 최대한 객관적으로 수치들을 정리하고, 나름의 기준에 따라 수치들을 조절한다.

ID	이름	체력	마나	공격력	공속	체회	마회	방어력	마저	이속	사거리
1	애니	511.7	334	50.4	0.579	5.42	6	19.22	30	335	625
2	올라프	597.2	315.6	60	0.694	8.51	7.47	26.04	32.1	350	125
3	갈리오	577.8	369	62	0.638	8.71	6	26.88	32.1	335	125
4	트위스티드 페이트	521.8	265.8	50	0.651	5.51	6	20.54	30	330	525
5	신 짜오	591.2	273.8	57.5	0.672	8.18	7.26	25.88	32.1	345	175
6	오른픗	586.5	312.4	52	0.644	6.5	8.59	24.54	30	335	425
7	트블랑	516	334	54.9	0.625	7.42	6	21.88	30	335	525
-	Avg	557.5	314.9	55.26	0.643	7.18	6.76	23.57	30.9	337.9	-

그림 11.2 밸런스 작업 시, 평균값 같은 가공된 수치를 많이 참고한다

만약에 '르블랑'이라는 챔피언이 지나치게 강하다고 판단되어 이를 밸런스해야 한다고 가정하자. 먼저 경기의 어느 시점에 특히 강한지, 어떤 장비나 지형을 사용했을 때 장점이 많은지 등 다방면으로 르블랑이 강한 이유를 찾아야 한다. 그리고 밸런스 대상이 되게 된 강함의 원인이 될 만한 것들을 조정한다. 1레벨에 지나치게 강하다는 생각이 든다면 초기 스탯을 조절할 수 있다. 6레벨이 되었을 때 특별히 강하다면, 궁극기[4]를 조절할 수 있다. 올바른 밸런스 작업을 하기 위해서는 스킬들의 공격력의 총합이나 DPS[5]와 같은 수치를 산출해서 비교해볼 수도 있을 것이다.

---

4 〈LoL〉의 챔피언들은 보통 6레벨이 되야 궁극기를 사용할 수 있다.
5 'Damage Per Second'의 줄임말로, 1초당 입히는 피해량을 뜻한다.

	룬 AP	장비 AP
	15	15

	룬 세팅 없음	극 AP 세팅	장비 착용
Q 스킬 공격력	55	61	67
W 스킬 공격력	85	=D7+(E3+F3)*D12	
E 스킬 공격력	40	47.5	55
총합	180	202.5	225

Q 스킬 계수	0.4
W 스킬 계수	0.6
E 스킬 계수	0.5

그림 11.3 올바른 밸런스 작업을 위해서는 상황을 가정한 다음에 수치들을 가공해 살펴보는 것이 필요하다

밸런스 작업을 위해 시뮬레이터를 만들었다면, 시뮬레이터를 돌려보는 것으로 원하는 수치들을 얻을 수 있기 때문에 작업이 한결 편해진다. 다만 시뮬레이터는 내부 동작을 알 수 없고, 버그가 있는 경우에 검출이 어렵기 때문에 정교하게 잘 만들 필요가 있다. 또한 시뮬레이터가 진짜 게임의 상황을 잘 반영하는지도 살펴봐야 한다. 특히 PVP 게임의 경우는 게임 양상을 예측하기가 상당히 어렵기 때문에 완벽한 시뮬레이션은 불가능하다는 점을 감안해야 한다. PVP 게임의 경우에는 직관에 따른 밸런스를 한 다음에 실제 게임을 해보면서 조절하는 방법을 취할 수도 있다. 테스트 서버를 운용하면서 모은 데이터를 분석하는 것도 밸런스 작업에 큰 도움이 된다.

게임 밸런스에 영향을 미치는 요소들은 수도 없이 많으며, 게임이 복잡해질수록 더 많아진다. 완벽한 밸런스라는 것은 이상론에 가깝고, 유저들이 최대한 만족하게끔 계속적으로 개선해나가는 수밖에 없다. 밸런스를 맞춘다는 것은 단순히 모든 수치를 똑같이 조정한다는 것을 의미하지 않는다. 콘텐츠의 개성과 재미를 위해서는 어쩔 수 없이 수치를 다르게 분배해야 한다. 다른 수치를 분배하는 작업은 직관에 따라 이루어지게 되며, 이때 올바른 판단을 할 수 있도록 나름의 기준을 세우거나 많은 판단의 근거들을 참고해야 한다. 똑

같은 데이터라고 하더라도 어떻게 가공하는가에 따라서 더 좋은 판단 근거를 만들어낼 수 있고, 이를 통해 더 나은 결정을 할 수 있다.

UI 설계

게임 개발 조직 내에 UI 전문가가 없다면 시스템 기획자가 UI 설계를 하는 경우가 많다. 설령 UI 전문가가 있다고 하더라도, UI 설계 작업을 할 때 시스템 기획자가 같이 작업하는 경우가 많다. 그렇다면 시스템 기획자가 UI 설계 작업을 하거나 관련 작업을 하는 이유는 무엇일까?

UI 설계는 유저들의 편의성을 최대한 도모하면서 심미적으로 잘 정돈되도록 하는 것을 목표로 한다. 시스템 기획자에게 UI를 심미적으로 잘 정돈하는 작업을 잘 하리라 기대하지는 않는다. 하지만 유저들의 편의성을 증대시키는 것은 잘 할 것으로 기대되곤 한다. 유저 편의성을 올리기 위해서는 유저들의 행동 패턴이나 습성과 같은 유저 시나리오를 잘 세우는 것이 중요하다. 이 유저 시나리오는 유저 조작을 조건으로 한 결과를 기술하는 것으로, 어떻게 보면 규칙을 작성하는 것과 동일하다. 버튼 하나만 가지고도 '누르기', '떼기', '연속 누르기', '계속 누르기' 등 다양한 유저 조작이 가능하며, 이러한 조작들에 대응하는 결과들을 기술해야 한다. 그렇기 때문에 규칙 작성에 익숙한 시스템 기획자에게 UI 설계를 맡겼을 때 장점이 있는 것이다.

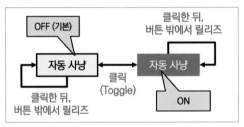

그림 11.4 UI 조작 결과를 정리하는 것은 규칙을 작성하는 것과 비슷하다

그리고 시스템 기획과 비슷하게 UI 설계 또한 구조화되고 체계적인 접근을 필요로 한다. 예시로 단순한 팝업창 하나만 생각해보자. 팝업창의 틀, 팝업창 타이틀, 팝업창 내용, 팝업창 이미지, 팝업창에 붙는 버튼 등 수 없이 많은 구성요소들이 존재한다. 하지만 이들은 잘 구조화되어 있어 각각 팝업창의 어느 부분에 위치하고, 어떤 기능을 하는지 결정되어 있다. 이렇듯 UI 설계는 필요한 요소들을 결합해 구조화하는 작업을 한 뒤, 앞에서 말한 유저 시나리오에 따른 동작 방식을 정리하는 것이다. 즉 UI 설계는 시스템 기획과 하는 일이 유사하기 때문에 이 작업을 시스템 기획자가 담당하는 경우가 많은 것이다.

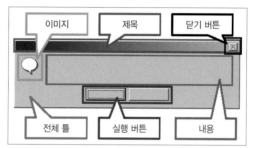

그림 11.5 팝업창의 UI 설계는 팝업창에 필요한 기능들을 구조화하고 동작 방법을 정리하는 것이다

또한 UI가 표시하거나 UI의 조작의 결과로 사용되는 것들은 대부분 특정 시스템의 기능이나 인지요소들이다. UI에 해당 기능들을 연결할 때, 시스템을 잘 아는 시스템 기획자는 쉽게 이를 처리할 수 있다. 예를 들어 〈LoL〉의 챔피언 스탯 상태창에 어떤 스탯을 표시할지 결정해야 한다고 가정해보자. 스탯 시스템의 기획자는 어떤 스탯들이 있는지 알고 있기 때문에 '어떤' 스탯들을 '어떻게' 표시할지 결정하기 쉬울 것이다.

그림 11.6 시스템 기획자는 UI에 표시되는 각종 스탯들을 잘 알기 때문에 UI 설계를 맡기에 적합하다

특히 모바일 게임의 경우, UI 설계 담당자를 결정할 때 시스템 기획자를 더 우선적으로 고려하는 환경이라고 할 수 있다. 모바일 게임의 기능은 타 플랫폼과 비슷한 수준이 되었지만, 모니터나 TV에 비해 해상도가 훨씬 낮다. 낮은 해상도로 인해, 필요한 게임 기능들을 효과적으로 보여주기에도 벅차기 때문에 심미적인 부분에 신경 쓰기 쉽지 않다. 거기다 키보드나 게임 패드와 같은 별도의 입력 도구를 사용하지 않고, 스마트폰의 화면을 터치[6]해 입력한다. 그렇기 때문에 밀도 있으면서도 보기 좋은 UI 설계가 필요하며, 유저가 사용하기에도 편해야 한다. 다시 말해 UI 설계가 굉장히 어렵고 중요하며, 심미적인 것보다는 기능적인 부분이 많이 강조된다고 할 수 있다.

그림 11.7 똑같은 게임이라고 해도 해상도와 입력 장치의 차이로 인해, 모바일 환경(왼쪽)의 UI 설계에 제약 조건이 더 많다

---

6 일단 피처폰 게임을 제외하고 스마트폰 게임만을 다룬다.

모바일 환경이 아니라면 단축키나 패드의 여러 버튼들을 활용해 UI를 조작하지만, 안타깝게도 모바일 환경에서는 그럴 수 없기 때문에 눈에 보이는 UI들을 실제 터치해 사용하게 된다. 가뜩이나 화면은 작은데 버튼과 같은 UI들을 크게 만들어야 하는 이중고를 겪는다. 메인 페이지에서 보여줄 수 있는 게임 기능에 제한이 있을 수밖에 없기 때문에 중요한 기능들과 그렇지 않은 기능들을 확실하게 분리해야 한다. 팝업창을 이중 삼중으로 띄웠을 때, 하나씩 닫기가 매우 불편한 점 등 제약 조건이 너무 많다. 따라서 모바일 게임의 경우, 시스템 기획을 할 때 UI 설계까지 같이 하거나 염두에 두고 기획하는 경우가 많다. 다시 말해 시스템 기획자가 UI 설계 작업에 깊이 관여한다는 것을 의미한다.

콘텐츠 기획 업무

시스템 기획자가 콘텐츠 기획 업무를 하는 경우도 많다. 단순히 개발 조직의 기획 일손이 부족하기 때문일 수도 있지만, 그건 시스템 기획자라서 특별히 맡겨졌다기보다는 개발 조직의 상황에 따라 맡겨진 것이기 때문에 논외로 두겠다. 시스템 기획자라서 더 많이 하는 콘텐츠 기획 업무들은 대개 복잡하거나 많은 규칙을 필요로 하는 경우가 많다. 이런 콘텐츠들은 게임의 장르나 개발 조직에 따라 다르기 때문에 어떤 것이라고 딱 집어 말할 수는 없기 때문에 몇몇 예시를 통해 살펴보자.

스킬 기획 작업

MMORPG의 신규 직업을 출시한다고 했을 때, 시스템 기획자에게 맡기기에 어떤 작업이 적합할까? MMORPG의 신규 직업이 출시되는 것은 자주 있는 일은 아니며, 상당히 볼륨이 큰 작업들로 이루어져 있다. 신규 직업을 출시하려면, 우선 직업 컨셉을 잡고, 그에 맞춘 각종 콘텐츠 기획을 해야 한다. 이 중 캐릭터 설정이나 시나리오 기획들 외에 스킬 기획 같은 것은 시스템 기획자에게 맡기기에 상당히 적합한 업무라고 할 수 있다.

MMORPG의 스킬 콘텐츠는 스킬 시스템 위에서 작동하기 때문에, 스킬 기획을 하려면 스킬 시스템에 대해 잘 알아야 한다. 스킬 기획이라는 업무가 스킬의 컨셉만 잡고 끝내는 것이 아니라 스킬들을 최종 구현하는 것을 생각한다면, 스킬 시스템을 꿰뚫고 있어야 한다. 스킬의 사용 자원(조건)이나 스킬 내용들을 알아야 하며, 애니메이션이나 효과음과 같은 스킬 사용 시 필요한 자원들에 대해서도 알아야 한다. 거기에 더해 이런 것들이 어떻게 연관되어 작동하는지도 알아야 제대로 된 스킬 기획을 할 수 있다. 또한 스킬을 구현하고 관리하기 위해서는 스킬 데이터를 작성하고 관리할 줄 알아야 한다. 이 모든 작업들이 시스템 기획자들이 하기에 적합한 것들이다. 많은 콘텐츠 기획 지망자들이 이런 시스템 파악과 데이터 작성을 잘 하지 못하기 때문에 이런 중요한 콘텐츠의 기획 작업들이 시스템 기획자에게 맡겨지는 것이다.

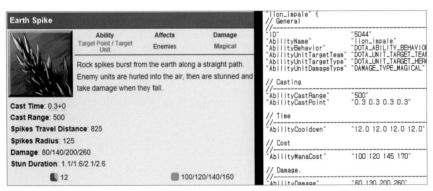

그림 11.8 스킬 기획을 할 때, 스킬 시스템의 인지요소와 규칙, 그리고 데이터를 알아야 한다

직업이 아직 많이 존재하지 않은 상황에서 스킬 기획을 할 때는 기능적인 부분에 초점을 맞추는 것보다 컨셉을 잘 잡는 것이 중요하다. 반면에 직업이 많이 출시된 이후에 신규 직업의 스킬을 기획할 때는 기존 직업들의 스킬들과 보조를 맞추는 것도 중요해진다. 즉 다른 직업들이 가진 스킬들을 분석한 뒤에 신규 직업의 스킬들이 가져야 할 기능들을 결정해야 한다. 그래야 신규 직업이 다른 직업들과 어울려 작동할 수 있고, 게임 밸런스를 크게 흔들지 않는다. 이를 위해서는 비슷한 직업들의 스킬들의 기능과 수치들을 분석해서 기획하려는 직업의 스킬에 반영하는 것이 필요하다. 잠깐 MMORPG에서 〈LoL〉로 넘어가, 〈LoL〉의 원거리 챔피언을 새로 기획한다고 가정해보자. 스킬의 컨셉은 차치하고, 기존의 원거리 챔피언들을 고려하지 않고는 스킬의 기능을 결정할 수 없다. '공격속도'는 원거리 챔피언에게 가장 중요한 스탯 중 하나이기 때문에, 지금까지 출시된 원거리 챔피언들 중 상당수가 공격속도를 증가시키는 스킬들을 가지고 있다. 컨셉과 방법은 각각 달라도 핵심은 '공격속도가 증가한다'라는 기능을 가지고 있다는 것이다. 따라서 새로운 원거리 챔피언을 기획할 때, 공격속도를 증가시킬 수 있는 수단을 마련해주는 것이 바람직하다. 그렇지 않으면 다른 원거리 챔피언에 비해 경쟁력이 현격하게 떨어지게 되기 때문에, 추가로 공격력을 보강해주거나 유용한 기능을 추가해줘야 한다. 공격속도를 증가시키는 것과 비교해 밸런스 작업을 해야 한다는 것을 생각하면 간단한 작업은 아니다. 이런 식으로 다른 직업의 스킬들을 분석해 신규 직업이 제대로 구실을 할 수 있는 기능들을 뽑아내는 것이 필요하며, 이는 분석적 사고를 하는 데 능한 시스템 기획자가 잘 하는 일이다. 추가로 스킬의 수치를 결정하는 것도 시스템 기획자에게 강점이 있는 작업이라고 할 수 있다.

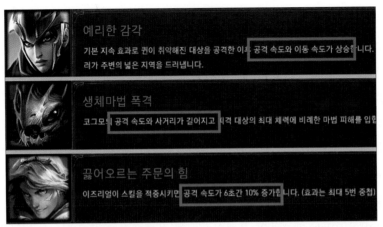

그림 11.9 분류가 비슷한 직업(원거리 딜러)들은 유사한 기능의 스킬들을 가지고 있는 경우가 많다

보스 레이드 기획

보스 레이드(몬스터) 기획은 많은 구성요소들이 유기적으로 결합되는 복잡한 작업이다. 어그로의 개념도 제대로 없고 단순하게 피해량이 높은 적 대상을 우선 공격하던 1990년대 MMORPG 보스 레이드와는 달리, 최근에는 레이드에 참여한 유저 캐릭터들의 상태와 소환되는 추가 몬스터들, 거기다 주변 환경까지 복합적으로 상호작용한다. 보스 레이드가 'MMORPG의 꽃'으로 불리는 이유는, 보스 레이드 콘텐츠가 유저들이 즐길 수 있는 최고 난이도 콘텐츠이기 때문에 게임의 모든 기능들을 총동원해 만들어지기 때문이다. 또한 유저가 즐기는 콘텐츠이기 때문에 재미있어야 하고, 유저들에게 새로운 경험을 느끼게 하면서도 도전 욕구를 불러일으켜야 한다. 새로운 보스 레이드 기획은 기존의 모든 기능들을 망라함과 동시에 새로운 기능도 추가 해야 한다. 등장 몬스터들은 할 수 있는 행동이 일반 몬스터들에 비해 더 많고, 유저 캐릭터의 행동이나 상태에 더 빠르고 긴밀하게 상호작용한다. 이런 점 때문에 보스 레이드 기획 작업은 항상 복잡하고 어렵다.

어찌 보면 보스 레이드 콘텐츠는 게임 안에 존재하는 독립된 미니 게임을 만드는 것과 같다. 레이드의 여러 구성요소들이 짜임새 있게 조직화되어 있고 재미있어야 하며, 다른 레이드와 차별성이 있어야 한다. 보스 레이드를 기획한다는 것은 레이드의 전체 흐름을 결정한 뒤, 구성요소들을 정하고 그들의 기능을 정리하는 것을 말한다. 구성요소들의 기능과 동작원리를 정리하는 작업은 인지요소와 규칙을 명세하는 시스템 기획과 유사하다.

시스템 기획자에게 참신한 보스 레이드 컨셉 기획을 잘 할 것으로 기대하지는 않지만, 세부 레이드 내용을 기획 업무는 잘 할 것으로 기대한다. 시스템 기획자는 복잡한 기능들의 구조화나 규칙 작성에 익숙하며, 이는 복잡한 보스 레이드 기획을 할 때 큰 도움이 된다. 많은 레이드의 구성요소들을 짜임새 있게 구조화하는 작업과 이들을 정리하는 작업은 인지요소들을 열거하고 명세하는 작업과 유사하다. 레이드의 구성요소들의 동작원리를 작성하는 것은 규칙을 작성하는 것과 유사한 작업이라 볼 수 있다.

단순한 공략^{tatics}을 갖는 레이드는 유저들이 쉽게 소비하고 흥미를 잃기 때문에, 레이드 기획을 할 때 새로운 공략이나 기능들을 도입하게 된다. 이러한 신기능들은 유저들의 행동을 강요하는 역할을 하며, 유저들로 하여금 신기능을 학습하고 체험하는 재미를 느끼게 해준다. 새로운 기능이 제대로 작동하려면 기존의 게임 요소들과 잘 어울려 배치되어야 하며, 동작원리나 레이드의 규칙이 빈틈없이 작성되어야 한다. 다시 말해 기존 게임 시스템의 규칙이나 구성요소들과 같이 작동할 수 있는지를 살펴봐야 한다. 예를 들어 다음의 신규 기능을 갖는 몬스터를 레이드에 등장시킨다고 가정해보자.

- 새로운 기능
  - ▸ 살아있는 동안 주변의 아군 몬스터의 공격력을 50% 증가시키는 오라^{Aura}를 가지고 있다.

- 의도하는 공략
  - 주기적으로 이 기능을 가진 하수인 몬스터를 등장시켜, 빠르게 처치하지 않으면 보스 몬스터의 공격력이 증가해 공략이 어렵다.

그런데 만약 적 몬스터를 조종할 수 있는 스킬을 유저 캐릭터가 가지고 있다면, 이러한 하수인 몬스터를 조종하면서 역으로 유저 캐릭터들의 공격력이 50% 더 강력해질 수 있다. 즉 의도하지 않은 상황이 일어나는 것이다. 이러한 일이 일어나는 것은 기존 캐릭터 스킬에 대한 이해도가 낮거나, 유저들이 할 수 있는 행동을 부실하게 예측하였기 때문이다. 이를 위한 작업들에는 논리적인 사고 능력이나 꼼꼼함이 필요한데, 시스템 기획자에게 강점이 있는 능력이다. 다시 말해 기능 자체를 기획하는 것은 콘텐츠 기획자의 작업 영역이라고 할 수 있지만, 기능의 완성도를 올린다는 측면에서는 시스템 기획자가 유리할 수 있다.

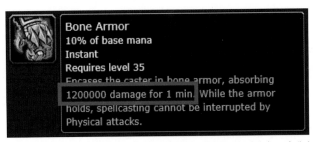

그림 11.10 엄청난 수치의 몬스터 버프를 훔쳐서 사용한 어뷰징이 〈WoW〉에서 발생한 적 있다

앞서 말한 부분도 작용하지만, 보스 레이드와 같은 콘텐츠가 시스템 기획자에게 맡겨지는 이유 중 가장 큰 이유는 규칙 작성을 시스템 기획자가 잘 하기 때문이다. 보스 레이드 기획을 할 때 레이드가 시작되어 끝날 때까지 구성요소가 '어떤 행동'을 '왜' 하는지 정리하는 것이 필요하며, 이는 조건과 결과를 기술하는 규칙 작성이라고 볼 수 있다. 레이드 구성요소들의 상태와 상태 변

화를 정리하고, 그에 따른 설정들을 정리한다. 시작에서부터 끝으로 이어지는 흐름을 작성하는 가운데, 각종 조건들과 그에 따른 처리방안들을 작성해야 한다. 규칙들은 같이 적용되기도 하고, 순차적으로 적용되기도 한다. 규칙을 작성하고 나면 재미가 있는지, 논리적인 허점은 없는지 검토도 해야 한다. 이런 규칙[7] 작성 작업은 시스템 기획자가 잘 할 수 있다.

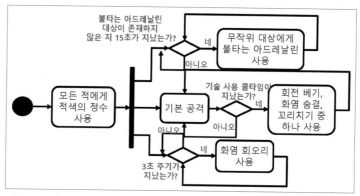

그림 11.11 〈WoW〉 보스인 벨라스트라즈의 행동 패턴은 간단한 편인데도 불구하고 많은 규칙들을 포함하고 있다

지금까지 살펴본 것과 같은 이유로 인해, 신규 직업의 스킬 기획이나 보스 몬스터(레이드) 기획과 같은 콘텐츠 기획 작업은 시스템 기획자가 담당하는 경우가 많다. 규칙 작성이 중요한 콘텐츠는 게임마다 다르기 때문에 시스템 기획자에게 어떤 콘텐츠 기획을 맡길지는 모른다. 자신의 게임에는 어떤 콘텐츠가 시스템 기획자에게 맡기기에 괜찮을지 한 번 생각해보자.

---

7   비슷한 이유로 시스템 기획자가 AI 설계를 하는 경우도 많다.

요약

- 게임 개발이 일단 완료되거나 추가하고자 하는 기능 도입이 끝나면 해야 할 시스템 기획 작업이 없는 시기가 오며, 이럴 때 시스템 기획자는 시스템 기획 외의 작업들을 하게 된다.
- 밸런스 작업과 시스템 기획의 공식 작성은 수치를 다룬다는 공통점이 있기 때문에 시스템 기획자가 밸런스 작업을 맡는 경우가 많다.
- UI 설계의 UX와 관련된 부분은 게임의 유저 시나리오 규칙을 작성하는 것과 유사하며, UI는 시스템의 인지요소와 연결되어 이를 보여주기 때문에 시스템 기획자가 UI 설계를 같이 하는 경우도 있다.
- 레이드 보스 설계나 스킬 기획과 같이 복잡하거나 많은 규칙을 필요로 하는 것들은 시스템 기획자가 특히 더 잘 할 수 있는 콘텐츠 기획 영역이다.

12장

무엇을 준비하고 어떻게 연습할 것인가

이제 여러분에게 이야기하고자 했던 시스템 기획 내용은 모두 설명했다. 이 장에서는 좋은 시스템 기획자가 되기 위한 조건이나 능력들을 설명한다. 시스템 기획 업무와 직접적으로 상관없는 내용이지만, 시스템 기획자가 되기를 희망하거나 시스템 기획에 관심이 있는 사람들에게 도움이 될 만한 내용이라 생각한다.

먼저 시스템을 벤치마킹할 때나 기획력 향상을 위한 연습을 할 때 사용되는 역기획에 대해 이야기한다. 다음으로 수학과 통계 지식이 시스템 기획자에게 중요하다는 말이 많은데, 이런 이야기들도 점검해본다. 마지막으로 게임 규칙에 익숙해지고 규칙 작성 요령을 배우기에 안성맞춤인 보드 게임에 대해서도 살펴보겠다.

역기획은 시스템 기획의 기본이다

역기획Reverse Design은 완성된 다른 게임을 분석해 그 게임의 기획을 뽑아내는 작업을 말한다. 많은 사람들이 기획 능력을 키우는 데 역기획을 해보는 것이 큰 도움이 된다고 한다. 특히 기획 지망자들의 경우, 실제 기획 경험을 쌓을 방법이 딱히 없기 때문에 역기획은 기획 경험을 스스로 만들어내는 좋은 방법이라고 할 수 있다. 또한 좋은 평가를 받은 게임들에 대해 역기획을하는 것을 통해, 다른 곳에서 배우기 힘든 양질의 기획들을 알게 되기도 한다. 이러한 역기획은 콘텐츠가 아니라 시스템에 대해 수행되는 경우가 대다수이기 때문에 특히 시스템 기획자에게 유용하다.

단순히 시스템 기획자로서의 능력을 향상시켜주기 때문에 역기획이 중요한 것은 아니다. 앞서 설명한 '벤치마킹'을 기억하는가? 벤치마킹은 다른 게임의 장단점을 분석해 이를 자신의 게임에 반영하는 것을 말한다. 다른 게임의 장단점을 분석하는 작업이 역기획이기 때문에, 역기획은 벤치마킹의 기본 작업이라고 볼 수 있다. 역기획의 결과가 엉터리라면 벤치마킹도 제대로 될 리가 없다. 시스템 기획을 할 때 벤치마킹을 빈번히 하기 때문에 역기획은 시스템 기획자의 중요한 업무 중 하나다.

좋은 시스템 기획자가 되기 위해서는 역기획을 많이 해보는 것도 중요하지만 얼마나 '잘' 하는지가 더 중요하다. 많이 해보는 것은 그렇게 어려운 일은 아니지만, 잘 하는 것은 쉬운 일이 아니다. 마치 게임 기획을 대강대강 여러 개 하는 것은 쉽지만, 정말 좋은 게임 기획을 하는 것은 쉽지 않은 것과 같다. 그렇다면 역기획을 잘 하려면 어떻게 해야 할까? 좋은 역기획을 하는 데 도움되는 몇 가지 방법을 소개한다.

- 역기획의 작업 단위를 작게 가져가라.
- 기능을 나열하지 말고 구조화하라.
- 눈에 드러나지 않는 부분에 신경 써라.
- 시스템에 반영된 기획자의 의도를 파악하라.

역기획의 작업 단위를 작게 가져가라

역기획은 작업 단위를 작게 가져갈수록 알찬 결과를 낼 수 있다. 많은 기획 지망자들이 수박 겉핥기식 역기획을 하는 가장 큰 이유는, 큰 시스템이나 기능 단위로 역기획을 하기 때문이다. 얼마나 많은 사람들과 시간을 투자해야 하나의 게임이 완성되는지를 생각해보면, 게임 전체를 한 번에 역기획하는 것이 얼마나 허황된 이야기인지를 알 수 있다. 마찬가지로 하나의 큰 시스템을 기획하고 개발하는데 얼마나 많은 공을 들였을지 생각해보면, MMORPG의 핵심 시스템인 전투 시스템이나 경제 시스템 같이 큰 시스템 단위로 역기획하는 것도 버거운 일이다. 정말 제대로 역기획했다면, 진짜 그 시스템(게임)의 기획과 동일한 수준의 결과물이 나와야 한다. 자신이 역기획한 것을 가지고 개발을 할 수 있을지 생각해보자. 엉성한 기획서를 가지고 개발하기 힘들듯이, 엉성한 역기획서를 작성하는 것도 크게 도움이 되지 않는다.

살아남아라 개복치 **역기획서**	사이퍼즈 투표 시스템 기획
세븐 나이츠 전투 시스템 **역 기획**	소드걸스 카드조합 시스템 **역기획**
데빌메이커:도쿄 **역기획서 입니다**	라그나로크 전승 시스템 **역기획서**
애니팡 **역기획서**	테라의 우편 시스템 **역기획입니다.**

그림 12.1 게임 전체를 역기획하는 것(좌)보다는 범위를 좁히는 것(우)이 효과적이다

반대로 작은 단위에 초점을 맞추면 의미 있고 완성도 높은 역기획[1]을 할 수 있다. 실제 게임 개발을 할 때는 '전투 시스템'과 같이 큰 시스템 단위로 작업을 하는 것이 아니라, '판정 시스템'과 같이 완결된 기능이나 시스템 단위로 작업을 한다. 역기획도 동일하게 이런 작은 기능 단위로 해야 완성도도 올라가고 의미 있는 결과를 얻기 쉽다. 한편 영상이나 글을 보는 등의 간접 체험을 통해 역기획하는 것보다는 직접 게임을 해보고 역기획하는 것이 더 좋은데, 이때도 역기획의 범위가 좁으면 하나의 기능을 그만큼 더 많이 들여다 볼 수

---

1 동일한 노력을 투자한다고 가정한다.

있어 더 정확하고 많은 정보를 얻을 수 있다. 특히 벤치마킹을 위해 역기획을 하는 경우, 어떤 목적을 설정하고 기능을 테스트해보는 것이 좋기 때문에 역기획의 범위를 좀 더 세분화하는 것이 좋다.

기능을 나열하지 말고 구조화하라

역기획을 할 때 기능들을 도출하는 것은 비교적 쉬운 작업이다. 역기획을 하기 위해 영상을 보거나 게임을 할 때, 체험하는 것들을 하나씩 정리하면 어지간한 기능들은 대부분 도출할 수 있다. 하지만 도출한 기능들을 단순히 열거하는 것만으로는 충분하지 않다. 앞서 설명한 시스템 기능 정리 과정을 생각해보면, 이는 단순히 기능을 도출하는 수준에 불과하다. 따라서 도출된 기능들을 정리해 구조화하는 작업을 하는 것이 좋다.

그림 12.2를 살펴보자. 〈LoL〉의 챔피언이 갖는 애니메이션을 역기획한다고 가정했을 때, '대기'와 '따분함'이라는 애니메이션이 있다는 사실을 알아내는 것은 쉽다. 하지만 이 두 애니메이션은 유사한 점이 굉장히 많다. 챔피언이 대기 상태가 되면 대기와 따분함이 번갈아 재생되고, 이 둘 사이에는 기능적인 차이가 없다. 따라서 이 두 애니메이션은 '대기'라는 상위 개념으로 묶어서 공통점을 정리하고, 각각의 차이점을 정리하는 것이 좋다. 이런 것을 구조화 작업이라고 하며, 체계적인 시스템 개발을 위해 필요한 매우 중요한 작업이다.

그림 12.2 챔피언의 애니메이션을 역기획할 때, 애니메이션들을 단순히 나열(좌)하는 것보다 구조화(우)하는 것이 좋다

이렇게 기능들을 구조화해 정리해야 비로소 '시스템'으로서 역기획을 한 것이라 볼 수 있다. 또한 이런 체계적인 역기획을 많이 하면, 자연스럽게 체계적으로 사고하는 능력이 길러지게 된다. 어떤 기능과 시스템의 구성요소들을 구조화해 바라볼 수 있는 능력은 시스템 기획자에게 아주 중요하다.

눈에 드러나지 않는 부분에 신경 써라

역기획서 중에는 메뉴 화면에 있는 버튼들이나 각종 표시들을 하나하나 설명하는 것들도 있는데, 이렇게 눈에 보이는 UI나 게임 화면에 집중한 역기획은 좋지 않은 역기획 중 하나다. UI 설계나 기획은 게임 시스템의 기획이 모두 끝난 다음에 하며, 때에 따라서는 시스템 기획자가 하지 않을 수도 있는 작업이다. 물론 역기획하기 위해 게임을 분석할 때, 눈에 보이거나 조작을 통해 체험한 것들이 우선적으로 정리되는 것은 어쩔 수 없기는 하다. 보이는 것들에 대한 정리가 중요하지 않은 것은 아니지만, 시스템은 눈에 보이는 것만으로 동작하지 않는다. 게임을 하면서 눈에 보이지 않지만, 뒤에서 게임을 동작시키는 그런 것들이 오히려 시스템 기획에서 정말 중요한 내용이다.

게임에 대해 적당히 소양이 있는 사람을 아무나 붙잡고, 〈던전 앤 파이터〉의 '장비 강화' 시스템을 역기획하라고 시켰다고 해보자. 대부분의 사람들이 실제로 강화 작업을 해본 뒤 이를 분석할 때, 강화의 절차나 눈에 보이는 화면들은 곧잘 정리한다. '키리[2]에게 말을 걸어 강화기에 강화할 아이템을 올려 놓으면 강화를 할 것인지 여부를 묻는 확인창이 뜬다'와 같은 식으로 역기획하는 것은 강화에 대한 유저 시나리오를 찾아낸 것이지 강화 시스템을 역기획한 것이 아니다. 키리라는 NPC에게 말을 걸어 강화를 할 수도 있고 시스템 단축키를 통해 강화를 할 수도 있다. 이렇듯 UI는 기능적으로는 중요하지 않음에도 불구하고 굳이 스크린샷을 가져와 UI 구성요소들을 하나씩 설명하는 것은

2　〈던전 앤 파이터〉에서 장비 강화를 할 수 있게 해주는 NPC

적절하지 않다. 오히려 강화를 할 때 어떤 요소들이 있고, 이들이 어떻게 동작하는지를 정리하는 것이 훨씬 중요하다. 눈에 보이는 것을 정리하는 것은 누구나 할 수 있다. 하지만 겉으로 드러나지 않기 때문에 정작 중요한 것들을 놓치는 경우가 많다. 여러분들이 고급 시스템 기획자가 되고 싶다면, 눈에 보이지 않는 것들을 찾아내 분석하는 역기획을 하도록 하자.

강화 성공 시
• 강화 수치가 +1된다

강화 실패 시
- +4~6인 경우: 기존 수치가 −1
- +7~9인 경우: 기존 수치가 −3
- +10인 경우: 파괴

특별 처리
- +12~인 경우에 강화 시도 시 결과를 채널에 표시한다.

그림 12.3 UI와 같이 보이는 것들의 동작을 분석하기보다는 그 뒤에 동작하는 규칙들에 집중하도록 하자

시스템에 반영된 기획자의 의도를 파악하라

마지막으로, 역기획을 할 때 기획자의 의도를 파악하려고 노력하자. 게임은 가상 현실이기 때문에 모든 게임의 구성요소에는 기획한 사람의 의도가 담겨있다. 게임 상에 돌멩이가 굴러가거나 나뭇가지가 흔들리는 것과 같은 연출들은 다 어떤 의도나 목적이 있기 때문에 만들어진 것이다. 아무 이유 없이 '그냥' 존재하는 것은 게임에 단 하나도 없다. 게임 시스템도 마찬가지로, 게임 시스템과 그 구성요소들은 어떠한 목적을 가지고 기획되었다. 데미지 텍스트 시스템을 역기획할 때, 텍스트들이 랜덤한 위치로부터 생성되는 것을 발견하는 것은 쉽다. 하지만 '왜' 랜덤한 위치로부터 생성되게 했을지를 생각하는 것까지는 미치지 못할 수도 있다. 이러한 기능을 만든 '의도'를 알아내면, 이후에 자신이 직접 시스템을 기획하게 될 때 자기 자신만의 이유와 의도를 토대로 참신한 기능을 만들 수 있다.

또한 이러한 기획자의 의도는 어떤 문제점으로부터 기인했을 가능성이 높다. '랜덤한 위치'로부터 데미지 텍스트를 출력하는 것은, '그냥 보기 좋으니까'와 같이 단순한 이유에서 고안된 기능이 아니다. 거의 비슷한 시점에 많은 데미지 텍스트가 출력될 때 가독성이 떨어지는 문제점이 있었기 때문에 이를 해결[3]하고자 기획된 것이다. 이런 식으로 문제점과 의도를 같이 생각하는 능력을 키우면, 이후 작업 중 발생한 문제 해결에 큰 도움이 될 것이다.

좀 더 구체적인 예를 통해 살펴보자. 〈LoL〉에서 챔피언의 스탯들은 다음 그림과 같이 보여진다. 평소에는 우측처럼 보이지만, 추가 키를 입력하면 좌측처럼 더 많은 스탯들을 볼 수 있다. 여기서 중요한 것은 추가 키나 UI의 구성 같은 것이 아니라, 이렇게 구분되는 스탯들의 기준이다. 아무렇게나 스탯들을 골라서 순서대로 반씩 보여준 것은 절대 아니며, 어떤 기준을 두고 그 기준에 따라 스탯들을 분류한 것이다. 어쩌면 캐릭터 스탯 DB에서 관리되는 스탯과 그렇지 않은 스탯으로 나눠놓았을 수도 있다. 만약 여러분들이 챔피언 스탯 시스템을 기획한다고 가정한다면, 여러분들은 저런 구분을 하겠는가? 한다면 왜 그렇게 하겠는가? 그리고 그것이 어떤 장점을 가지고 있겠는가? 실제 업무를 할 때는 이런 질문들을 수도 없이 던지면서 더 나은 시스템을 찾아내야 한다. 이런 것들을 생각하고 챙기면 더 심도 있고 훌륭한 역기획을 할 수 있다.

그림 12.4 스탯 표시가 나눠지는 기준, 즉 기획자의 의도는 무엇일까 생각해보자

3　물론 그 결과 데미지 텍스트가 보기 좋아진 것도 사실이다.

수학과 통계 지식은 꼭 필요할까

뭐든 많이 알아서 나쁠 것이 없겠지만, 많은 현업 기획자들이 수학과 통계에 대한 지식을 특히 강조하곤 한다. 그렇다고 해서 막연하게 되지도 않는 공부를 억지로 하는 것보다는, 왜 그런지를 알고 대처하는 것이 필요할 수 있다. 여기서는 시스템 기획자에게 있어 수학과 통계 지식이 어떤 의미를 갖는지 살펴본다.

수학 지식

먼저 수학에 대해 이야기해보자. '수학을 굳이 잘 할 필요가 없다'와 같은 내용을 기대했다면 실망하겠지만, 수학은 시스템 기획자에게 매우 필요한 학문 영역이다. 우리가 실제 살고 있는 이 세상에 존재하는 수많은 규칙과 법칙들 중 상당 수는 수학 공식을 통해 설명되고 이해할 수 있다. 시스템 기획자는 게임에 필요한 수많은 규칙과 법칙을 만들어야 하는데, 이 규칙과 법칙을 정의하고 설명하기 위해서는 수학 지식이 꼭 필요하다. 기획자가 아무리 많은 것을 알더라도 그 동작 원리나 규칙들을 설명하기 위해 수학 모델을 빌려야 하는 경우가 있기 때문이다.

게임에 현실감을 불어넣기 위해 '중력'을 게임에 적용하고 싶다면 자기 게임의 중력은 어떤 것이라고 설명할 수 있어야 한다. '추락할 때 점점 속력이 빨라진다'는 식의 수준 낮은 설명을 하는 사람은 아마 없을 것이다. 그렇다면 '현실의 중력 가속도와 비슷하다'고 설명하면 어떨까. 괜찮아 보이는가? 하지만 중력 가속도와 비슷하게 적용해달라는 말 가지고는 중력을 개발할 수 없기 때문에 좀 더 나아가 보자. 이제 중력 가속도가 적용된 추락 속도 계산 공식을 살펴보자.

- 추락 속도(m/s)=$9.8 \times t$

중력 가속도가 적용된 등가속도 공식은 미터와 초를 단위로 사용하고 있기 때문에 우선 자기 게임에 맞게 단위를 조정해야 한다. 단위를 조정했다면 이제 '9.8'이라는 숫자에 주목하자. 길이 단위로 똑같이 미터를 사용하더라도 9.8이라는 수치를 그대로 사용할 수 있는 게임은 아마 없을 것이다. 그렇다면 9.8이라는 숫자를 어떻게 바꿔야 할까? 아무런 근거도 없이 한 번에 가속도의 최적값을 바로 찾을 수는 없으며, 자기 게임에 어울리는 중력 가속도 값을 찾기 위해 많은 테스트를 해야 할 것이다.

테스트를 통해 공식의 최적값을 항상 발견할 수 있다면 수학 지식이 별로 필요하지 않다고 볼 수 있다. 하지만 테스트를 아무리 하더라도 최적값을 찾지 못하는 경우가 종종 발생한다. 최적값을 찾지 못하는 것은 테스트를 제대로 하지 않은 테스터의 문제라고 할지도 모르겠다. 하지만 그렇지 않다. 왜냐하면 현실의 중력 공식은 등가속도 운동만을 설명하기 때문이다. 자신이 생각하는 이상적인 중력의 모습이 등가속도 운동이 아니라면 수천 번 테스트해도 최적값을 찾을 수 없으며, 이럴 때 비로소 수학 지식이 빛을 발한다. 수학 지식을 활용해 자신이 생각하는 가속도 운동의 모습을 설명해주는 다른 가속도 공식을 만들어낼 수 있다.

예를 들어 등가속도로 추락하면 점점 추락 속도가 빨라져 주변 상황을 알 수 없는 상황이 되기 때문에, 이런 상황이 발생하지 않는 중력 공식을 만들고 싶어질 수 있다. 등가속도 공식에서 가속도 값을 아무리 바꿔도 원하는 추락 상황을 만들어 낼 수 없다. 이를 해결하고자 다음과 같은 공식을 만들어 보았다.

- 수정된 추락 속도(m/s)=$98-(1/(t^{(1/4)})\times89)$

수정된 추락 속도가 어떻게 바뀌어졌는지 잘 모를 수 있는데, 이때 그래프를 그려보면 좀 쉽게 알 수 있으니 다음 그림을 보도록 하자. 등가속도 추락을 할 경우는 속도가 일정하게 계속 증가하는데 반해, 수정된 중력 공식을 적용받아 추락할 경우 처음에는 속도가 비슷하게 늘어나다가 점점 증가 폭이 줄어든다. 저 공식을 적용하면 아무리 시간이 많이 흘러도 98m/s의 속도보다는 빨라질 수 없다. 즉 최고 속도를 98m/s로 제한할 수 있다. 이 공식이 최적의 중력 공식이 아닐 수도 있지만, 수학을 잘 한다면 공식을 작성해 원하는 중력의 형태를 구현하는 것이 좀 더 수월할 것이다.

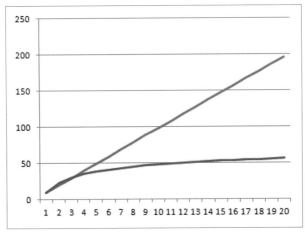

그림 12.5 추락 속도에 대한 공식을 수정하면 다양한 양상의 중력을 만들어 낼 수 있다

지금쯤 좌절하고 있을 사람도 있을 것이다. 하지만 그럴 필요는 없다. 수학 공식을 완벽히 대체할 수는 없지만, 어느 정도 대체할 수 있는 수단은 여러 가지 있다. 그중에 '테이블(행렬)'이라는 강력한 도구를 소개하도록 하겠다. 테이블은 행과 열로 구성된 자료구조며, 쉬운 예로 엑셀 파일의 시트라고 보면 된다. 흔히 테이블을 2차원 자료구조라고 생각되기 쉬운데, 사실 행렬은 다차원으로도 구성이 가능하다. 다만 3차원을 넘어가면 인지하는 것이 불가능하기 때문에 개념적으로만 알아두고, 실제로는 2차원 행렬만을 사용한다고 보면 된다.

테이블이 갖는 장점은 값의 설정이 쉬워서 내가 원하는 양상을 쉽게 그려낼 수 있다는 점이다. 즉 어떤 상황에 원하는 값이 있으면 그 값을 테이블에 넣기만 하면 된다. 장비 강화 시스템에서 강화 성공률을 예로 들어보자. 앞서 이야기한 것과 같이 현재 장비 강화 수치에 따라 강화 시도가 성공할 확률을 수학 공식으로 나타낼 수도 있다. 하지만 성공률을 테이블로 표시하는 것도 가능하다. 똑같은 강화 성공률을 공식과 테이블로 표시해보겠다.

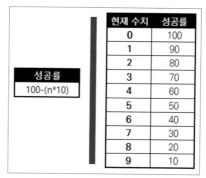

현재 수치	성공률
0	100
1	90
2	80
3	70
4	60
5	50
6	40
7	30
8	20
9	10

성공률
$100-(n*10)$

그림 12.6 공식과 테이블은 같은 내용을 처리하는 것이 가능하다

강화 성공률에 대해 공식과 테이블은 똑같은 내용을 담고 있다. 어떤 것이 더 마음에 드는가? 공식이 더 깔끔해 보이고 있어 보이는 것이 사실이지만, 이런 내용은 보통 테이블로 작성되며, 그 이유는 다음과 같다.

- 공식으로 설명하기는 어려운 특이 값 설정이 쉽다.
- 특정 값만 수정할 때 편하다.

쉬운 예로, 현재 수치 5 이상부터 강화 성공률을 급격히 내리고 싶을 수도 있다. 이런 상황에 공식으로 대처하기는 쉽지 않지만 테이블은 단순히 값만 바꾸어주면 된다. 그림 12.7의 테이블은 이러한 내용을 반영해본 것이다. 이와 같은 내용을 담고 있는 공식을 만드는 것은 쉽지 않다. 만약 여기에 추가로 강화 수치 8과 9의 경우에 대해 성공률을 똑같이 2로 수정하려고 한다면, 또 다시 힘들게 수학 공식을 만들어내야 한다. 그렇지만 테이블은 원하는 상황(강화 수치)에 원하는 성공률 값을 설정하기만 하면 된다. 테이블의 승리다.

현재 수치	성공률	현재 수치	성공률
0	100	5	45
1	90	6	30
2	80	7	15
3	70	8	5
4	60	9	2

그림 12.7 테이블은 특정 상황만 수정하거나, 특이한 값을 설정할 때 용이하다

테이블을 보고 나니, 이번엔 수학 공식이 꼭 필요할까라는 생각이 들 수도 있다. 수학 공식이 만능이 아니었듯이, 테이블도 항상 좋은 방법이 되진 않는다. 테이블의 크기가 지나치게 커지게 되어 관리해야 할 데이터 양이 많아지면 테이블이 갖는 장점이 많이 퇴색한다. 〈LoL〉의 챔피언들 스탯에 대해 생각해보자. 왜 〈LoL〉의 챔피언 스탯을 '기본 스탯'과 '레벨당 증가 스탯'으로 나누고 있을까? 그냥 1레벨 스탯부터 18레벨 스탯까지 다 테이블로 정리할 수도 있었을 텐데, 스탯 공식과 기본 스탯, 레벨당 증가 스탯을 가지고 최종 스탯을 계산했을까? 그 이유는 수백의 챔피언들의 스탯을 18개의 레벨별로 나눠 설정하면 설정해야 하는 데이터의 양이 굉장히 많아지는 데 반해, 레벨별로 스탯을 설정하는 이득이 별로 없기 때문이다. 물론 레벨별로 스탯을 설정할 수 있다는 것은 공식에 비해 스탯 설정의 자유도가 높은 것은 사실이지만, 그 대가로 엄청난 양의 데이터를 관리해야 한다. 따라서 이런 경우는 그냥 공식으로 처리하는 것이 여러모로 좋다. 또한 어떤 경우는 테이블을 사용할 수 없을 수도 있다. 예를 들어 캐릭터의 공격이 상대에게 입히는 피해량을 테이블로 정리할 수 있을까? 불가능하다. 우선 캐릭터의 공격력이 연속적인 값을 갖기 때문에 테이블로 표현하는 것이 힘들다. 공격력 수치가 소수점까지 허용한다면 더 큰 문제다. 10.1, 10.2, 10.25 등 무수히 많은 데이터가 필요하며,

이런 연속적인 값들에 대해 테이블을 만든다는 것은 불가능하다.

정리하자면, 시스템 기획에 수학 공식 작성이 필요한 경우가 반드시 존재하기 때문에 수학을 잘 하는 것이 유리한 것은 사실이다. 하지만 수학 공식으로 작성될 규칙들 중 일부는 테이블로 작성할 수도 있고, 일부 규칙들의 명세에는 테이블이 더 유리한 경우도 있다. 따라서 상황에 맞춰 이 둘을 적절하게 선택하는 것이 필요하다. 수학에 자신이 없다면 억지로 수학을 공부하기보다는 자신이 원하는 상황을 그래프로 그릴 수 있을 수준까지는 공부하자. 요즘 상용 게임 개발 엔진들은 '그래프'와 같은 다양한 데이터들도 제공하기 때문에 이들을 활용한다면 그래프를 그릴 줄 아는 것만으로도 수학 공식을 작성한 것과 유사한 결과를 낼 수도 한다. 그렇다고 하더라도 수학 지식이 부족한 만큼 다른 게임에서 사용되는 게임 공식들을 더 많이 알도록 노력하자.

통계학 지식

이제 시스템 기획과 통계학이 어떤 관계가 있는지 알아보자. 바로 결론을 말하자면, 통계학 지식은 시스템 기획 업무와 직접적인 관련성이 없다. 시스템 기획은 수치 자체를 설정하는 것이 아니라, 어떤 수치가 필요한지를 기획하는 작업이다. 따라서 수치들에 대한 가공 작업인 통계학 지식은 시스템 기획 업무를 할 때 활용할 만한 데가 그리 많지 않다.

그렇다면 왜 시스템 기획자를 채용할 때 통계학 지식을 갖춘 사람을 선호[4] 할까? 이는 시스템 기획자가 밸런스 작업 같은 수치 데이터의 관리 업무를 많이 하기 때문이다. 수많은 수치를 설정하고 조정할 때, 그 근거로서 통계학 지식이 유용하게 활용된다. 반면 수학 지식은 상대적으로 덜 중요한데, 이는 수치들이 적용되는 공식이나 규칙은 이미 결정되어 있기 때문이다.

---

4 정확히는 수치를 잘 다루는 사람을 선호하며, 수학 지식이나 통계학 지식이 이와 관련 있다.

최근 들어 라이브 개발 조직[5]에서 밸런스 기획자를 따로 채용하는 경우가 늘어나고 있다. 밸런스 기획자가 따로 있다면 시스템 기획자가 밸런스 작업을 하지 않아도 되며, 이 경우는 시스템 기획자가 통계학 지식을 활용할 만한 업무를 거의 하지 않는다고 보면 된다. 하지만 상당 수의 라이브 개발 조직에서는 밸런스 기획자를 따로 두지 않고 시스템 기획자가 밸런스 작업까지 같이 하는 경우도 많다. 그 이유는 밸런스 변동이 생길 만한 업데이트를 할 때만 밸런스 작업이 필요하기 때문에 밸런스 작업만 전담하는 밸런스 기획자를 뽑기 부담되기 때문이다.

하지만 너무 걱정하지는 말자. 막상 밸런스 작업까지 한다고 하더라도, 업무에 활용되는 통계학 지식의 수준은 그리 높지 않기 때문이다. 통계학은 수치를 가공해 어떤 현상을 분석해줄 뿐, 그 자체가 목적이 될 수 없는 학문이다. 통계학 지식을 활용하는 이유는 데이터 수정을 올바르게 함에 있지, 어떤 현상을 왜곡하기 위함이 아니다. 캐릭터 밸런스 작업을 할 때, 캐릭터의 강함에 대해 가설검정을 해보는 것이 무슨 의미가 있을까? 'DPS와 캐릭터의 강함은 상관관계가 없다'와 같은 가설검정 결론이 나온들 무슨 의미가 있겠는가.

게다가 통계 자료만 가지고 게임 데이터의 조정 방향을 결정하기에 게임은 너무 복잡하다. 〈LoL〉의 캐릭터 밸런스를 예로 들면, 어떤 캐릭터가 강한 이유를 찾으려고 했을 때 수없이 많은 요인들을 찾을 수 있다. 캐릭터 스탯, 스킬, 피격 판정 범위 등의 다양한 요인들이 작용하며, 그 하위 요소인 스킬만 보더라도 스킬 공격력이나 스킬 특성 등이 작용해 복잡하다. 여기에 팀원 캐릭터와의 시너지 효과나 장비 아이템, 전장 특성까지 더해지면 복잡도는 극심하게 올라간다. 물론 나름의 기준[6]을 세워 밸런스 작업을 하겠지만, 심도 있는

5　신규 개발 조직의 경우, 밸런스 이슈가 개발 막바지에 이르러야 발생하므로, 그 무렵에 단기로 밸런스 기획자를 고용하기도 한다.

6　이 기준을 세우기 위해 다양한 통계학 지식을 활용할 수는 있겠지만, 이는 주관적인 분석 방식이지 객관적인 방법으로 볼 수는 없다.

통계학 지식을 적용해 분석한 자료는 여기에 큰 도움이 되지 못한다. 이런 복잡한 요인들을 모두 모아 수치 데이터를 만들어내는 정량적 밸런스 작업에는 한계가 있을 수밖에 없다. 결국 최종적으로 정성적 밸런스 작업이 중요하다. '밸런스'라는 말의 의미만 봐도 알겠지만, 결국 '평균' 정도만 적극 활용되는 수준이다.

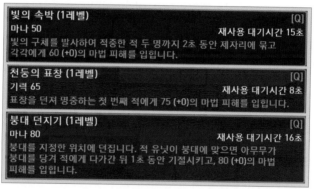

그림 12.8 이들의 밸런스를 위해, 어떤 통계학 지식을 활용할 수 있을까

다양한 통계학 기법들이 발전하고 개발된 이유는, 수많은 변인이 존재하는 현실을 더 정확하게 파악하고자 노력했기 때문이다. 예를 들어 환율의 변화와 주식시장 지수가 변하는 것의 관계를 알아내면, 한쪽의 변화를 통해 다른 쪽의 미래의 변화를 예측할 수 있다. 그렇다면 게임에 이런 식의 관계를 알아서 도움이 될 만한 것이 있을까? 게임의 정책 방향을 결정하는 작업은 이에 해당된다고 볼 수 있다. 통계학 지식을 활용해 유저들이 레이드에 투자하는 시간과 접속 시간의 관계를 보거나, 게임의 통화량과 매출의 관계를 분석할 수 있다. 하지만 이런 것들은 밸런스 작업[7]이 아니고 시스템 기획자가 할 만한 업무도 아니다. 이는 게임 관리자의 업무다.

---

7 만약 통화량의 증가속도가 너무 빨라져 매출하락이 염려된다면, 화폐생산량을 조정해야 한다고 결정할 것이다. 이때 화폐생산량의 조정 작업은 밸런스 기획자의 작업이고, 조정 결정은 관리자의 작업이다.

요약하자면, 통계학이 활용될 수 있는 영역이 있기는 하지만 시스템 기획자의 주 업무와는 크게 관련이 없다. 시스템 기획자가 자주 하는 밸런스 작업을 할 때는 통계학 지식을 활용하는 것이 도움이 되나, 그것도 그리 깊지 않은 수준이어도 된다. 따라서 수학과는 달리 통계학은 크게 신경 쓰지 않아도 되는 학문 영역이라고 생각한다.

보드 게임은 최고의 규칙 참고서다

모든 시스템 기획은 기획자의 경험과 지식으로부터 출발하기 때문에, 시스템 기획을 잘 하기 위해서는 좋은 게임을 다양하게 경험하는 것이 필요하며, 그 중 보드 게임[Board Game]은 규칙 작성에 큰 도움을 준다. 여러분은 보드 게임을 얼마나 알고, 또 얼마나 경험해보았는가? 지금부터 좋은 규칙을 작성하기 위한 참고자료로서 보드 게임에 대해 살펴보자.

혹시 〈부루마불〉[8]이라는 게임을 알고 있는가? 이 게임이 생소하다면 '고스톱'은 아는가? 언뜻 보면 전혀 관계가 없어 보이는 이 두 게임의 공통점은 바로 보드 게임이라는 것이다. 고스톱이 보드 게임이라는 것에 대해 이견이 있을 만한 사람을 위해, 간략하게 보드 게임의 정의[9]를 살펴보겠다.

보드 게임의 정의

판 위에서 말이나 카드를 놓고 일정한 규칙에 따라 진행하는 게임

보드 게임의 판, 말, 카드 등, 게임 부속품들은 상징화되어 간단하게 표현되기 때문에, 보드 게임에서 가장 중요한 것은 '규칙'이다. 각 부속품들의 본질

---

8 1982년 씨앗사에서 출시한 보드 게임으로, 8세 이상 2~4인이 2개의 주사위를 굴려 도착한 곳에 땅을 사고 건물을 짓는 재산증식형 게임이다.

9 두산백과에 수록된 정의를 참조한다.

은 종이나 플라스틱 조각과 같은 물질적인 것이 아니라, 게임 규칙에서 갖게 되는 의미이다. 즉 펜과 종이만 있으면 동일한 기능을 하는 부속품은 얼마든지 만들어낼 수 있다. 보드 게임의 경쟁력은 오로지 핵심 아이디어와 규칙에 달려 있기 때문에 보드 게임의 규칙은 굉장히 품질이 좋고 참신하다.

그림 12.9 보드 게임의 경쟁력은 부속품의 품질이 아니라, 게임 규칙의 수준에 달려 있다

모든 게임이 규칙을 가지고 있지만, 보드 게임은 오로지 핵심 아이디어와 게임 진행에 필요한 규칙만을 가진다. 그 외의 것들은 과감히 생략되거나 유저들의 재량에 맡겨지곤 한다. 예를 들어 실제 고스톱을 할 때는 '패를 잘 섞은 뒤, 다른 사람이 볼 수 없도록 해 7장을 나눠준다'와 같은 규칙만 있어도 충분하다. 패를 섞고 나눠주는 것에 대한 규칙은 필요 없다. 왜냐하면 이는 게임 진행에 있어 핵심[10] 요소가 아니기 때문이다. 이렇듯 굉장히 압축된 규칙이 사용되는 이유는 보드 게임을 하려면 유저가 그 게임의 모든 규칙을 다 알아야 하기 때문이다.

보드 게임을 할 때, 게임 규칙이 자동으로 적용되는 경우는 하나도 없고, 모두 유저가 규칙에 맞게 직접 조정해야 한다. 〈부루마불〉을 할 때, 주사위를 2개 굴려 나온 합이 3이라면 유저가 직접 자신의 말을 게임판 위에서 3칸 전진시켜야 한다. 이를 위해 주사위는 몇 개를 굴려야 하고, 그 결과가 무슨 뜻이고, 말은 어떻게 움직여야 하는지 등 유저는 모든 규칙을 알고 있어야 한다.

---

10 고스톱이 아니라 포커라면, 패를 받는 순서와 개수가 굉장히 중요하기 때문에 이에 대한 규칙이 필요하다.

반면 비디오 게임의 경우는, 유저가 규칙을 전혀 몰라도 어느 정도 게임을 진행할 수 있도록 해준다. 컨트롤러를 조작하면 어느 정도 예상한 것과 비슷한 결과를 보여주거나, 튜토리얼을 통해 게임을 체험하면서 익힐 수 있는 방법을 제공한다. 룰 북이 따로 존재해, 이를 이해해야지만 게임을 진행할 수 있는 비디오 게임은 단 하나도 없다. 물론 규칙을 모르면 바로 패배하면서 게임이 종료될 수는 있지만 게임을 하지 못하는 것은 아니다. 그렇지만 보드 게임은 규칙을 모르면 한걸음도 진행할 수 없다. 이런 점 때문에 보드 게임은 핵심만을 추려 규칙을 압축하며, 규칙을 이해하지 못하면 게임을 진행할 수 없기 때문에 규칙을 쉽게 이해할 수 있는 수단을 제공해준다. 바로 '룰 북Rule Book'이다.

그림 12.10 보드 게임 룰 북은 효과적인 규칙 설명을 목적으로 삼기에, 규칙 작성 능력 향상을 위한 좋은 참고서가 된다

어떤 특정 사람을 위한 것이 아니라 대중들이 본다는 것을 전제로, 규칙을 정확하고 이해하기 쉽게 정리하는 게임은 보드 게임밖에 없다. 보드 게임이 아닌 게임들은 자신들이 공개하고 싶은 규칙들만 유저들에게 알려주며, 그나마도 게임 시스템 내부에서 돌아가는 규칙이나 공식들은 잘 공개하지 않는다. 나머지 규칙들을 알아내려면 결국 역기획을 할 수밖에 없지만, 역기획한 게임

규칙은 게임의 겉모습을 토대로 규칙을 추정하는 것에 불과하다. 또한 세부 규칙이나 공식들은 역기획하더라도 정확하게 알아내기 쉽지 않다. 하지만 보드 게임은 모든 규칙을 룰 북에 정확하게 밝히고 있을뿐더러 정확한 공식이나 수치 모델들도 제공하고 있다. 규칙 작성에 있어 이런 좋은 참고자료가 세상에 또 어디 있겠는가?

보드 게임을 많이 해보라고 한 의미는 바로 '룰 북'을 많이 보고 많은 규칙들을 접하라는 뜻이다. 좋은 규칙을 많이 보면서 배우거나 나쁜 규칙의 허점이나 단점을 파악하는 것은, 이후 자신이 규칙을 작성할 때 큰 도움이 된다. 또한 룰 북의 구성과 설명 방법을 보고 어떻게 규칙을 정리해야 다른 사람이 이해하기 쉬운지도 알게 되며, 규칙을 계속 보게 됨으로써 게임 규칙과 익숙해질 수 있다. 보드 게임은 시작과 끝이 명확한 하나의 완결된 경기로 구성되기 때문에, 룰 북을 많이 보면 게임 진행 규칙에 대해 생각하는 힘이 길러진다.

단순히 보드 게임을 하는 것만 생각한다면 룰 북을 아무렇게 읽더라도 상관없다. 하지만 여러분이 룰 북을 통해 규칙 작성 능력을 높이고자 한다면, 분석적으로 룰 북을 읽는 것이 좋다. 그렇다면 어느 부분에 중점을 두고 보드 게임의 룰 북을 읽어야 할까?

그림 12.11 보드 게임은 공식적으로 모든 게임 규칙을 정리해 공개하고 있다

보드 게임 룰 북의 구성

보드 게임 룰 북은 유저들이 게임 규칙을 쉽고 빠르게 이해할 수 있도록 도와
주기 위해 작성된다. 이 목적을 달성하기 위해 백여 년의 시간이 흐르면서 룰
북도 발전해나갔고, 이제 룰 북의 형식은 어느 정도 고정되었다. 많은 보드 게
임 룰 북의 형식이 비슷하게 된 것은, 이 형식이 게임 규칙을 효과적으로 설명
하기에 가장 적합하다고 판단되었기 때문이다. 이 형식을 살펴보면 어떻게 규
칙 작성을 하는 것이 효과적인지 알 수 있다.

1. 구성요소 설명
2. 시작을 위한 보드 설정 방법
3. 게임의 순서
4. 세부 규칙
5. 게임의 종료 조건
6. 특별 상황 설명
7. 상급자용 규칙
8. 참조 인덱스

1번부터 5번까지는 거의 모든 보드 게임 룰 북에 수록되는 내용이며, 6번
부터 8번까지는 보드 게임이나 규칙의 복잡성에 따라 없을 수도 있다. 하나씩
살펴보자.

1. 구성요소 설명

대부분의 보드 게임 룰 북은 보드 게임을 구성하는 부속품들을 설명하는 것으
로 시작된다. 이를 통해 이후 규칙에 사용될 게임의 부속품들을 알려주며, 유
저들로 하여금 게임을 하는 데 필요한 부속품들이 모두 있는지 확인할 수 있
게 해준다.

2. 시작을 위한 보드 설정 방법

보드 게임을 하기 위해서는 유저들이 직접 게임판을 설정해야 한다. 이를 위한 내용들을 설명해 유저가 게임을 시작할 수 있게 해준다. 추가로 게임 시작에 관한 규칙을 포함하기도 한다.

3. 게임의 순서

게임 규칙을 본격적으로 설명하며, 전체 게임 진행의 큰 흐름을 설명한다. 보드 게임은 보통 '턴Turn'이나 '라운드Round'라는 개념의 시간 단위를 계속 반복해 진행하다가 종료 조건이 만족되어야 게임이 끝난다. 여기서 설명하는 진행의 큰 흐름은 턴이나 라운드와 같은 개념이다. 게임이 종료되는 조건은 매우 특이한 이벤트로 취급되어 따로 설명되는 경우가 많다. 단순한 보드 게임은 어떤 일련의 과정을 쭉 진행하고 게임이 끝나기도 하는데, 이런 게임은 반복 과정이 따로 없기 때문에 일자 진행 과정을 순서대로 설명할 것이다. 고스톱을 예로 들면, 차례가 된 사람이 화투패를 화투 덱Deck에서 1장 뽑는 것부터 다음 사람에게 차례를 넘길 때까지의 과정을 설명한다. 각 과정이 단순하다면 여기서 모든 규칙들이 설명되기도 하지만, 보통은 복잡한 내용을 추상화해 세부 규칙으로 뒤에 다루는 경우가 많다. 고스톱을 예로, '화투패 하나를 내면, 바닥 화투패 처리를 한다'와 같은 방식으로, 다소 복잡한 화투패를 내는 과정을 잠시 젖혀두고 계속해서 다음 진행 흐름을 이야기할 수 있다.

4. 세부 규칙

큰 진행 과정을 설명한 다음에는 각 과정의 세부 내용들을 설명한다. 게임의 순서를 설명하면서 등장한 추상화된 개념이 있다면 그 상세 내용도 여기에서 설명한다. 〈부루마불〉을 할 때 주사위를 굴려 말을 전진시켰을 때 유저가 할 수 있는 행동이나, 게임 화폐를 얻기 위해 자신의 게임 자산을 처분하는 방법

등, 세부 규칙은 어떤 특별한 상황에 대한 처리 내용을 담고 있는 경우가 많다. 굉장히 복잡한 상황을 다루는 세부 규칙의 경우, 이해를 돕기 위해 예시를 보이기도 한다. 또 세부 규칙이 복잡한 경우 이를 특별 규칙으로 분리해서 뒤에 따로 정리하기도 한다. 고스톱에서 3번 설사를 했을 때의 규칙과 같은 것은 세부 규칙에서 다룰 수도 있지만, 따로 다룰 수도 있다.

5. 게임의 종료 조건

보드 게임은 시작과 끝이 있기 때문에 종료 조건이 반드시 있어야 한다. 게임의 순서를 설명할 때 등장한 '턴'과 같은 개념은 계속 반복되기 때문에, 이 반복이 어떻게 끝나는지 결정해야 한다. 예를 들어 고스톱에서는 누군가가 3점 이상을 득점하거나 화투 덱이 다 떨어지는 등의 종료 조건이 있다. 이 종료 조건은 게임의 목적과도 관련이 있으며, 게임의 순서를 설명하기 전에 등장할 수도 있다.

  여기까지가 게임 진행과 관련한 핵심 규칙이며, 룰 북에 따라 순서가 약간 다를 수 있지만 이 규칙들을 포함하지 않는 룰 북은 거의 없다. 보드 게임 룰 북에는 핵심 규칙 외에도 특별 상황 처리 규칙이나 상급자용 규칙, 참고 자료 등의 추가로 필요한 정보나 규칙들이 수록된다.

Puerto Rico	Catan	Dalmuti
GOAL	GAME COMPONENTS	INTRODUCTION
CONTENTS	CONSTRUCTING THE ISLAND	GAME COMPONENTS
PREPARATION	SETTING UP THE GAME	THE DECK
PLAYING THE GAME	TURN OVERVIEW	OBJECT OF THE GAME
GAME END	The Turn in Detail	SETUP
THE BUILDINGS	ENDING THE GAME	THE PLAY
		WINNERS AND LOSERS

그림 12.12 보드 게임 룰 북의 구성과 순서는 대부분 비슷하다

보드 게임의 룰 북 구성을 보면, 규칙을 작성하고 이해할 때 큰 규칙을 작은 규칙으로 쪼개나가는 하향식 방식이 얼마나 효율적인지를 알 수 있다. 하향식으로 설명할 때 적절한 개념을 도입해 추상화하는 것이 설명에 도움이 된다는 것도 알 수 있다. 또한 시작과 끝에 대한 내용은 많지 않지만, 이를 명확하게 설명하는 것이 얼마나 중요한지도 알 수 있다.

게임 규칙과 친해지기

맹자의 교육을 위해 집을 세 번 옮겼다는 '맹모삼천지교'라는 고사성어는 교육 환경의 중요성을 말하고 있다. 이는 규칙 작성에 대해서도 똑같이 적용되는데, 좋은 규칙을 많이 보고 경험하면 좋은 규칙을 작성할 능력을 키우기 쉽다. 그리고 보드 게임은 좋은 게임 규칙을 접하는 데 있어 최고의 환경을 제공한다.

보드 게임을 하면 자연스럽게 게임 규칙을 읽고 이해하게 되고, 게임을 직접 하면서 규칙을 체험하게 된다. 이는 비디오 게임을 할 때 규칙을 이해하고 체험하는 것과는 질적으로 큰 차이가 있다. 비디오 게임은 유저가 규칙을 정확히 이해하지 않은 상태로 수동적으로 체험하게 된다. 하지만 보드 게임은 유저가 규칙을 정확하게 이해한 상태로 적극적으로 규칙을 적용해 게임을 설정해나간다. 예를 들어 자신의 캐릭터가 몬스터에게 공격해 10의 피해를 입히는 상황이라고 하자. 비디오 게임은 유저가 공격 조작만 하면 나머지는 게임이 알아서 처리해준다. 유저는 피해를 입히는 과정과 10이라는 결과가 자신의 생각에 부합하면 별다른 신경을 쓰지 않는다. 반면에 보드 게임은 유저가 10이라는 피해를 입히는 결과도 계산해야 하고, 몬스터에게 그 결과를 반영하는 것도 직접 해야 한다. 보드 게임을 할 때, 유저는 계속해서 규칙을 생각하고 사용한다.

규칙 작성 능력의 향상을 위해 규칙을 자주 접하는 것도 필요하지만, 그 규칙의 수준도 굉장히 중요하다. 양이 많다고 해서 규칙의 수준이 높은 것은 아니다. 논리적으로 허점이 적고 완결성[11]이 있는 설명을 해야 수준 높은 규칙이라고 할 수 있다. 보드 게임의 게임 규칙이라고 해서 모두 수준이 높은 것은 아니지만, 규칙이 매우 중요한 보드 게임 특성상, 그 질이 대체로 높다. 특히 평가가 좋은 보드 게임의 게임 규칙은 완성도도 높지만 규칙의 핵심 아이디어도 훌륭하다. 수준 높은 규칙들을 자꾸 보고 경험하게 되면 자연스럽게 자신의 규칙 작성 능력도 향상된다.

또한 보드 게임을 하면서 느끼는 재미는 오로지 규칙으로부터 발생하기 때문에, 규칙이 가지는 재미에 대해 많은 생각을 할 수 있다. 반면, 비디오 게임을 하면서 느끼는 재미는 수많은 요소들이 결합해 발생되기 때문에 그 원인이 확실하지 않다. 보드 게임을 하면서 느끼는 재미를 분석해보면, 재미있는 게임이 되기 위해 규칙이 가져야 하는 속성들을 알 수 있다. 전략성과 의외성을 위해 각각 어떤 규칙을 사용하였으며, 이들이 어떻게 버무려져 어떤 재미를 주는지 생각해보자. 이런 사고 연습은 재미를 위한 요소들이 포함된 게임 규칙을 작성하는 데 큰 도움을 준다.

---

11 완결성이 있는 설명이란 것은 어떤 개념을 이해하기 위한 설명들이 잘 모여 있다는 것을 뜻한다.

그림 12.13 보드 게임을 하고 다른 사람에게 규칙을 설명하면, 빠르게 게임 규칙과 친해지고 익숙해질 수 있다

보드 게임을 해보는 것도 좋지만, 게임 규칙과 친해지는 가장 좋은 방법은 다른 사람에게 규칙을 설명하는 것이다. 규칙을 읽고 이해하는 것과 이해한 것을 다른 사람에게 설명하는 것은 다른 능력이다. 다른 사람에게 규칙을 설명하려면 우선 규칙을 모두 알아야 하고 규칙에서 중요한 내용을 요약하고 정리하는 것이 필요하다. 룰 북을 읽고 규칙을 다 이해했다고 생각하더라도, 막상 다른 사람에게 규칙을 설명하다 보면 자신도 모르는 규칙을 발견하는 경우가 있다. 그리고 규칙 설명을 들은 다른 사람의 질문을 통해 규칙의 허점을 발견하기도 한다. 다른 사람에게 규칙을 설명하는 것은 논리적인 사고 능력 향상에도 도움을 준다. 보드 게임을 할 때, 그 게임을 모르는 사람과 같이 하면서 규칙을 설명해보자. 아마 룰 북을 읽을 때와는 다른 느낌과 생각이 들 것이다.

요약

- 역기획은 시스템 기획자가 되기 위한 연습을 하는 데도 적합하지만, 실

제 시스템 기획 업무에서도 벤치마킹 등의 작업을 할 때 직접 활용되는 방법이다.

- 좋은 역기획을 하려면 역기획 대상의 범위를 좁히고, 그 결과를 구조화 하도록 하자. 또한 눈에 드러나지 않은 부분에도 신경을 쓰고, 시스템에 반영된 기획자의 의도를 파악해보는 연습을 하는 것이 좋다.
- 좋은 시스템 기획자가 되기 위해 수학 지식은 게임 공식 등의 작성을 할 때 직접적으로 활용되지만, 그 외에는 다른 지식을 활용해 보충할 수 있다.
- 통계학 지식은 밸런스 작업을 할 때는 유용하지만 직접적으로 시스템 기획과 연관된 작업을 할 때는 자주 활용되지는 않는다.
- 보드 게임을 많이 경험하고 공부하는 것은 게임 규칙 작성 능력을 키우 는 데 큰 도움을 준다.
- 보드 게임은 룰 북을 상세하게 공개하고 있기 때문에 완결된 규칙을 통 째로 볼 수 있으며, 규칙을 볼 때는 내용도 중요하지만 규칙을 설명하는 형식이나 구조를 파악하는 것도 중요하다.
- 단순히 보드 게임의 규칙을 읽어보는 것보다는 보드 게임을 직접 하고 다른 사람에게 규칙을 설명해보는 것이 더 큰 효과가 있다.

마치며

이제 여러분들에게 이야기하고자 했던 내용은 모두 설명했다. 신규 게임 개발 조직에서 처음부터 게임을 기획하는 것을 상정하고 책을 쓰다 보니 내용이 다소 무거워진 느낌이다. 하지만 작은 게임 시스템을 기획한다고 해서 시스템 기획의 본질이 달라지지는 않는다. 필요한 기능을 찾고 이들을 체계화하고 구조화한 다음에, 상세하게 인지요소와 규칙을 명세하는 것이 시스템 기획의 기본이자 핵심이다. 이 내용은 2부에서 다루었다.

시스템 기획을 할 때 시스템만 기획하는 것만으로는 충분하지 않다. 다양한 사람들과 협업하고 시스템을 사용해 제작되는 콘텐츠들에 대해서도 기획해야 한다. 시스템 관련 인터페이스인 데이터와 매뉴얼도 작성해야 한다. 이런 내용들은 시스템 기획 업무를 직접 해보지 않으면 알 수 없는 내용들이며, 이것들은 3부에서 다루었다.

게임 개발 조직의 상황에 따라 시스템 기획자가 시스템 기획 외의 업무를 하는 경우도 많다. 이런 점 때문에 그런 업무까지 할 것을 염두에 두고 시스템 기획자를 채용하기도 한다. 5부에서 이런 작업들을 포함한 시스템 기획자가 되기 위해 어떤 준비를 하는 것이 좋을지도 정리해보았다. 이를 바탕으로 더 나은 준비와 연습을 해, 여러분들이 실력 있는 시스템 기획자가 되기를 바란다.

이 책은 어떤 진리나 정답을 담은 텍스트 북이 아니다. 기획 작업을 설명하면서 무거워졌던 내용들에 대해서는 자신의 상황에 맞춰 여러분들이 조정하기를 기대한다. 급변하는 게임 개발 현실과 많은 게임 개발 조직들이 천차만별이라는 것을 생각하면, 이 책이 여러분들에게 언제까지 그리고 어디까지 도움이 될지는 잘 모르겠다. 하지만 이 책이 가능한 오래 여러분들에게 도움이 될 수 있기를 바란다.

찾아보기

에이콘출판의 기틀을 마련하신 故 정완재 선생님 (1935-2004)

게임 기획자와 시스템 기획

기본부터 실제 업무까지 차근차근 올라가기

초판 인쇄 | 2016년 7월 12일
3쇄 발행 | 2021년 12월 22일

지은이 | 심 재 근

펴낸이 | 권 성 준
편집장 | 황 영 주
편 집 | 조 유 나
　　　　김 진 아
디자인 | 윤 서 빈

에이콘출판주식회사
서울특별시 양천구 국회대로 287 (목동)
전화 02-2653-7600, 팩스 02-2653-0433
www.acornpub.co.kr / editor@acornpub.co.kr